Herausgegeben von
Molina Gosch

Liebe Erde

33 Briefe,
um unsere Welt zu schützen

Atlantik

Liebe Erde

Inhalt

Vorwort

Es gibt Momente, die verändern das Leben für immer: die Geburt eines Kindes genauso wie der, in dem man die Liebe seines Lebens trifft, eine bedeutsame Freundschaft schließt oder neue Prioritäten für sich entdeckt.

In diesem Buch geht es um die Ereignisse, die in Menschen den Wunsch weckten, sich für den Klimaschutz und den Erhalt unserer Lebensgrundlagen einzusetzen. Es geht darum, wie grundlegend sich das Handeln, ja das Leben eines Menschen nach dieser Erkenntnis verändern kann. Prominente Persönlichkeiten sowie Aktivist*innen und Klimaschützer*innen erzählen, welche Erfahrung sie dazu gebracht hat, sich einzusetzen, und warum dieser Einsatz sich lohnt. Ihre Texte sind eine Liebeserklärung an die Natur, sie sind wütend und hoffnungsfroh, und sie zeigen: Wir können viel verändern!

Und das ist dringend nötig. Wie ein Killervirus zerstört die Menschheit ihren eigenen Wirt – unseren Planeten – und gefährdet damit ihr eigenes Überleben. Liebe Erde, du fragst dich bestimmt, was nur über die Menschen gekommen ist, dass sie derart maßlos in deinem Paradies wüten. Leider haben wir Menschen – speziell in Europa – die Denkweise, die zu diesem Ökozid, zu deiner großflächigen Zerstörung führt, seit Jahrhunderten eingeübt und perfektioniert. Unser Denken und Wirtschaften war lange Zeit darauf ausgerichtet, dich zu bezwingen, um selbst zu überleben. Und noch immer beruht das Wirtschaftssystem der westlichen Welt darauf, dass wir andere Länder nutzen, um unseren unendlichen Ressourcenhunger zu stillen. Dieses Denkmuster wurde von Generation zu Generation weitergegeben. Es hat sich tief in unser Wirtschaftssystem eingebrannt, so tief, dass es bisher unmöglich war, als Gemeinschaft neue Verhaltensweisen anzunehmen und in Gesetze zu gießen. In Deutschland und Europa erließen wir zwar hier und da Gesetze zu deinem Schutz, aber diese reichen nicht aus, um dein CO_2-Fieber zu senken.

Wann also fällt uns hochintelligenten Menschen nun endlich ein, wirksame Maßnahmen gegen die herannahende Klimakatastrophe zu treffen? Da wir die Natur mittlerweile derart beschnitten, verändert, zurückgedrängt und nach unserem Gutdünken verändert haben, dass deine jetzige Erscheinungsform und damit unser Lebensraum gefährdet ist, gibt es für mich nur eine logische Schlussfolgerung: In einem revolutionären Schritt sprechen wir dir ein Recht auf Existenz zu – oder räumen dir zumindest so viel gesetzlichen Schutz ein, dass unsere Lebensbedingungen gesichert sind. Für das Senken deines CO_2-Fiebers müssten jahrhundertealte Denkweisen ungültig werden. Neue Werte und Verhaltensregeln müssten in Kraft treten und entwickelt werden. Eine beängstigend große Aufgabe für uns Menschen, obwohl wir uns zu den intelligentesten Lebewesen auf diesem Planeten erklärt haben.

Dir fällt ein Widerspruch auf, liebe Erde? Indem wir deine Zerstörung über Jahrhunderte so schlau perfektioniert haben, handelten wir Menschen offensichtlich irrational gegenüber unseren Lebensgrundlagen. Das Problem ist, dass wir eine Wirtschaftsweise geschaffen haben, in der es kurzfristig belohnt wird, also rational ist, die Natur zu zerstören. Die Gewinnmaximierung ist in unserem Wirtschaftssystem momentan die einzige Maxime. Dieser Widerspruch zeigt leider eine prägende Eigenschaft der Menschen: Wir denken schlau und handeln dumm, in Fachkreisen auch kognitive Dissonanz genannt.

Offensichtlich fällt es uns Menschen schwer, einen neuen Verhaltenskodex zu entwickeln, der den jahrhundertelangen

Krieg gegen dich, liebe Erde, endlich beenden würde. Die Veränderung, die nötig ist, um weiterhin dein Gast sein zu dürfen, ist derart groß, dass wir von dieser schier unlösbaren Aufgabe häufig überwältigt sind. Einige ziehen sich zurück und genießen ihren Aufenthalt auf Erden, ohne sich um die Beherbergungskosten zu kümmern. Obwohl die Wissenschaft seit geraumer Zeit darauf hinweist, wie sehr wir Menschen unser Ressourcenbudget überreizen, toben wir uns weiterhin maßlos aus. Erst jetzt, wo sich die Warnzeichen – stärkere und häufigere Hitzewellen, allgemein steigende Temperaturen, Dürren und Überschwemmungen – mehr und mehr in unseren westlichen Alltag drängen, wächst die Zahl derjenigen, die dagegen aktiv werden.

Inzwischen merken immer mehr Menschen auch in Deutschland, wie sehr du dich, liebe Erde, veränderst: Dass wir uns immer häufiger nachts bei tropischen Temperaturen schwitzend im Bett wälzen und nicht zur Ruhe kommen, ist nur ein Beispiel dafür. Und je mehr Nachrichten uns über die tauenden Eismassen an den Polen erreichen, desto häufiger beschleichen uns beunruhigende Gedanken: Was bedeutet der steigende Meeresspiegel für die Küsten und Küstenbewohner*innen weltweit? Was muss also geschehen, bis wir Menschen die Klimakrise angehen und deinen Erhalt für uns und die nächsten Generationen sichern, liebe Erde? Wenn die Küsten erst überschwemmt, fruchtbare Böden erst verdorrt und Flüsse erst versiegt sind, dann bleibt kaum noch Handlungsspielraum.

Es braucht einen radikalen Wandel dringender denn je, jetzt, sofort. Es ist an der Zeit, etwas Neues zu versuchen.

Dass dieses Neue nichts ist, wovor man Angst haben muss, sondern im Gegenteil Spaß macht, das zeigen die im Folgenden gesammelten Briefe. Sie berichten vom Wertewandel, der bereits stattgefunden hat, und von den Erlebnissen, die ihn auslösten. Denn bevor wir nach Lösungen für ein Problem suchen können, müssen wir erst einmal wissen, dass wir ein

Problem haben. Dieser Punkt ist die Voraussetzung für alles Handeln, und so steht er im Fokus dieses Buches: Was ist nötig, um Menschen zum Umdenken zu bewegen?

Die entscheidende Idee hatte ich bei der Klimawache Berlin, einer kleinen monatlichen Klimademo, die ich mit anderen Aktivistinnen und Aktivisten ab September 2018 über ein Jahr lang organisierte, mal vor dem Kanzlerinnenamt, mal vor dem Brandenburger Tor. Ziel war es, auf der Straße für den Klimaschutz einzutreten, Wissen auszutauschen und sich zu vernetzen.

An einem eisigen Februarabend im Jahr 2019 sprach dort Luisa Neubauer, die damals die deutsche Fridays-for-Future-Bewegung mit ins Leben rief. Ich fragte sie, wie es dazu kam, dass sie sich bei Fridays for Future engagiert. Luisa erzählte, wie beeindruckt sie gewesen war, als sie bei der Klimakonferenz in Kattowitz im Dezember 2018 Greta Thunberg und ihren Vater traf. Sie selbst wollte nun freitags auch auf die Straße gehen. Das blieb mir in Erinnerung, und ich beschloss, in Zukunft mit allen Redner*innen der Klimawache über ihren persönlichen Aha-Moment in Sachen Klimaschutz zu sprechen.

Viele Momente, von denen ich auf diese Weise erfuhr, waren privater als der, von dem Luisa erzählte. Influencerin Louisa Dellert wurde klar, dass sie kaum etwas über den Plastikmüll in unseren Ozeanen wusste, bis sie bei einem Fotoshooting mittendrin schwamm. Es war der Impuls, ihr Leben als Fitnessbloggerin komplett umzukrempeln und das, was sie über ein nachhaltiges Leben lernte, mit den Menschen zu teilen, die ihr auf ihrem Social-Media-Kanal folgen.

Ich bemerkte, dass die wenigsten Menschen wissenschaftliche Daten aufzählen, wenn sie nach den Gründen für ihren Einsatz im Klimaschutz gefragt werden. Sich über den Gesundheitszustand unseres Planeten und die Klimakrise zu informieren, ist in der Regel der zweite Schritt. Zuvor kommt meist eine persönliche Erkenntnis, die eine Veränderung im Denken und Wahrnehmen auslöst.

Selten vergessen wir den Moment, in dem wir uns entscheiden, etwas für den Erhalt unserer Welt zu tun. Erlebnisse wie die gerade geschilderten haben die Macht, unser Leben zu verändern. Im Gespräch mit der Autorin Anne Weiss entstand die Idee, ein Buch über eben diese persönlichen Wege zum Engagement herauszugeben. Wenn wissenschaftliche Daten die Mehrheit der Gesellschaft über Jahrzehnte nicht dazu brachten, für den Erhalt der Natur einzutreten und ihren rechtlichen Schutz einzufordern, würden dann diese persönlichen Gedanken vielleicht einen Unterschied machen?

Die Menschen, die in Sachen Klimaschutz aktiv geworden sind, veränderten ihre Prioritäten: Sie gehen achtsamer mit sich, der Welt und ihren natürlichen Ressourcen um. Diese Menschen haben das, was im Leben wichtig ist, neu geordnet. Und sie stecken andere mit ihren Ideen an. Mir wurde klar: Es ist genau dieser innere Wandel, der einen gesellschaftlichen Wandel bewirken kann. Und der ist mehr als überfällig. Ich hoffe, liebe Erde, dass wir Menschen schnell verstehen, dass wir Teil deines Lebensnetzes sind und dass wir nur mit vereinten Kräften gegen die rasante Veränderung deiner klimatischen Bedingungen und den Verlust ganzer Ökosysteme angehen können. Denn die Natur ist die majestätische, unbezwingbare, ruhige, uralte, wunderbare, vielfältige, kreative und unendlich mächtige Quelle allen Lebens auf der Erde. Mit jedem Atemzug, den wir machen, gibt uns die Natur die Kraft zum Leben.

Vor allem steht die Entscheidung der Menschen, dich, liebe Natur, mindestens als gleichwertig zu behandeln, zu achten und deine Grenzen anzuerkennen – auch wenn das heißt, uns neue Regeln aufzuerlegen und uns von Bequemlichkeiten zu verabschieden. Die Zeit dafür ist mehr als reif. Hoffnung ist da. Immer mehr Menschen sehnen sich nach einer Gesellschaft, die sich am Buen Vivir orientiert – also am guten Leben und an den Rechten der Natur – statt am stetigen Wirtschafts-wachstum. Die große Frage ist, kommt der Wandel noch früh genug, bevor wir Menschen das Netz des Lebens zu sehr aus der Balance gebracht haben?

Wir haben jetzt die Wahl zu entscheiden, wie wir leben wollen und wie wir dich – unsere Welt – unseren Kindern hinterlassen möchten.

Wie fangen wir an?

Folgen wir den Menschen, liebe Erde, die sich, manche seit Jahrzehnten, mit großem Engagement für dich einsetzen, folgen wir ihren Wünschen und Hoffnungen für dich, unsere Welt. Ihre Briefe zeigen, wie unterschiedlich das Engagement für den Erhalt unserer Lebensbedingungen aussehen kann. Doch eins haben alle 33 Briefe gemeinsam: Sie sind Teil der Lösung, die uns ein Überleben auf diesem Planeten sichern kann.

Lassen wir uns überraschen!

Molina Gosch
Berlin, Dezember 2020

PS: Ich freue mich, von Ihnen zu hören:
liebeerde@posteo.de

PPS: Maximaler Dank gilt allen Beitragenden, die wie ich honorarfrei an diesem Buch mitwirkten, um mit dem Erlös die Arbeit der Michael Succow Stiftung zu unterstützen.

Sven Plöger

Liebe Erde,
ich muss mich entschuldigen. Bei Dir! Und zwar aus tiefstem Herzen! Dafür, dass Du Homo sapiens hast. Das sind eigentlich wir Menschen in Wissenschaftlersprache, es klingt aber irgendwie eher nach einer Krankheit. Jetzt muss ich schmunzeln über diese selbsterkannte Wahrheit, auch wenn es so lustig eigentlich nicht ist. Und auch wenn mancher nun möglicherweise witzeln wird, dass das ja vorübergeht, so ist meine Entschuldigung auch mit großer Sorge verbunden.

Wir Menschen nutzen die vielen Ressourcen, die Du uns bietest, als gäbe es kein Morgen oder als hättest Du irgendwo einen Zwilling, auf den wir im schlechtesten Fall einfach umsiedeln könnten. In unserem sich immer schneller drehenden Hamsterrad des Höher-Schneller-Weiter-Mehr, dessen Sinn kaum jemand von uns je ernsthaft hinterfragt, verlieren wir mehr und mehr den Respekt. Vor Dir, aber auch vor den vielen Menschen, die durch unsere seltsame Form der Verteilung dessen, was wir Wohlstand nennen, unter immer ärmlicheren Verhältnissen leben müssen. Von Flora und Fauna ganz zu schweigen.

Wir drängen andere Lebewesen rücksichtslos zurück und erschrecken erst dann, wenn wir bemerken, dass sie plötzlich fehlen. Seien es die Bienen oder andere Insekten, die wir im Alltag im Wesentlichen ignorieren und die uns allenfalls nerven, wenn sie im Sommer die Scheiben unserer über die Autobahnen rasenden Fahrzeuge verschmieren. *Warum fliegen die nicht einfach woanders lang?* Aber das Problem schmutziger Autoscheiben verschwindet ja mit dem Insektensterben nun gleich mit. Wer gar keine Antennen für die Umwelt hat, freut sich drüber, aber viele von uns merken so langsam, dass da – und an vielen anderen Stellen – etwas einfach nicht mehr stimmt. Apropos Rasen auf Autobahnen: Das ist ein echter deutscher Sonderweg und der ist wirklich *be.scheuer.t.* Ich verspreche Dir, liebe Erde, dass ich mich weiter dafür einsetzen werde, dass auch wir es bald schaffen, ein Schild aufzustellen, wo draufsteht, dass wir »nur noch« 130 Kilometer pro Stunde fahren dürfen. Wer 250 km/h will, kann Bahn fahren. Die machen das!

Aber manchmal fehlt nicht nur etwas, wie unsere wichtigen Blütenbestäuber, die eine so wesentliche Aufgabe für unsere Nahrungskette erfüllen, sondern es kommt auch etwas neu dazu. Das Coronavirus zum Beispiel. Das gab es früher nicht, und ich finde es eigentlich überflüssig, denn das Leben ohne Pandemie war besser als mit! Mit dieser Meinung stehe ich übrigens nicht alleine, auch wenn manche behaupten, es gäbe gar keine Pandemie. Von welchem Virus diese Damen und Herren befallen sind, würde mich übrigens brennend interessieren. Dir, liebe Erde, könnte genau das helfen: Gelangen wir nämlich zur Durchseuchung mit diesem Wahnsinnsvirus, dann könnten wir durch vollkommen widersinniges Verhalten dazu beitragen, Dich schneller als gedacht von uns zu befreien. Aber ganz ehrlich fände ich es schon cool, wenn wir einen anderen Weg fänden. Einen, bei dem Du und wir uns irgendwie arrangieren könnten. Ich habe verstanden, dass Du einfach da bist und wir die Aufgabe haben, unser Miteinander zu gestalten. Sinnvoll und fair. Mein bescheidener Gestaltungsbeitrag soll darin bestehen, anderen Menschen zu erklären, warum es vernünftig ist, nicht an dem Ast zu sägen, auf dem man sitzt. Meine Erfolgschancen hängen davon ab, ob es mir gelingt, die richtigen Worte zu finden: Ich muss es schaffen, nicht mit dem erhobenen Zeigefinger zu missionieren, sondern an den Verstand

zu appellieren und schwierige Themen – wie die Zusammen-
hänge beim komplexen Thema Klimawandel – so zu übersetzen, dass das auch jemand kapiert, der sich nicht den ganzen
Tag mit der Lösung nichtlinearer Differenzialgleichungssysteme beschäftigt. Bevor ich Dir nun aber meine Begeisterung
über Physik, Mathematik, Meteorologie und besonders Wolkenformen wie Cumulonimbus capillatus incus in epischer
Länge aufdränge, möchte ich mit einer Erkenntnis schließen:
Die Ästhetik dieser Wolken und überhaupt der gesamten Natur, die Du uns bietest, ist so unendlich beeindruckend, dass
wir zumindest theoretisch befähigt wären, den Respekt vor
Dir zurückzugewinnen! Zum Beispiel durch Entschleunigung
unseres raffgierigen Lebens und das schlichte Betrachten der
Schönheit unseres Planeten. Ich freue mich jedenfalls, dass
Du mich trotz allem beherbergst, und möchte Dir dafür sehr
danken!

So, und jetzt mache ich mir mal einen Kaffee – habe mir
Fair-Trade-Bohnen aus Burundi gekauft. Sind nicht billig, aber
das Gebräu ist super! Also, danke, dass Du Dir die Zeit genommen hast, diese Zeilen von einem Siebenkommaachtmilliardstel der Menschheit zu lesen – und ich drücke uns gemeinsam
die Daumen!

Dein Sven Plöger (diplomierter Wetterfrosch)

PS:
Ich habe es gestern noch nicht geschafft, den Brief zur Post
zu bringen, deshalb liegt alles noch hier rum. Drum füge ich
schnell noch eine Frage an. Vielleicht kannst Du sie mir beantworten, denn so wie ich ja auf Dich schauen kann, wirst Du
mutmaßlich auch auf uns schauen und Dir so einige Gedanken
machen. Mutmaßlich wirst du viel über uns Menschen staunen.
Dieses Wahnsinnsvirus, von dem ich im Brief schrieb und von
dem einige immer noch glauben, es sei eine Grippe und Kinder

würden an Luftmangel sterben, wenn sie eine Maske tragen, und welches zulässt, dass wir auch so verrückt widersprüchliche Wortkonstrukte wie »alternative Fakten« flüssig aussprechen können, ohne entweder einen Lachkrampf zu kriegen, weil diese beiden Worte doch einfach nicht zusammengehen, oder wenigsten massiv ins Stolpern kommen ... also ... ist dieses Wahnsinnsvirus auch dafür verantwortlich, dass wir in demokratischen Ländern, wo es heute so viel Meinungsfreiheit gibt, wie wir es auf dieser Welt noch nie erlebt haben, glauben, die Meinungsfreiheit würde extrem eingeschränkt? Warum fangen Menschen an zu denken, Meinungsfreiheit bedeute, dass sich andere gefälligst der eigenen Meinung anzuschließen haben? Ein Phänomen, was meiner Meinung nach – huups, jetzt muss ich wieder schmunzeln, bilde ich mir doch gerade eine Meinung über die Meinung – besonders dann mit Inbrunst verfolgt wird, wenn die eigene Meinung auf dünnen oder am besten gar keinen Fakten basiert. Ich habe vor einiger Zeit in einer TV-Talkshow den Satz »Je lauter, desto blöd!« formuliert. Den finde ich immer noch ganz gut! Du auch? Aber es wäre toll, wenn Du mir ein solches Gebaren erklären könntest. Das kann doch nicht alles allein an Social Media liegen. Social Media zeitigt zwar einige üble Auswüchse, aber man bekommt da – wenn man möchte – auch richtig tolle Informationen. Es ist wie überall, nichts ist »nur gut« oder »nur schlecht«. Gute Nacht.

PPS:
Bin gerade kurz aufgewacht, weil mir in einem Traum ein Klimaforschungsleugner mit schriller Stimme ins Gesicht schrie: »Die Sonne macht das Klima, und der Mensch kann nichts dafür, und 1 Grad ist auch bedeutungslos. Das ist meine Meinung und damit Basta!« Und dann kam noch ein übles Schimpfwort, das ich hier nicht hinschreiben möchte. Zum Thema Meinung fiel mir außerdem noch ein, dass bei den Tagesthemen – Du

weißt, für die wettere ich ja allabendlich – der Kommentar nun nicht mehr Kommentar heißen darf, sondern Meinung. Verrückt. Willst Du meine Meinung dazu wissen?

PPPS: Ich finde das Wort Klimaforschungsleugner wirklich gut. Es ist übrigens gar nicht meine eigene Erfindung, sondern ich habe das neulich in einem Podcast von Katharina Nocun gehört – was wieder zeigt, wie bereichernd das Internet sein kann! Ein Ausdruck wie Klimaskeptiker trifft die Sache schließlich gar nicht. Skepsis ist sehr gesund, und jeder sollte sie haben. Aber einfach den Forschungsstand nicht zu kennen oder bewusst zu ignorieren oder sich schlicht nicht die Mühe zu machen, etwas Komplexes verstehen zu wollen, mündet ja nicht in das vernünftige Wort Skepsis, sondern ist allenfalls mit dem Wort bräsig zu umschreiben. Und Klimaleugner ist unvollständig. Denn niemand leugnet ja das Klima. Wenn es das nicht gäbe, dann gäbe es auch kein Wetter, denn Klima ist ja nun mal die Statistik des Wetters. Und dass es Wetter gibt, würde ich gerade mit meiner beruflichen Ausbildung nicht bezweifeln wollen. Das wäre so ähnlich, als würde jemand die Schwerkraft bezweifeln. Das ist übrigens sehr gefährlich, wenn man etwa an einer Dachkante steht und einen Schritt nach vorne machen möchte. Hier wird der »alternative Fakt«, dass die Schwerkraft eine Erfindung der Chinesen sei und es sie eigentlich gar nicht gebe, übrigens von nur sehr wenigen Leuten bemüht. Und wenn, dann auch nur sehr kurz ...

PPPPS: Ich weiß nicht, welche Briefmarke ich brauche, um die Post an Dich loszuschicken? Ich muss nachfragen, aber da mein kleines Postamt um die Ecke geschlossen wurde und ich jetzt weit fahren muss (mit dem Fahrrad natürlich!), komme ich erst morgen dazu, den Brief zu versenden. Ich könnte natürlich stattdessen in den kleinen Laden, der nun Postamt spielen darf oder muss, gehen. Der ist nicht so weit entfernt. Aber mir fällt gerade ein, dass er heute, wie jeden Mittwoch, geschlossen hat. Das ist aber nicht so schlimm, denn einkaufen kann man hier sowieso nie etwas. Schließlich sind die Gänge zwischen den Warenregalen so sehr mit Paketen zugestellt, dass man beim Versuch, ein Regal zu erreichen, automatisch randaliert, egal was für ein defensiver Mensch man eigentlich ist. Aber wo kommen diese Massen von Paketen her? Klar, wir brauchen stets viel Neues, und in den sterbenden Innenstädten ist es mittlerweile ja auch recht langweilig, weil sich die Geschäfte mit den überteuerten Mieten gar nicht mehr halten können. Da lässt man sich das ein oder andere Paket dann lieber schicken, und der Chef eines großen Onlineversandhändlers mit großem A freut sich, dass der Aufstieg vom Multimilliardär zum Billionär vielleicht doch leichter ist, als er befürchtet hatte. Aber mich beschäftigt ein anderer Gedanke, wenn ich auf die Massen an Waren schaue, die in unseren Industrienationen täglich erworben werden: Unser ganzes Wirtschaftssystem ist unendlich fragil. Wenn wir nicht ständig Waren konsumieren, dann bricht alles zusammen. Das haben uns die Shutdowns während der Coronaepidemie deutlich gemacht. Blitzschnell kann man in die Pleite rauschen, und das wünsche ich natürlich niemandem. Aber im Prinzip zeigt uns das auch, dass unser gegenwärtiges System nur in Gang gehalten werden kann, wenn wir, liebe Erde, in einem fort Dinge aus Deinen kostbaren Ressourcen herstellen. Diese verwenden wir mal mehr, mal weniger oder manchmal auch gar nicht, Am Ende zerkleinern wir sie zu Müll, von dem wir oft nicht so genau wissen, wo wir ihn lagern sollen. Wir sind wirklich verrückt! Und noch verrückter ist, dass viele von uns nicht merken oder merken wollen, dass das Ganze auf Dauer nicht funktionieren kann. Deshalb wird ja auch immer öfter das Wort Nachhaltigkeit benutzt, manchmal sogar inflationär. Aber wir tun viel zu wenig, um das Problem anzupacken. Meistens reden wir nur drüber und beklagen uns oft sogar weinerlich über unsere Situation.

Das ist wie beim Klimawandel. Durch unsere fortschreitenden Emissionen von Kohlendioxid und anderen Gasen erwärmen wir Deine Lufthülle mehr und mehr. Dadurch ändern sich die gewohnten Wetterabläufe, und das Wettergeschehen wird spürbar extremer. Am Ende sind wir dann Opfer und Täter zugleich. Das ist eine schwierige Doppelrolle, die für viele von uns schwer einzusehen ist. Und noch schwerer ist es, daraus dann ernsthafte Konsequenzen zu ziehen – mit Rücksicht auf Dich und damit eben auch wieder auf uns selbst. Wir müssen also bereit sein, uns zu verändern, und das fällt Gewohnheitstieren wie uns Menschen ganz besonders schwer. Wenn nur zehn Prozent Idealisten bereit sind, das zu tun, so reicht dies leider nicht. Deshalb müssen wir in einem demokratischen Diskurs Regeln ersinnen, die aus unserer Marktwirtschaft eine ökosoziale Marktwirtschaft machen. Dafür muss man handeln und bereit zur Veränderung sein. Wer das nicht für sich selbst tun will, weil ihm oder ihr das alles egal ist, der soll diese Konsequenzen dann eben nicht für sich, sondern für seine Kinder und Enkel ziehen. Gründe für vernünftiges Verhalten findet man immer.

PPPPPS: Wir könnten als Deine Gäste gemeinsam so viel leisten und verbessen, aber wir sind einfach kognitiv dissonant. Wir sagen so oft A und tun dann B und wundern uns, dass wir unsere Ziele nicht erreichen. So sprachen wir noch nie so oft wie 2019 – dem Jahr vor Corona – über Umwelt- und Klimaschutz! Auf allen Kanälen rauf und runter. Verbal eine richtige Aufbruchstimmung. Aber in der Praxis ist die Bilanz das Gegenteil: Noch nie wurde so viel geflogen wie im Jahr 2019, noch nie wurden so viele Kreuzfahrten auf riesigen schwerölverbrennenden Kähnen gemacht wie im Jahr 2019, noch nie wurden so viele riesige SUVs zugelassen wie im Jahr 2019, und noch nie haben wir auf der Welt so viel Plastikmüll produziert wie im Jahr 2019. Verstehst Du das? Ich nicht. Aber wir sagen ja auch seit Jahrzehnten, dass wir die Welt gerechter machen wollen, und sorgen gleichzeitig dafür, dass die 85 reichsten Menschen der Welt genauso viel besitzen wie die – Achtung, kein Schreibfehler – 3,5 Milliarden ärmsten. Verrückt!

PPPPPPS: Zum Schluss möchte ich noch flott die Gelegenheit nutzen, Dir in aller Kürze zu erzählen, wie genau ich als Meteorologe die Klimakommunikation ein bisschen verbessern möchte. Abgesehen davon, dass ich die komplizierten Zusammenhänge in unserem Klimasystem mit all seinen natürlichen Schwankungen mit stoischer Geduld immer wieder erkläre, ist es die Haptik des Klimawandels, die helfen kann. Den Leuten muss klar werden, dass der Klimawandel die Wetterabläufe verändert. Wir erleben heute die Wettererscheinungen, die uns die Klimaforschung vor circa 30 Jahren vorhergesagt hat: lange Dürrephasen, wie die Dürre seit 2018, aber auch Starkregen mit Überschwemmungen und Schlammlawinen, Schwergewitter, Waldbrände auf immer größeren Flächen, wie zum Beispiel in Australien oder Kalifornien. Das zeigt übrigens die große Qualität dieser Wissenschaft. Es muss jedem klar werden, dass es vernünftig ist, auf diejenigen zu hören, die sich auf wissenschaftlicher Basis mit bestimmten Themen beschäftigen, und dass frei erfundene Narrative mit dem Ziel, sich die Welt schönzureden, einfach nicht helfen. Das ist wie beim Coronavirus. In den Ländern, wo man auf die Wissenschaft gehört hat, ist man wesentlich besser durch die Pandemie gekommen als dort, wo teilweise bis ins höchste Staatsamt wirre Beiträge von narzisstischen Figuren abgesondert wurden. Das ist tragisch, denn dadurch sind Menschen ums Leben gekommen, die nicht hätten sterben müssen. Genau dasselbe wird uns beim Klimawandel passieren, wenn wir nicht auf die Fachleute hören. Das trifft auch auf alle anderen Lebensbereiche zu. Eine schwierige Herzoperation kann auch nicht mal eben so der Gärtner um die Ecke durchführen, da sollte ein Facharzt im Einsatz sein!

Man muss den Menschen klarmachen, dass eine Erwärmung um 4 Grad, die uns bis zum Ende des Jahrhunderts widerfahren könnte, wenn wir keinen Klimaschutz betreiben, wirklich dramatisch ist. Nicht weil es nicht schon immer Klimawandel in Deiner Atmosphäre gab, sondern weil dieser Klimawandel global viel schneller passiert, als das früher der Fall war. Und solch raschen Veränderungen können viele von uns, aber vor allem auch Pflanzen und Tiere nicht folgen! Diese Beschleunigung des Klimawandels verursachen wir Menschen, das müssen alle verstehen. Und weil es so schwer ist, 4 Grad einzuordnen, erkläre ich oft, wie eine global 4 Grad kältere Welt einmal aussah. Das war am Ende der letzten Eiszeit. Die damalige Welt war eine ganz andere als die heutige: Alle Alpentäler waren mit Eis aufgefüllt, niemand hätte dort leben können. Berlin lag 500 Meter unter Eis, Skandinavien sogar zwei bis drei Kilometer, und die heute so wichtige Stadt New York war unter 1500 Meter dickem Eis vergraben. Da ist es doch logisch, dass eine 4 Grad wärmere Welt ganz genauso mit der heutigen Welt nichts zu tun haben wird. Dazu gibt es Kipppunkte im System: Wenn wir das Grönländische Eis verlieren, wird es nicht einfach wieder zurückkommen, und das wird fatale klimatische Folgen für viele Regionen dieser Welt haben. Dann ist da noch die mögliche Zerstörung Deiner Lunge, liebe Erde. Wenn wir den Amazonas-Regenwald so weit abholzen, dass er zu einer Savanne wird, dann ist das nicht nur gnadenlos dümmlich von uns, sondern wir zerstören auch unseren zentralen Sauerstoffproduzenten. Ein Fünftel des Sauerstoffs für alle Menschen wird schließlich hier produziert. Dass Du dafür sorgst, dass der für uns ja nun mal nicht ganz unwichtige Sauerstoffgehalt in der Atmosphäre bei 21 Prozent liegt, ist keine Selbstverständlichkeit. Das verstehen aber so einige Homo sapiens leider nicht. Sauerstoff ist für sie eben einfach da – und fertig. Ich werde es ihnen aber immer wieder und wieder erklären, dass die Produktion von Sauerstoff kein willkürlicher schöner Zufall ist. Was ich trotz aller Dramatik aber auch immer wieder tun werde, ist, den Menschen zu sagen, dass wir wirklich noch Chancen haben. Daran zu glauben, dass wir das alles in den Griff bekommen können, ist nicht naiv, sondern unsere einzige Möglichkeit! Denn weinerlich und passiv in einen selbstgemachten Untergang zu taumeln, ist wirklich trostlos und der nachfolgenden Generation gegenüber maßlos unfair. Den Satz »Das schaffen wir alles nicht, es ist zu spät« will ich von niemandem mehr hören. Schließlich sagt auch die Klimaforschung, dass wir es theoretisch noch packen können, auch wenn wir in der Praxis noch arg hinterherhinken. Aufzugeben wegen eigener Unbeweglichkeit – so was kann ich nicht leiden. Und Du bestimmt auch nicht.

Herrje, wie die Zeit vergeht. Jetzt radle ich endlich zur Post, damit Du meinen Brief auch schnell bekommst und er nicht einfach jeden Tag länger und länger wird! Irgendwann gehen schließlich die PS aus.

Sven Plöger (*1967) ist Diplom-Meteorologe, moderiert Wettersendungen in der ARD und wurde als Bester Wettermoderator Deutschlands ausgezeichnet. Er hält Vorträge über Wetter und Klima. Zuletzt schrieb er den Bestseller »Zieht euch warm an, es wird heiß« und entwickelte gemeinsam mit dem SWR »Sven Plögers Klimablick« (u. a. ARD-Mediathek). Hier gibt es auch eine Folge, bei der es um die in ihrer Klimabedeutung oft unterschätzten Moore geht. www.meteo-ploeger.de

Luisa Neubauer

Ich muss euch warnen, in diesem Text* kommt keine Generation gut weg. Aber am Ende können wir alle Frieden schließen, versprochen. *Hang in there with me.*

Okay. Ab und zu, wenn ich einen Vortrag oder eine Rede halte, bedankt man sich danach bei mir mit einem kleinen Buch. Ich meine nicht irgendein Buch, sondern ein ganz bestimmtes. Es heißt »Das hier ist Wasser« von David Foster Wallace. Mittlerweile habe ich also eine fröhliche Auswahl an Exemplaren davon zu Hause. Das Buch, das aus nur einer einzigen brillanten Rede des US-amerikanischen Autors besteht, beginnt mit einer Geschichte über Fische im Wasser. Und die geht etwa so: Es schwimmen zwei junge Fische im Wasser. Dann kommt ein alter Fisch vorbei und nickt und sagt: »Morgen, Jungs, wie ist das Wasser?« Die beiden jungen Fische schwimmen weiter, da guckt der eine den anderen irritiert an und fragt: »Was zum Teufel ist Wasser?«

Und die Moral? Zunächst logisch, die Jungen sind, wie so oft, blind für das Wesentliche, nehmen für geschenkt, was da ist, hinterfragen nicht. Was ist schon Wasser? Und es stimmt, es ist wahnsinnig leicht, die Dinge für gegeben zu erklären. Nicht nachzufragen, aufzuhorchen. Wir Jungen sind Teil einer Generation, die Krisen lange kaum kannte, die einzigartig unerfahren und unerprobt in Sachen Krise ist. Wir sind Teil

---

* Er ist angelehnt an eine Festrede bei der Hochschule Eberswalde im Herbst 2020.

einer Generation, die ein geeintes Deutschland und ein weitgehend friedliches Europa erlebt hat. Mehr als das, wir sind auch *Generation Interrail*, und wir müssen eine Europareise – im Gegensatz zu unseren Eltern – nicht als symbolischen Akt der Post-War-Völkerverständigung zelebrieren, nein, wir können das einfach feiern, uns feiern, und das Leben und die Sangriapreise in Valencia. Europa, wie Wasser. Und es geht weiter, unsere Währung war fast immer stabil, außenpolitische Krisen hatten vor allem die anderen. Wir sind viele junge Menschen, die im wachen politischen Leben nur eine einzige Kanzlerin kennen, und sie ist der Inbegriff von Wasser, unaufgeregt, wenig Kanten, erhitzt sich nur langsam. Aber es ist noch mehr, was uns so selbstverständlich wie Wasser serviert wurde: das Backpacken auf Bali, das Roadtrippen an der australischen Ostküste, Regenjacken in Peru für die einen, für 15 Euro über den Wolken nach Rom für die anderen, *party all night long*. Der 50-Outfits-Kleiderschrank, von Primark für die einen oder von Zara für die anderen, dazu Schuhe in Weiß. *Baby, wieso liebst du diesen Typ mit den Nikes*, singen RIN und Bausa dazu, im Takt. Wenn du dich anstrengst, kann aus dir alles werden. Und vor allem kannst du alles haben. Die Nikes genauso wie ein freies Leben.

Alles da, immer da, immer mehr da. Wie Wasser. Und ja, wir wissen, es geht nicht allen gleich gut. Es geht manchen in dieser wohlständigen Gesellschaft, in dieser wohlständigen Generation, richtig schlecht. Aber es könnte anders sein, das ist die Erzählung. Denn wir leben doch im Sozialstaat, alle können es schaffen, alle *können*, wenn sie nur wollen. Auch das ist ein Versprechen unserer Generation, Chancen haben alle. Ergreift sie, der Ozean ist groß, kommt ins Wasser, traut euch.

Man fragt uns, was wir einmal werden wollen, und wir antworten in den Kategorien Höher, Weiter, Schneller. Und in der Kategorie »ich«, denn »ich« kann mir das ja nicht so sehr vorstellen, acht Stunden im Büro, nein, nur im Team, was Kreatives, vielleicht, remote. Was sich für »mich« richtig anfühlt halt. Ich und du im Wasser, alles geht.

Die Geschichte, die jetzt folgt, handelt von Dankbarkeit, von Privilegien und der Feststellung, dass nichts selbstverständlich ist. Oder so: Das Wasser ist eine Illusion. All das, was uns umgibt, ist Resultat von Arbeit und Schaffenskraft und Energie. Das allermeiste dafür haben, logischerweise, Generationen vor uns getan. Der Appell ist eingängig, macht die Augen auf, Kinder, seid dankbar und nehmt nichts für geschenkt.

Das Problem ist nun: Wie macht man das Wesentliche sichtbar? Wie funktioniert es, das Reflektieren der scheinbaren Selbstverständlichkeiten, wie erkennt man Wasser? Da helfen schon zwei Fragen, anwendbar in jeder möglichen Situation. Die eine heißt: Was ist hier passiert, bevor ich hergekommen bin, was war, bevor ich war? Und die zweite Frage lautet: Was passiert, wenn ich gehe?

Die Geschichte, die nicht erzählt wird, ist eine andere, und sie handelt von einem Status quo, einer Normalität in der Krise. Denn das Wasser ist eine Illusion, aber die Sicherheit, die Beständigkeit, die Stabilität eben auch. Oder anders: Als sich die Fische im Meer treffen, haben sie allesamt Plastik im Bauch.

Generationen vor uns haben, wissentlich und unwissentlich, eine Welt für uns vorbereitet, die auf den ersten Blick eine Offenbarung und auf den zweiten Blick eine Zumutung ist.

Es wurde ein Wohlstand erarbeitet, der nur so lange einer ist, wie man mit aller Kraft die Augen verschließt vor den Kosten, dem Leid, dem Elend, auf denen er aufbaut. Man präsentiert uns eine Freiheit, die als ein Recht auf Zerstörung interpretiert wird. Es werden uns Möglichkeiten aufgezeigt, die an der Krisenrealität zerschellen. Es kann zwar alles aus dir werden, nur ist die Klimakrise schneller. *Kind, bereise die Welt, bevor wir sie komplett kaputt gemacht haben.*

Das bringt uns in einen Konflikt, unweigerlich. An multiplen Krisen, an ökologischen, aber auch ökonomischen und gesellschaftlichen Krisen, an beispiellosen Gerechtigkeitsdefiziten der Postmoderne, hängt sich so der Fortschrittsglaube der Menschheit auf. Es wird eben nicht alles immer einfach nur besser.

»Alles wird gut« ist kein Naturgesetz, das machen Naturgesetze gerade deutlich.

Nun befinden wir Jungen uns in einer unbequemen Lage. Ein Großteil dieser Gesellschaft hat den Großteil ihres Lebens damit verbracht, aktiv oder passiv dazu beizutragen, dass wir im schnellen Schritt planetare Grenzen erreichen. Die Antwort auf die Frage »Was war, bevor wir hier waren?« lautet also: vor allem harte Arbeit, Versöhnung und einige Kriege, um den Westen zu verteidigen, und ein Ökologisch-über-die-Stränge-Schlagen, das sich Jahrzehnt für Jahrzehnt selbst übertrumpfte.

Und jetzt kommen wir und erklären, dass das nicht reicht. Wir entziehen uns nicht nur dem blinden Glauben an sich selbst optimierende Systeme, schlimmer noch, wir stellen die Systemfrage. Wir befinden den Status quo für inakzeptabel, denn er denkt unsere Zukünfte nicht mit, und die Gegenwarten von vielen anderen auch nicht, von Dutzenden Ausländern schon gar nicht.

Zurück zu den Fischen im Meer. Klassischerweise würde man von jungen Fischen erwarten, dass sie aufmerksam dem alten zuhören, dass sie sich umgucken, sich fragen, was vor ihnen war und was nach ihnen kommt, und feststellen, dass es kein Nichts gibt, und hurra, es werde Wasser. Aber in diesem Moment sind wir jungen Menschen schon einen Schritt weiter. Wir stellen nicht nur fest, dass es Wasser gibt. Wir gucken uns um, wir fühlen, wir hören auch denen zu, die man so lange ignoriert hat, und wir stellen fest, dass wir in einem versauten Ozean schwimmen, dass Plastik kein Freund ist und unsere Art akut vom Aussterben bedroht ist. Wir wagen eine radikale Zustandsbeschreibung. Und wir gehen den nächsten Schritt: Wir hinterfragen, warum das so ist – und vor allem, warum es so bleiben sollte. Und noch einen Schritt weiter: Wir hinterfragen, was unsere Rolle dabei ist, welche Rolle wir einnehmen können, wenn es darum geht, den Status quo zu verändern, wenn es darum geht, Krisenrealitäten zu bewältigen. Und es stellt sich heraus, dass alle Teil des Problems sind, solange sie sich nicht aktiv dafür entscheiden, Teil der Lösung zu werden. Und: Niemand ist ersetzbar. Das sagt sich sehr leicht, ist aber härter, als es klingt. Die Beharrungskräfte sind gigantisch.

Seit etwa zwei Jahren verbringe ich jeden Tag in der Woche mit dem Ende der Klimakrise. Und ich habe, wenig überraschend, einiges gelernt, unter anderem, den Status quo infrage zu stellen, die ökologischen Krisen als nicht mehr aushaltbar zu beschreiben, Klimagerechtigkeit einzufordern, Normalität als Krise zu bezeichnen. All das stellt eine Gegenwart infrage, die von vielen, auch noch lebenden Generationen, lange als Idealzustand (plus/minus) gewertet wurde.

Oder anders: Ein bedeutsamer Teil der Gesellschaft hat seine Hauptaufgabe darin gefunden, die Gegenwart so weit zu verklären, bis sie in die Geschichte passt, die man sich selbst gerne erzählen möchte, über die Leistungen, die man erbracht hat, den Beitrag, den man geleistet hat, für einen starken Markt und ein Land, das so reich und wohlständig ist.

In dieser Rechnung haben ausschließlich jene ein Beschwerderecht, die den Laden mit aufgebaut haben. »Leiste erst mal etwas in deinem Leben, bevor du dich beschwerst«, ungeschlagen in den Top Ten meiner Twitter-Kommentare. Und jetzt kommen wir und erklären, dass es so nicht weitergehen kann.

Das reicht aber noch nicht, und das ist eine andere Sache, die ich in den letzten zwei Jahren gelernt habe.

Das große Problem liegt nicht darin, dass es nicht genug Leute gäbe, die bereit wären, eine Krisenrealität zu beenden. Das große Problem liegt auch nicht darin, dass es nicht genug

Mittel gäbe, um eine sozialökologische Transformation einzu-
leiten. Das Problem ist auch nicht die Demokratie, denn die ist
deutlich widerstandsfähiger, als manche zu hoffen wagen.

Nein, das Problem sind die Mauern in den Köpfen der Menschen. Wir können es uns kaum mehr vorstellen, wie es wäre,
ungefährdet in sauberem Wasser zu schwimmen. Und noch
weniger wollen wir uns vorstellen, dass es auf uns persönlich
ankommen könnte.

Wir können sie uns kaum vorstellen, die klimagerechte Welt,
die friedliche Welt, die sichere Welt. Und wir können uns auch
nicht recht vorstellen, wie wir dahin gelangen sollen. Wir erleben eine Imaginationskrise, eine Krise der Vorstellungskraft,
und sie kommt zum denkbar unglücklichsten Zeitpunkt, in
einer Zeit, in der wir so dringend kognitive Kräfte mobilisieren
sollten.

Wieso fragt man dich, was »du denn werden willst«, und
nicht, »in welcher Gesellschaft du einmal leben willst«? In Zeiten, in denen die Überzeugung herrscht, man habe den Opti-
malzustand erreicht und etwaige negative Externalitäten seien
notwendiger Teil der Rechnung und müssten toleriert werden,
selbst wenn sie brüllen und toben und die Wände zum Wa-
ckeln bringen, in diesen Zeiten reicht es nicht, auf bessere Zeiten zu warten.

Es braucht ein neues Bewusstsein, damit wir uns davon nicht
ablenken, einnehmen, abschrecken lassen. Und es braucht uns,
die wir uns immer wieder fragen, in was für einer Welt wir
leben wollen, was wir dafür brauchen und wie wir dahin kommen. Fragt euch nicht, was ihr werden wollt, sondern welcher
Form von Wirtschaftssystem ihr eure Arbeitskraft zur Verfügung stellen wollt und wofür.

Besiegt die utopische Verödung! Lasst uns Utopien träumen
und Visionen spinnen. In einer Gesellschaft, die weitgehend
davon überzeugt ist, dass man im Großen und Ganzen den
richtigen Pfad eingeschlagen hat, selbst wenn der Wegweiser

neonleuchtend auf »Abgrund« zeigt, wird uns niemand retten – außer wir selbst.

Es reicht nicht zu erklären, dass es so nicht weitergehen kann, wenn wir selbst schon keine Vorstellung davon haben, wie es stattdessen weitergehen kann. Wie sollen wir andere überzeugen, jenseits leerer Versprechen und begrünter Slogans den ersten Schritt zu gehen?

Geht weiter, als man euch den Weg zeigt, denkt weiter, als euch das 20. Jahrhundert lehrt. Und dann, in dem Augenblick, in dem wir Jungen uns zusammen mit den Älteren befreit haben von den Verklärungen der gestrigen Gesellschaft, in dem Augenblick, in dem wir uns anfreunden mit der Radikalität der Situation, der Welt, der anhaltenden Zerstörung, der andauernden Ignoranz, in dem Augenblick machen wir einen essenziellen Schritt: Wir befreien uns von der Last der Verleugnung. Wir stellen fest, wie anstrengend es ist, das wahre Ausmaß der ökologischen Zerstörung ununterbrochen auszublenden.

Es ist anstrengend, diese Welt, diese um 1,2 Grad erwärmte Welt, für lebensfähig zu deklarieren, während es brennt, schmilzt und flutet, während Arten aussterben und Lebensgrundlagen schwinden. Freiheit heißt auch, sich frei zu machen von den Mythen des letzten Jahrhunderts. Und die Krisen für das zu nehmen, was sie sind: existenziell. Die größte Bedrohung unserer Möglichkeiten, unserer Freiheiten, unserer Sicherheit, unserer Zukunft.

Was danach kommt? Alles. Wir haben schließlich nichts zu verlieren außer unserer Zukunft und die unserer Kinder und Enkel. Und zu gewinnen? So vieles. Vor allem das Wissen, dabei gewesen zu sein, als wir anfingen, uns selbst zu retten. Als wir anfingen, uns in die Augen zu gucken und uns ganz ehrlich zu fragen, welche Rolle wir in diesen großen Krisen übernehmen. Nichts sollte uns aufhalten können, die Zukunft zu erdenken und zu gestalten, in der wir gerne leben wollen. Wir sind die Generation Klimakatastrophe, aber wir müssen es nicht bleiben. Niemand ist ersetzbar. Und eines Tages werden wir in die Ferne gucken, werden den Wind und die Wellen rauschen hören, wir werden den Horizont sehen und das weite Blau. Und wir werden an die Fische denken und an damals, als wir nicht weggeguckt haben, als wir so dringend gebraucht wurden.

Luisa Neubauer (*1996) studiert Geografie und Ressour-cen-Management in Göttingen. Sie ist Klimagerechtig-keitsaktivistin bei Fridays for Future und organisiert die Streiks in Deutschland mit. Sie setzt sich für Generationen-gerechtigkeit und gegen weltweite Armut ein.
www.luisaneubauer.com

Dr. Eckart v. Hirschhausen

Liebe Mitmenschen oder liebe Erdenbewohner,
ich glaube, dass jede Generation ihr Aha-Erlebnis hat, ein
Ereignis, das sie die Welt mit anderen Augen sehen lässt. Für
mich war das der Reaktorunfall in Tschernobyl im Jahr 1986.
Ich war damals 19, hatte gerade mit dem Medizinstudium angefangen und trampte von Berlin nach München. Zuerst stand
ich an der Autobahn und wusste nicht, wo ich hinfahren sollte.
Diese radioaktive Wolke konnte ja überall hin. Im Radio wurde
berichtet, wo sie sich gerade ausbreitet und in welche Richtung sie wahrscheinlich weiterzieht. Das Gefühl von absoluter
Hilflosigkeit, von Ohnmacht, weil wir uns auf keinem Weg der
Strahlung entziehen können, hat sich eingebrannt. Und hat
meine Generation politisiert. Ich war in Wackersdorf am Zaun
und in der Nähe von Gorleben im Zelt, um mit Freunden aus
der Varieté-Welt mit fröhlichem Quatsch gegen den Irrsinn an-
zulachen.

Und dann versandete diese »Erweckung« bei mir und vielen
anderen wieder, andere Dinge wurden wichtiger, alltagsrelevan-
ter – bis 2018.

In Deutschland wurden in diesem Jahr an vielen Orten Temperaturen um die 40 Grad erreicht. Und wieder hatte ich dieses
fiese Gefühl, nirgendwohin fliehen zu können. Diesmal sind es
Sonnenstrahlen, aber wieder ist es die blanke Physik, die uns in
unserer Physis bedroht. Und wieder ist das Problem menschengemacht. Der Klimaforscher Hans Joachim Schellnhuber hat
sein Vermächtnisbuch über die Erderwärmung »Selbstverbren-

nung« genannt. So fühlt es sich an: Wir legen uns selber auf den Grill. Und freuen uns noch darüber, dass wir uns den Flug nach Malle sparen können, wenn es bei uns auch so heiß ist.

2018 war für mich das Jahr, in dem ich am eigenen Leib erlebte, wie bedrückend Hitze ist, wenn sie bleibt. Wenn sie stehen bleibt, weil kein Lüftchen am Boden und kein Jetstream in der Höhe das Wetter ändert. In jenem Rekordsommer gab es so gut wie kein Entkommen. Dieses Gefühl der Unausweichlichkeit empfinde ich körperlich und psychisch als bedrohlich. Ich wundere mich, wie meine Generation, die mit Antiatomkraft, Waldsterben und Friedensbewegung aufgewachsen ist, derart dabei versagen konnte, das Wissen um die Grenzen des Wachstums in Politik und eigenes Handeln umzusetzen.

2018 hatte ich zudem eine persönliche Begegnung mit Jane Goodall, die mich sehr prägte. Die berühmte Schimpansenforscherin und Umweltaktivistin fragte mich ganz direkt: »Wenn der Mensch die intelligenteste Art auf dem Planeten ist, warum zerstört er dann sein einziges Zuhause?«

Ich musste dreimal schlucken. Denn die Antwort ist nicht leicht.

Seit Jahrzehnten haben Wissenschaftler*innen auf die Grenzen des Wachstums hingewiesen und die globale Erwärmung vorhergesagt, aber sie wurden von der Politik und der Gesellschaft weitgehend ignoriert. Die Wissenschaft ist einfach nicht durchgedrungen. Studien um Studien, Stellungnahmen und Handlungsempfehlungen sind folgenlos in Schubladen und auf Festplatten vergammelt. Eines meiner Lieblingsplakate von Fridays for Future fragt: »Why get an education when nobody listens to the educated?« Was nutzt einem Bildung, wenn keiner auf die Gebildeten hört?

Es gibt ein Foto, das ich gerne auf Vorträgen zeige. Darauf sieht man einen brennenden kalifornischen Wald, davor spielen Menschen Golf. Das Bild beschreibt unsere Idiotie recht genau. Wir sind das einzige Wesen der Natur, das in die Zukunft schauen kann und ein Konzept von Endlichkeit hat – und verhalten uns dennoch erschreckend kurzsichtig. Wie laut müssen Menschen werden, um eine stille und schleichende Katastrophe wie die Klimakrise in die Mitte der Gesellschaft zu holen?

Wenn es eine ärztliche Pflicht ist, Leben zu schützen, auf Gesundheitsgefahren hinzuweisen und gegebenenfalls auch schlechte Nachrichten zu überbringen, frage ich mich: Wo sind die Gesundheitsberufe beim Thema Klimakrise? Ich habe Medizin studieren dürfen. Ich wurde auch in Notfallmedizin ausgebildet. Aber kurioserweise hat mir in diesen sechs Jahren keiner etwas über den größten Notfall der Menschheit erzählt, nämlich dass wir dabei sind, uns selber abzuschaffen. Allergien nehmen zu. Infektionskrankheiten aus den Tropen können sich über Mücken in Europa verbreiten. Die meisten Pflegeheime und viele Krankenhäuser haben keine Klimaanlagen, und wenn die Sonne die Innenräume aufheizt, kann im wahrsten Sinne keiner einen kühlen Kopf bewahren, um für andere da zu sein. Und, und, und. Auf viele dieser Konsequenzen sind wir im Gesundheitswesen kaum vorbereitet.

Die Klimakrise ist die größte Bedrohung für die Gesundheit im 21. Jahrhundert. Das ist nicht meine private Meinung, sondern Konsens in der internationalen Fachwelt – von der Initiative »Lancet Climate Countdown« über den Weltärztebund bis zur Europäischen Akademie der Wissenschaft. Doch viele Menschen, vermutlich auch in Deutschland, haben die Dimension, in der unsere Existenz bedroht ist, noch nicht begriffen. Schließlich sind ja erst mal andere Länder betroffen. Mit bald zehn Milliarden Erdenbewohnern und einer Überhitzung, die für geschätzte 400 Millionen Menschen in weiten Teilen Afrikas zur Fluchtursache werden wird, müssen wir anders denken, handeln und mitfühlen.

Der Umgang mit den Herausforderungen von Klimawandel

und Nachhaltigkeit kann als die große »moralische Revolution« des 21. Jahrhunderts verstanden werden – bei der wir leider kollektiv erst am Anfang des Prozesses stehen. Dabei bleiben uns nur noch wenige Jahre, um etwa in der Energieversorgung die Verbrennung von Öl, Gas und Kohle komplett hinter uns zu lassen. Momentan verheizen wir jeden Tag die Energie, die Mutter Erde in über 1000 Jahren gespeichert hat. Es bedarf einer internationalen Vereinbarung, die Vorräte von Kohle, Öl und Gas, die noch in der Erde schlummern, dort zu belassen. Nur dann haben wir überhaupt eine Chance, das »Hothouse Earth« zu vermeiden, die komplette Überhitzung inklusive der überschrittenen Kipppunkte. Wenn wir wüssten, was wir wirklich brauchen, würden wir dann weniger verbrauchen?

Dabei hat zum Beispiel die Generation meiner Eltern schon nachhaltig gelebt, bevor es dieses Wort überhaupt gab. Auch, weil es weniger gab. Meine Eltern sind als Flüchtlingskinder aus dem Baltikum in ein kleines Dorf in Baden-Württemberg gekommen. Sie hatten wenig; deshalb haben sie versucht, dieses wenige wiederzuverwenden. Mein Vater lief barfuß zur Schule, um die Schuhe zu schonen. Das Essen wurde oft aus Resten gekocht, um nichts wegzuwerfen. Schulhefte wurden mit Bleistift beschrieben, damit man alles ausradieren und die Seiten ein weiteres Mal vollschreiben konnte. Als ich auf die Welt kam, hat ein Nachbar meine Mutter ins Krankenhaus gefahren. Meine Eltern hatten kein Auto. Das war kein bewusster Konsumverzicht, sie konnten es sich einfach nicht leisten. Aber es ging auch ohne. Das Wort »Upcycling« gab es nicht, aber es war klar, dass man nichts wegschmeißt, was noch brauchbar ist. Auch kein Essen.

Heute gibt es »nachhaltige« Turnschuhe, und die Hersteller rühmen sich, dass unter den unzähligen Paaren, die sie ständig in neuen Formen und Farben rausknallen, auch ein paar sind, die aus recyceltem Plastik bestehen. Dabei wird etwas sehr Offensichtliches übersehen: Das nachhaltigste Paar Turnschuhe, das es gibt, ist das, das es schon gibt. Weil du es schon hast! Mein Vater hat noch sein Originalpaar Adidas Rekord, hellblau mit weißen Streifen – wahrscheinlich wäre es bei eBay mehr wert als in seinem Schrank. Er war kein großer Sportler, hätte aber auch nicht eingesehen, ein neues Paar zu kaufen, wenn es das alte noch tut.

Und meine Eltern hatten nie das Gefühl, nicht auf den Malediven gewesen zu sein, etwas verpasst zu haben. Auch auf Mallorca war mein Vater nie. Er ist wahrscheinlich der nachhaltigste Mensch in unserer Familie. Seine Lebens-CO_2-Bilanz in über 85 Jahren ist niedriger als die seiner Enkel mit 18.

Die Erfahrung, dass alles Materielle plötzlich weg ist, dass man froh ist, das nackte Überleben gesichert zu haben, hat auch meine Generation noch geprägt. Meine Geschwister und ich haben eine gemeinsame Skepsis gegenüber Statussymbolen. Das erste Auto unserer Familie war ein gebrauchter orangefarbener Passat, der nicht mal ein Radio hatte, was dazu führte, dass unser Entertainment aus der Mundorgel bestand. Deswegen kann ich bis heute viele Volkslieder auswendig.

Warum ich das erzähle? Die Erde hat Fieber, und das Fieber steigt, unser Planet steuert auf ein Multiorganversagen zu. Eine harte Diagnose. Je mehr ich mich über den Zusammenhang von Klimawandel und Gesundheit informiere, desto ungeduldiger werde ich. Mit meinen Sorgen bin ich aber nicht allein. Die machen sich viele Wissenschaftler und verantwortliche Menschen schon lange. Wir müssen die Welt neu erfinden. Und uns gleichzeitig erinnern.

»Wir sind hier, wir sind laut, weil ihr uns die Zukunft klaut!« Stimmt. Aber hilft uns eine Polarisierung in »ihr« und »wir« weiter?

Ja, meine Generation, die ins Wirtschaftswunder hineingeboren wurde, hat über die Verhältnisse konsumiert, Ressourcen verbraucht und das lange für selbstverständlich gehalten. Wir sind so reich wie keine Generation vor uns. Und so bedroht.

Aber die Generation der Großeltern weiß noch eine Menge von dem, was wir heute wiederentdecken können: selber kochen, Reste verwerten, auf Gemeinschaftserlebnisse als Glücksbringer setzen und mal ein Buch lesen – mit sehr geringem Energieverbrauch, aber großen Möglichkeiten, zwischen den Seiten in ferne Welten zu reisen. Fahrrad fahren, Fleisch am Sonntag, Urlaub im Schwarzwald. Doch bevor zu viel schiefe Spießernostalgie entsteht: Nichts ist gefährlicher als die Weltanschauung von Menschen, die die Welt nie angeschaut haben. Aber was habe ich bei einem Shopping-Wochenende in New York wirklich über die Welt gelernt?

Fridays for Future hat das Thema Klimakrise auf eine geniale Art und Weise vorangebracht. So dringt endlich dieses Wissen in die Mitte der Gesellschaft, schreckt auf, schreckt ab und mobilisiert im besten Fall unsere besten Seiten. Als Politiker nach den »Profis« verlangten, haben 28 000 Forscher aus Deutschland, Österreich und der Schweiz unterschrieben, um als »Scientists for Future« in der Bundespressekonferenz zu erklären: Das Anliegen der jungen Menschen ist vollkommen berechtigt. So etwas hatte es noch nie gegeben. Diesen Aufbruchsgeist gilt es jetzt aufrechtzuerhalten. Denn die Beharrungskräfte und Lobbyinteressen sind enorm. Wir haben nicht mehr viel Zeit, um überhaupt etwas zu drehen. Drängen wir auf die politische Willensbildung, denn diese ist momentan langsamer als das Bewusstsein in der Gesellschaft.

Die humorvolle Beschäftigung mit dem Gesundheitswesen ist bisher meine Lebensmaxime gewesen. Jetzt ist es die Bewahrung der Schöpfung, die Idee, mit Fridays for Future, Scientists for Future und Health for Future dafür zu sorgen, dass es noch weitere Generationen geben wird, die diesen Planeten so schön vorfinden, wie wir das getan haben. Jene, die derzeit auf der Straße sind, sind klug und engagiert. Wenn sie erleben, dass nichts passiert, obwohl sie so viele sind, dann geht einer ganzen Generation der Glaube an die Demokratie flöten. Wie also kommen wir vom Wissen zum Tun, von der lähmenden Hoffnungslosigkeit zu strategischem Handeln?

Das Klimaabkommen von Paris ist zumindest ein Anfang. Auf das Auto zu verzichten ist unter Großstädtern heute wieder angesagt. Aber es reicht nicht, wenn einige ihren Lebensstil ändern. Politische Schritte sind dringend notwendig. Es braucht eine Abgabe auf Kohlendioxidemissionen. Die Luft zu verdrecken darf nicht umsonst sein. Wir brauchen ein Tempolimit auf der Autobahn. Da brauche ich als Arzt keine zweite Meinung. Mit einem Tempolimit hätten wir weniger Tote und Verletzte, weniger Abgase in den Lungen und weniger Stress. Unsere menschliche Gesundheit, die Gesundheit der Umwelt und des Planeten sind viel enger miteinander verknüpft, als wir uns das lange klargemacht haben.

Humor kann helfen. Mit Humor kann man Widersprüche reflektieren. Ein Beispiel aus meinem Bühnenprogramm: Stellen Sie sich vor, es gibt an der Supermarktkasse für jedes Kilo Fleisch, das Sie kaufen, ab sofort einen Eimer mit 20 Liter Gülle verpflichtend dazu. Den müssen Sie mit nach Hause nehmen. Und die Kassiererin sagt: »Das haben Sie mitverursacht. Ach, das wussten Sie nicht? Jetzt wissen Sie es. Wollen Sie einen Deckel, oder geht das so? Viel Spaß beim Grillen!«

Wenn ich das sage, lacht das Publikum und versteht: Ja, Fleisch zu essen hat einen enormen versteckten Preis, der uns am Kühlregal nicht gezeigt wird. Ich bin dafür, bei Lebensmitteln einen CO_2-Abdruck kenntlich zu machen, um ein Bewusstsein dafür zu schaffen, dass eine Rindfleischsuppe zehnmal so viele Treibhausgase erzeugt wie eine Gemüsesuppe. Der Verbraucher fragt sich dann hoffentlich: Schmeckt mir die Rindfleischsuppe denn wirklich zehnmal so gut? Nö.

Aber was geschieht stattdessen? Eine Abwehrdiskussion wird losgetreten: Die Ökospinner wollen uns das Fleischessen, das Fliegen oder das Autofahren verbieten. Dabei geht es tatsächlich nicht ohne staatliche Vorgaben. Ein Einzelner kann nicht dafür sorgen, dass Fliegen teurer wird als Bahnfahren. Das wäre keine »Diktatur«, sondern ein Ehrlichmachen von Preisen.

Jeder weiß: Rad zu fahren ist sowieso gesünder, als gestresst mit dem Auto im Stau zu stehen. Für einen selbst wie für alle anderen. Ich atme lieber die Abgase von zehn Radfahrern ein als die von einem SUV. Was hat es mit »Verzicht« und »Öko-diktatur« zu tun, wenn wir Gesundheit und Gemeinwohl voranstellen? Welche Freiheiten wird ein Kind haben, das heute geboren wird, wenn es einmal 30, 50 oder 80 Jahre alt ist?

Als Arzt war mir schnell klar, warum die Idee von einem ständigen Wirtschaftswachstum im Kern krank ist. Sie ähnelt dem Krebs: Auch er wächst auf Kosten der Umgebung, bunkert alle Ressourcen für sich und tötet das Leben, das ihn nährt. So doof muss eine Zelle erst mal sein. Und bösartig. Es gibt im menschlichen Organismus nichts, was dauerhaft auf Wachstum angelegt ist. Selbst die meisten Parasiten und Krankheitserreger sind schlau genug, ihr Wachstum so zu dosieren, dass sie ihren Wirt nicht umbringen, sondern mit ihm weiterleben können. Aber wie können wir anders handeln?

Verhalten ändert sich, wenn sich der politische Rahmen ändert. »Bei sich anzufangen« hat 30 Jahre nicht funktioniert. Wie Michael Kopatz vom »Wuppertal Institut für Klima, Umwelt, Energie« sagt: »Schluss mit der Ökomoral«! Wir brauchen coole Gesetze, ehrliche Preise für Energie, ein Ende der Subventionen für eine zerstörerische Landwirtschaft und, und, und. All das kann ich nicht ändern, indem ich den Strohhalm und die Plastiktüte weglasse. In unserem Grundgesetz steht etwas von »körperlicher Unversehrtheit«, aber nichts von einem Recht auf »Auf Autobahnen so schnell fahren, wie ich will«. Was für ein absurder Freiheitsbegriff. Wie unfrei ist ein Leben in Hitze, mit neuen Infektionskrankheiten, mit mehr Allergien, Dürre, einem toten Wald und Hunger? Wir Ärzte können Fieber senken, aber keine Außentemperatur. Unser Körper hält auf Dauer maximal 41 Grad aus. Ende Gelände. Wir können Sauerstoff auf Intensivstationen nur in Flaschen abfüllen, wenn er vorher im Meer und im Wald gebildet wurde. Nichts von dem, was Gesundheit als Allererstes ausmacht, ist »hergestellt« – es ist von Mutter Natur geschenkt: saubere Luft, Wasser, etwas Essbares und erträgliche Temperaturen. Unser gesamter teurer Medizinapparat ist ohnmächtig, wenn wir planetare Grenzen und Kipppunkte überschreiten. Corona hat uns gezeigt, dass Wildtiere uns mit ihren Erregern lahmlegen, wenn wir ihnen keinen Platz zum Leben lassen.

Wenn Politik auf Virologen hören kann, warum nicht auch auf Klimawissenschaftler und Ärzte? Denn wie der wunderbare Physiker Harald Lesch immer wieder betont: »Physik ist nicht verhandelbar. Naturgesetze warten nicht auf demokratische Entscheidungen.«

In der Politik wird gerne davon gesprochen, dass etwas »alternativlos« sei. Das Einzige, was tatsächlich alternativlos ist, ist dieser Planet. Er ist der einzige Ort im ganzen bekannten Universum, wo wir leben können. Als vor 50 Jahren Menschen auf dem Mond landeten, sahen sie, wie schön es auf der Erde ist. Und wie dünn und fragil der Himmel ist – die Atmosphäre, die uns umgibt und am Leben hält.

Politik müsste also viel mutiger sein. Es gibt so viele Beispiele dafür, dass gute Gesetze große Wirkung zeigen. Als das Rauchen in Kneipen verboten wurde, gab es einen enormen Aufschrei. Doch heute sind alle froh darüber, sogar die Raucher. Und Herzinfarkte, Schlaganfälle und Asthma gingen spürbar zurück. Viele Länder haben Tempolimits eingeführt, und ihre Ökonomien sind nicht daran kaputtgegangen. Das Verbot von FCKW hat das Ozonloch schrumpfen lassen, durch die Entschwefelung von Benzin und Industrieabgasen ist das Waldsterben ausgeblieben.

Welche Erfolgsgeschichten erzählen wir weiter? Einer meiner liebsten TED-Vorträge ist der des Psychologen und Ökonomen Per Espen Stoknes, der wunderbar die kommunikativen Hürden aufzeigt und wie man sie überwindet: »How to transform apocalypse fatigue into action on global warming« heißt die empfehlenswerte Rede. Seitdem rede ich auch nicht mehr von »Umwelt«, sondern von Mitwelt. Ich habe ja zu Hause auch keinen Umbewohner. Es geht auch nicht darum, das »Klima zu retten« – sondern uns!

Jeder Deutsche hat einen ökologischen Fußabdruck, der weit über dem globalen Durchschnitt liegt. Aber was ist mit unserem ökologischen Handabdruck? Was können wir selber ändern, wo können wir politisch und gesellschaftlich aktiver werden? Worauf haben wir Einfluss, wer kennt wen, der jemanden kennt, der etwas ändern kann? Wir sind eins der reichsten Länder der Welt, wir sind eins der kreativsten, wir sind eine offene demokratische Gesellschaft, haben freie Meinungsäußerung, Presse- und Versammlungsfreiheit. Wir leben aktuell so satt und sicher wie noch nie in der Menschheitsgeschichte – und alle diese Fortschritte stehen heute auf dem Spiel. Deshalb tragen wir zugleich eine hohe Verantwortung, nicht nur weil wir historisch schon jede Menge Treibhausgase freigesetzt haben, sondern auch weil sich viele Länder fragen: Wie machen es denn die Deutschen? Und gute Ideen lassen sich schneller verbreiten als je zuvor.

Was man machen kann, ist zunächst einmal, miteinander zu reden, in jeder Familie, in jeder Kollegenschaft, in jeder Kirchengemeinde und in jedem Fußballverein, und eine Haltung zu finden. Ja, auch im Fußball, denn wie willst du bei 40 Grad noch rennen? In Spanien beginnen die Fußballspiele erst abends, weil es am Nachmittag viel zu heiß ist. Wenn die Sportschau verlegt werden muss, weil um 15.30 Uhr alle aus dem letzten Loch pfeifen und kein Anpfiff möglich war, dann wissen Millionen weitere Menschen in Deutschland: Die Klimakrise ist echt. Und sie ist hier. Nicht nur in Afrika und der Arktis.

Die eigene Gesundheit und die der Familie liegt den allermeisten näher als ein Eisbär oder ein Kind in Bangladesch. Warum nutzen wir nicht ein positives »Framing«, das verdeutlicht, dass weniger Stress, weniger Fleisch und weniger Auto uns sowieso guttun? In welcher Welt wollen wir leben? Und wie viel Spaß darf dabei sein? Klar sind die 17 Nachhaltigkeitsziele wichtig. Bin ich voll dafür. Aber geht es nicht auch ein bisschen einfacher: dass Leben etwas mit Freude zu tun hat – und mit Widersprüchen, die wir selber nicht völlig auflösen können? Die Ärzte gegen den Atomkrieg hatten ein sehr lustiges Plakat: »Eine Atombombe kann dir den ganzen Tag ruinieren.« Wir brauchen mehr Humor in der Kommunikation, damit wir uns über uns selber wundern können. Aus einem schlechten Gewissen heraus ändern wir uns weniger als aus der Einsicht, dass unsere Kinder und Enkelkinder uns für ziemlich dämlich halten werden, wenn wir so weitermachen. Dabei machen sie es uns ja vor, wie man mit Witz demonstrieren kann: »Klima ist wie Bier – zu warm ist scheiße!«

Mein Wunsch für jetzt und die Zukunft: Wir brauchen ein Zusammenstehen für eine lebenswerte Zukunft über Generationen und Fachdisziplinen hinweg, keinen neuen Generationenkonflikt. Wir müssen den Fokus auf den Zugewinn an Lebensqualität richten statt auf die Diskussion, wem man welches seiner Lieblingsspielzeuge wegnimmt. Wir brauchen bei aller Ernsthaftigkeit und der Einsicht in die Beschränktheit der eigenen Mittel mehr Humor, Leichtigkeit und Optimismus, dass wir an dieser größten Gefahr der Menschheit immer noch wachsen und sie abwenden können. Ganz im Sinne von Karl Valentin: »Wenn es regnet, freue ich mich. Denn wenn ich mich nicht freue, regnet es auch!«

Der amerikanisch-afrikanische Historiker Kwame Anthony Appiah spricht mit Blick auf wichtige zivilisatorische Menschheitsumbrüche von »moralischen Revolutionen«. Und egal ob es um die Abschaffung der Sklaverei oder die Einführung des Frauenwahlrechts oder die weltweite Verbannung von atomaren Waffen geht, immer wieder tauchen in diesen Prozessen ähnliche Stadien auf. Zuerst findet jeder, dass alles bleiben muss, wie es ist. Dann fangen Einzelne an zu zweifeln, ob der Status quo wirklich so zwingend, gottgegeben oder »alternativlos« sein muss. Nach und nach bricht sich das neue Denken gegen heftigen Widerstand Bahn bis zu dem sehr spannenden Punkt, an dem man hinter einer kollektiven Erkenntnis nicht mehr zurückkann. Und alle sich im Rückblick fragen: Wie konnten wir das jemals für akzeptabel halten?

Ich wünsche mir sehr, dass Sie als Leser dieser Zeilen Mut schöpfen, noch deutlicher, öffentlicher und politischer die Zukunft zu gestalten. In diesem Sinne freue ich mich, Teil dieses Aufbruches zu sein, und wünsche uns allen viel Inspiration, Ausdauer und Mut!

Ihr Eckart

Dr. Eckart v. Hirschhausen (*1967) ist Arzt, Fernsehmoderator und Schriftsteller. Er setzt sich in vielfältiger Weise für Gesundheit und Klimaschutz ein, so ist er ein bekannter Vertreter der Scientists for Future und gründete jüngst die Stiftung Gesunde Erde – Gesunde Menschen. www.stiftung-gegm.de

Marie Nasemann

Seit meiner Geburt verbringe ich fast alle Urlaube am Gardasee. Meine Eltern besitzen dort eine kleine Ferienwohnung am Westufer des Sees. Mein Herz hängt an dieser Gegend wie an keinem anderen Platz der Welt. Ich fühle mich hier mehr zu Hause als an dem Ort, an dem ich aufgewachsen bin. Die Landschaft mit den umliegenden Bergen und Hängen voller Olivenbäume und Zypressen ist einmalig schön. Der Gardasee wurde in der Eiszeit durch den Seitenast eines Gletschers geformt, und die Spuren kann man noch heute verfolgen. Der See ist der größte Italiens und an manchen Stellen unheimliche 346 Meter tief. Für Segler*innen ist er ein Traum, er hat oft guten Wind. Und bei Unwetter manchmal schwindelerregend hohe Wellen.

Abends ist der See oft ganz ruhig und klar, wie eine riesige Badewanne. Dann gehe ich am liebsten baden, lasse mich treiben, keine Boote in Sicht. Die Angst vor Wasserschlangen oder großen Fischen atme ich einfach aus. Ich denke an die Tiefe des Sees, die unter mir liegt. Ich sehe mich von oben, ein winziger ausgestreckter Körper auf einem riesigen See. Ich schließe die Augen, lasse jede Muskelspannung los. Ich spüre lediglich, wie sich meine Brust im Atemrhythmus leicht aus dem Wasser hebt und wieder eintaucht. Das ist mein maximaler Entspannungsmoment. Der Moment, in dem ich mich zu einhundert Prozent eins fühle mit der Natur. Ein Moment, in dem ich keine Angst habe. In dem ich nicht über Vergangenes nachdenke oder die Zukunft plane. Es ist kein wahnsinnig langer

Moment. Vielleicht eine Minute oder zwei. Aber er ist jedes Jahr mein Höhepunkt des Sommers.

Ähnlich ergeht es mir nur, wenn ich auf einen Berg gestiegen bin, was nicht sonderlich häufig vorkommt, da ich keine passionierte Wanderin bin. Wenn ich mir aber doch mal einen Ruck gegeben habe und nach einer langen Wanderung mein Ziel erreiche, lege ich mich ohne Decke auf den Boden. Am liebsten auf eine Wiese, umringt von Kühen. Dann liege ich einfach da, und mein Körper ist schwer, anders als im See, wo ich eher schwebe. Die Anstrengung der Wanderung spüre ich in jedem Knochen. Mein Körper wird immer schwerer, bis ich das Gefühl habe, er versinkt im Berg. Und auf einmal wird mein eigenes Leben gänzlich unbedeutend. Dieser Berg, auf dem ich liege, existiert seit unzähligen Jahren. Riesige aufeinandergestapelte Platten, Schichten aus Erde, Schlamm und Gestein, die viele Zeitalter erlebt und überlebt haben, verschiedenste Kulturen und wahrscheinlich sogar Dinosaurier beherbergt haben. Was ist mein Leben dagegen? Eine winzig kleiner Punkt auf diesem langen Zeitstrang. Ein Hauch, ein schwaches Lichtchen, eine kleine Seele unter Millionen, die diesen Berg schon bestiegen haben. Das mag vielleicht traurig klingen. Aber es ist befreiend. Unendlich befreiend.

Unser ganzes Leben dreht sich um uns, um *unsere* Pläne, *unsere* Beziehungen, *unsere* To-do- und Bucketlisten. Auf einem Gipfel merke ich, wie herzlich egal ich der Natur bin. Mein Leben ist unwichtig. Und das zu realisieren hilft mir, alles mit mehr Leichtigkeit und Freude zu sehen, und so schwer mein Körper vom Wandern ist, so wird mein Denken ganz leicht und frei.

Die Erde war immer da. Und sie wird auch immer da sein. Wenn wir sie schlecht behandeln, wird sie uns bestrafen. Mit Hitze, mit unfruchtbaren Böden, mit Naturkatastrophen, Stürmen und Überschwemmungen. Mit einer schrumpfenden Vielfalt an Tier- und Pflanzenarten. Aber sie wird trotzdem immer da sein.

Jeder »Save the Planet«-Slogan ist falsch, denn die Erde braucht unsere Rettung nicht. Sie rettet sich selbst und wird mit allem fertig.

Stattdessen sollte es heißen: »Save the human being«, denn wenn jemand in Gefahr ist, dann ist es unsere Spezies. Die ist gerade dabei, die Grundlage ihrer Existenz zu vernichten. Und spätestens dann, wenn es der eigenen Lebensgrundlage an den Kragen geht (und nicht etwa nur der von Menschen aus dem globalen Süden), dann werden die richtigen Hebel in Bewegung gesetzt. Und dann geht alles ganz schnell.

Marie Nasemann (*1989) ist Schauspielerin, Autorin und Fair-Fashion-Aktivistin. Sie setzt sich für gesellschaftlich wichtige Themen wie Nachhaltigkeit und Gleichberechtigung ein. www.marienasemann.com, www.fairknallt.de

Quang Paasch

Ich wollte nie Klimaaktivist werden – dennoch sitze ich jetzt hier und schreibe einen Brief an die Erde oder besser gesagt an die Gesellschaft. Wie komme ich zu dieser Gelegenheit bzw. woher komme ich? Diese Frage wird mir oft gestellt. Eine Antwort könnte sein: nicht aus der Klima- und Umweltbewegung – ich bin da eher zufällig reingestolpert. Dennoch bin ich jetzt einer der Pressesprecher*innen von Fridays for Future. Außerdem bin ich geborener Berliner, Jahrgang 2001, Arbeiter*innenkind und habe den sogenannten Migrationshintergrund. Seit ich denken kann, erfahre ich Diskriminierungen aufgrund meines Nichtweißseins. Rassismus ist eine Facette meiner eigenen Lebensrealität, die mich früh politisierte. Nachhaltigkeit, Umwelt und Klima waren keine Themen, die mich als Kind interessiert oder geprägt haben. Konkreten Handlungsbedarf sah ich in der Problematik der sozialen Gerechtigkeit. Als jungem Menschen, der mit dem Internet aufgewachsen ist, entgingen mir nicht die täglichen Meldungen von neuen globalen Krisen und Missständen. Wie konnte ich da also still bleiben und nichts tun? Schließlich bin ich zu einem aufgeklärten Demokraten erzogen worden – so zumindest der Anspruch der Kultusminister*innen an die Schulen. Die Realität sieht jedoch anders aus. Politische Partizipation und soziales Engagement sind für viele Schüler*innen nicht selbstverständlich. Es ist ein Privileg, Zugang zu Wissen zu haben und sich dann auch noch für ein Thema einsetzen zu können. Wenn es keine Sensibilisierung und Aufklärung gibt, wird auch kein Bewusstsein geschaffen, das zum Handeln führen könnte. Obwohl die Wissenschaft seit 40 Jahren vor den Folgen der globalen Erwärmung warnt, ist die Aufklärung über die Klimakrise kein zentraler Bestandteil der Schul-Curricula geworden. Dementsprechend waren Klima- und Umweltaktivist*innen für mich eine Nischenerscheinung und nichts weiter als »die Ökos«.

Der Wendepunkt kam erst nach meinem Abitur im Jahr 2018. Als ich von der damals 15-jährigen Greta Thunberg hörte, die für dieses mir fremde Thema vor dem Parlament streikte, wurde ich erst so richtig aufmerksam. Typisch für die Generation Z habe ich meine Recherche zum Klimawandel im Internet begonnen. Ich realisierte nun die Dringlichkeit der Klimakrise. Greta Thunberg hat mich mehr aufgeklärt und mobilisiert als irgendeine Lehrkraft zuvor. Der Klimawandel war plötzlich doch nicht so weit weg. Zuerst war ich wütend und traurig über das Nichthandeln der Menschen, aber ich verspürte auch Zuversicht und Tatendrang. Ich hoffte, mit dem Aufruf zum ersten Klimastreik in Berlin am 14. Dezember 2018 etwas ändern zu können. Nach einigen euphorischen, aber wohl auch naiven Wochen stellte ich jedoch fest, dass ein paar Klimastreiks allein nichts bringen – außer Lob und Kritik aus allen Ecken der Gesellschaft. Die Vorstellung, die Welt mit unseren Protestaktionen retten zu können, hatten sicher viele von uns jungen Menschen und angehenden Klimaaktivist*innen.

Fridays for Future hat sich innerhalb der letzten zwei Jahre professionalisiert und zu einer ernstzunehmenden Klimabewegung etabliert. Dabei haben wir das Rad nicht neu erfunden. Schon seit Langem haben engagierte Aktivist*innen, Wissenschaftler*innen und Betroffene versucht, uns auf die Folgen der Erderwärmung aufmerksam zu machen – doch richtig gehört wurden sie nie. Es brauchte anscheinend Kinder und Jugendliche, um den Diskurs in die sogenannte Mitte der Gesellschaft zu bringen. Wie absurd ist es, dass erst die Provokation junger Menschen, freitags die Bildung zu verweigern, zum Umdenken geführt hat? Wer immer noch nicht verstanden hat, dass Fridays for Future sich nicht in der Rolle der Expert*innen sieht, hat unsere gelebte Demokratie nicht verstanden. Wir verstehen uns als Sprachrohr der Wissenschaft, aber auch als Klimagerechtigkeitsbewegung. Klimaschutz geht nämlich nur zusammen mit der sozialen Gerechtigkeit – in Deutschland, in Europa, weltweit.

Unser Gesellschafts- und Wirtschaftssystem basiert auf der Ausbeutung prekär lebender Menschen und auf der Diskriminierung marginalisierter Gruppen. Deswegen sitzen wir in der Klimakrise auch nicht alle in einem Boot. Die Lebensumstände, verfügbaren Ressourcen und sozialen Hintergründe der Menschen sorgen dafür, dass nicht alle gleichermaßen betroffen sein können. Der globale Norden profitiert von der Ausbeutung anderer Länder. Die Ressourcen und die CO_2-Emissionen sind global ungleich verteilt. Dieser historischen Verantwortung, eine Folge von Kolonialismus und Industrialisierung, müssen wir uns bewusst werden. Wenn Menschen im globalen Süden die Umwelt zerstören, dann tun sie das, weil sie finanziell abhängig vom globalen Norden sind. Die Plantagen und Fabriken dort produzieren die Waren für Lebensstil und Luxus von uns Europäer*innen. Wir beuten somit nicht nur Natur und Umwelt, sondern auch Menschen aus. Hinzu kommt, dass wir vermutlich die nötigen Ressourcen haben werden, um zum Beispiel schwimmende Städte zu errichten – die Länder des globalen Südens leiden aber schon jetzt unter den Folgen des Klimawandels und werden sich auch in Zukunft nicht allein retten können.

Um all diesen Ungerechtigkeiten entgegenzuwirken, brauchen wir eine grenzen- und gesellschaftsübergreifende Solidarität und Aufklärung. Wir müssen uns vom rein individualistischen Denken lösen und das Kollektiv ins Zentrum stellen. Die Befriedigung meiner eigenen Bedürfnisse auf Kosten anderer ist in unserer heutigen Zeit nicht mehr tragbar. Unser globales Handeln muss an ein kollektives Wirgefühl geknüpft werden. Auf der anderen Seite müssen wir unsere Kolonial-geschichte aufarbeiten und diskriminierende Denkmuster re-flektieren. Lasst uns den Diskurs über Macht- und Ressourcen-verteilung beginnen und die Gerechtigkeitsfrage stellen – nur so schaffen wir es, radikale Veränderungen demokratisch zu vollziehen. Es geht nicht darum, den »Schwachen« zu hel-fen, sondern die Bedingungen dafür zu schaffen, dass keine*r in dieser Welt benachteiligt wird. Dieses Wirgefühl darf aber nicht zu der Illusion führen, wir hätten Gleichheit erreicht. In unserem historisch gewachsenen kulturellökonomischen Sys-tem kann es keine vollständige Gleichberechtigung geben.

Ebenso brauchen wir eine sozialökonomische Transforma-tion hin zu einer nachhaltigen und gerechten Welt. Ein rein ge-sellschaftlicher Wandel wird nicht ausreichen. Weder rettet uns das Umdenken einzelner Bürger*innen, noch wird der Markt es schon von selbst regeln. Klima- und Umweltaktivist*innen haben endlich die Diskursverschiebung und den Kulturwandel angestoßen. Jetzt brauchen wir auch konsequente Maßnah-men der Entscheidungsträger*innen. Die Verantwortung kann nicht bei einzelnen Menschen liegen. Politik, Wirtschaft und Gesellschaft müssen Hand in Hand agieren, um die Klimakrise gemeinsam anzugehen.

Wir sollten uns davor hüten, einer Spirale der Hoffnungslo-sigkeit zu verfallen – ja, die Klimakrise ist eine große und kom-plexe Herausforderung. Die Faktenlage wirkt erdrückend, die Zeit drängt und die Frage der sozialen Gerechtigkeit scheint das Ganze noch zu erschweren. Doch der lange Atem von Fri-days for Future zeigt uns vor allem eins: Veränderung ist mög-lich. Wir gehen weiterhin auf die Straße, weil wir die Hoffnung in unsere Demokratie nicht aufgeben. Genau jetzt haben wir noch die Zeit, das Ruder herumzureißen und auf allen Ebe-nen etwas zu verändern. Business as usual kann nicht mehr unser Lebens- und Handlungsmotto sein. Das Erreichen des

Liebe Erde

1,5-Grad-Ziels bedeutet nämlich nicht, dass die Welt gerettet ist – es sind immer noch 1,5 Grad zu viel –, aber wir verhindern irreversible Schäden an Mensch und Natur, die eine stärkere globale Erwärmung mit sich bringen würden.

Keine*r von uns ist perfekt – eine absolut diskriminierungsfreie, gerechte und nachhaltige Lebensweise kann und wird es in unserem jetzigen System nicht geben. Vielleicht aber brauchen wir diese Utopie einer Gesellschaft, um die Klimakrise auf struktureller und systemischer Ebene schnell und effektiv anzugehen. Dafür sollten wir aufstehen und kämpfen. Lassen wir das reine Individualverhalten hinter uns und zeigen wir uns solidarisch mit marginalisierten Gemeinschaften. Reflektieren wir unsere Privilegien. Bringen wir den Klimaschutz mit sozialer Gerechtigkeit zusammen und vergessen wir dabei nicht, auf unsere zeitlichen und mentalen Kapazitäten zu achten. Keine*r soll auf dem Weg dahin ausbrennen oder ausgeschlossen werden. Lasst uns gemeinsam dazulernen, Mitmenschen aufklären, den Druck erhöhen und nach einer solidarischen, gerechten und nachhaltigen Welt streben.

Quang Paasch (* 2001) ist Pressesprecher von Fridays for Future Deutschland und Berlin und seit dem allerersten Klimastreik dabei. Er studiert Sonderpädagogik und Politikwissenschaften an der FU Berlin.

Margot Käßmann

Als Christin ist Natur für mich die Schöpfung Gottes. Wir haben gelernt, dass es nicht darum geht, sich die Erde untertan zu machen, sondern zu bebauen und zu bewahren, was Gott uns anvertraut hat. Die Bewahrung der Schöpfung war schon früh theologisches Thema für mich.

Zum einen sind wir also vor Gott in der Verantwortung, die Natur zu schützen. Zum anderen sehe ich die Mitgeschöpfe, die leiden, und will mit ihnen solidarisch sein. Und es geht um die Zukunft meiner Kinder, meiner Enkel und der folgenden Generationen. Es ist doch keine Frage, dass ich nicht nur für mich lebe, sondern mit anderen, auch denen, die nach mir kommen.

Ich schätze die Natur nicht nur, ich liebe sie. Sie gibt mir Luft zum Atmen. Seit meiner Kindheit bin ich es gewohnt, täglich rauszugehen. Das brauche ich, den Wald, die Küste, die Luft. Und ich freue mich, dass meine Kinder das übernommen haben. Ich bin selbst mit der Überzeugung aufgewachsen, dass wir die Erde nur von unseren Kindern geborgt haben.

Mir scheint es am leichtesten, andere mitzunehmen, wenn wir kleine Schritte aufzeigen, die machbar sind: beispielsweise Produkte aus fairem Handel, aus der Region, aus biologischem Anbau.

Margot Käßmann (*1958) ist evangelisch-lutherische
Theologin und Pfarrerin. Sie war Bischöfin der Landeskirche
Hannover und 2009/2010 Vorsitzende des Rates der Evange-
lischen Kirche in Deutschland (EKD). Käßmann setzt sich
für Gerechtigkeitsfragen und die Bewahrung der Schöpfung
ein und unterstützt die Klimabewegung.
www.margotkaessmann.de

Angie Volk

Verzicht und Duschseife

Das trübe bräunliche Wasser schwappt an mir hoch bis zu den Knien, es ist lauwarm.

Eine kleine Ansammlung Rasierstoppeln huscht an meinen Füßen vorbei wie ein Heringsschwarm, ein Schnodderklumpen gleitet wie ein träges Unterwasserwesen hinterher.

Seit ein paar Tagen sammelt sich bei uns zu Hause das Duschwasser. Ein Stück Haarseife hat den Abfluss verstopft zusammen mit allerhand anderem menschlichen Horn und Abfallstoffen, mein Freund und ich duschen »oben drauf« und warten gierig auf die Rohrreinigung vom Profi.

Ich erinnere mich schwermütig an bauchige, bunte Duschgelflaschen, an glibbrige Tropendüfte, an das satte Schmatzgeräusch beim Rausdrücken von Shampoo und Conditioner.

Genau wie damals, als mir der Kaffeerest im Bambus-Coffee-to-go-Becher den Rucksackinhalt mit Bibliotheksbüchern versaut hat, denke ich, dass er doch ganz schön sperrig ist, mein Anspruch, weniger Müll zu verursachen. Wie beim dritten Mal Umsteigen im Zug nach Italien stöhne ich darüber, dass es echt anstrengend ist, das Klima und den Planeten zu schützen.

Ich bin mit diesen Gedanken nicht alleine, laut einer Umfrage des Münchener Energie- und Verkehrswende-Unternehmens *Green City AG* sei den Deutschen Klimaschutz zwar ein Herzensanliegen, je unbequemer er aber werde, desto geringer sei die Bereitschaft, sich dem Thema zu widmen. So sei der Einkauf im Biosupermarkt und in lokalen Geschäften inzwischen für viele zwar Alltag, zu Plastikverpackungen werde seltener gegriffen, bei Elektrogeräten schafft sich über die Hälfte der Befragten die energieeffizienteren Modelle an. Aber diese Entscheidungen sind in erster Linie Konsumentscheidungen, seltener Verzichtentscheidungen. Wir sind bereit dazu, die Biotomate, den Messingrasierhobel und die elegante Glastrinkflasche zu kaufen, wir sind weniger dazu bereit, auf Interkontinentalflüge zu verzichten, auf Erdbeeren im November.

Wir werden unbequem, wenn Klimaschutz unbequem wird.

Zu tief verankert scheint die Sorge, zu kurz zu kommen, wenn wir uns selber in unserem Genussverhalten einschränken. Zu groß die Angst, den Fortschritt zu verpassen, wenn wir auf bestimmte Technologien verzichten.

Auch in der Politik wird das Wort Verzicht im Zusammenhang mit Klimaschutz weniger gerne verwendet. Es wird nur hinter vorgehaltener Hand gemurmelt, dass die Lösung, Mobilität nachhaltiger zu gestalten, nicht die riesigen, ressourcenbündelnden E-Fahrzeuge sind, sondern Sharing-Lösungen – oder besser noch: gar nicht fahren.

Wie in der Antirassismus- und Feminismusdebatte und anderen Ungleichheitsdiskursen verlangt uns auch der Klimaschutz einiges ab, er fordert auf umzuschichten, Privilegien zu reflektieren. Und auch wenn das anfangs unangenehm klingt, liegt darin ein großes Potenzial, schreibt Ulrike Fokken im *taz*-Artikel »Verzicht ist die neue Freiheit«. Denn entkopple man Verzichtgedanken vom panischen Belohnungszentrum im Hirn, entfalte sich ein großes Spektrum gesellschaftlicher Spielräume und individueller Möglichkeiten.

Genug Menschen machen das bereits vor, es gibt auch erfreuliche Statistiken:

1,3 Millionen Menschen in Deutschland essen kein Fleisch mehr, zwölf Prozent finden vegane Ernährung super und haben Eier, Käse und Milch aus ihrer Ernährung gestrichen. Sie haben sich von ihren Mini-Wini-Würstchenketten befreit und zeigen einer ganzen Industrie, dass fleischlos marktkonform und zukunftsfähig ist.

Immer mehr Menschen im urbanen Raum verzichten auf den eigenen Kleinwagen, Schüler*innen weltweit demonstrieren für eine progressive Klimaschutzpolitik und Mut zu drastischen Maßnahmen. Es gibt also Hoffnung, dass die unbequemeren Lösungen mehr und mehr Einkehr halten in unseren gesellschaftlichen Habitus, dass unsere Visionen für eine saubere Zukunft unsere individuellen Toleranzgrenzen verschieben.

Während ich in Richtung Handtuch wate, beschließe ich, mir die nächsten Tage die Freiheit zu geben, einfach zu stinken, auf das Duschen zu verzichten, bis das Rohr wieder frei ist, und die Schmutzzone zu meiner neuen Komfortzone zu machen.

Dem Klima zuliebe.

Angie Volk (* 1989) ist Autorin. Sie lebt und arbeitet in Berlin. Ihr Debütroman trägt den Titel *Krokodile* (Atlantik Verlag, 2021).

Louisa Dellert

Ungefähr zwei Jahre bevor es mit Greta und der Fridays-for-Future-Bewegung losging, war ich mit meinem damaligen Freund im Urlaub auf Malta. Ich liebe das Meer. Es ist für mich ein Ort, an dem ich abschalten kann, und dafür bin ich dankbar.

Nach ein paar Tagen wollten wir ein perfektes Unterwasserfoto beim Schnorcheln in einer Bucht aufnehmen. Typisch Blogger halt! Aber überall im Wasser schwamm Müll herum, der natürlich auch auf allen Bildern zu sehen war. Das fand ich unglaublich. Es gab kein Bild, auf dem kein Müll war. Im ersten Moment war mein größtes Problem, dass ich diesen Müll selbst mit Photoshop nicht herausretuschieren konnte. Im zweiten Moment dachte ich, Mensch, Lou, das ist nun aber echt oberflächlich. Du solltest den Müll lieber aufsammeln und recherchieren, wie er da überhaupt hingekommen ist.

Das tat ich dann auch: Ich wollte wissen, wie all das Plastik ins Meer kommt und was ich selbst damit zu tun habe.

Natürlich war mir an diesem Tag auf Malta noch nicht klar, dass er mein Leben verändern würde. Doch ich merkte, dass alles, was mit Plastikverschmutzung und Kunststoff zu tun hatte, mich mit einem Mal viel mehr interessierte als irgendwelche Fitnessshakes und die anderen Sachen, die ich bis dahin auf Instagram gemacht hatte. Ich bin quasi ungewollt über das Thema gestolpert, und es hat mich nicht mehr losgelassen. Dass ich auf Instagram nicht so weitermachen konnte wie bisher, ergab sich damit von selbst.

Erstmals setzte ich mich überhaupt mit den Themen Umwelt und Politik auseinander. Wenn ich ehrlich bin: Früher war mir das nicht wichtig. In meinem Umfeld hat sonst niemand über politische Themen gesprochen, auch wenn das alles gebildete Menschen waren. Bei mir stand früher eher GZSZ auf der Tagesordnung, und ich war viel unterwegs und habe mich mit Freunden getroffen. Ich habe nicht mal die Tagesschau gesehen. Wie auch, die lief ja zur selben Zeit wie GZSZ. Zeitung habe ich auch nicht gelesen. Dass mir ein Thema wie der Müll im Wasser plötzlich so naheging, war also eine große Veränderung für mich.

Damit entstand in mir der Wunsch, meinen Alltag nachhaltiger zu gestalten. Ich fragte mich: Warum wird immer noch so viel in Kunststoff verpackt? Was gibt's da für Gesetze? Auf diese Weise dachte ich insgesamt viel politischer.

Wenn mich etwas interessiert, dann bleibe ich dran. Und das ist auch gut so: Alles, was mir begegnet ist, hat mich – früher oder später – immer weitergebracht. Ich bereue nichts, was ich einmal angefangen habe. Schon als Kind konnte ich mich in Dinge versenken, und doch war die Umweltsache eine neue Erfahrung für mich. Sie ist mir über Jahre nicht aus dem Kopf gegangen und hat meinen Alltag von Grund auf verändert.

Inzwischen beschäftige ich mich seit rund drei Jahren mit Umweltschutz und Politik. Ein Zurück zu meinen alten Themen als Influencerin ist für mich unvorstellbar. Mich interessiert eigentlich alles in der Politik, was ich nicht verstehe – und deswegen nehme ich es mir dann vor. Ich glaube, das geht vielen jüngeren Leuten so: Klimaschutz ist ein wichtiges Ziel, aber wenn du die Politik an sich nicht verstehst, dann verstehst du auch im Bereich Klimapolitik nicht alles. Deswegen befasse ich mich mit vielen verschiedenen Fragen, zum Beispiel habe ich intensiv zu Lobbyismus und zu Verschwörungstheorien gearbeitet.

Da mich oft viele Sachen gleichzeitig beschäftigen, trage ich auch viele Sachen nach außen, indem ich auf Instagram dazu schreibe. Wenn heute eine Abstimmung im Bundestag wichtig ist und morgen eine Initiative gegen Müll im Ozean, dann habe ich das Bedürfnis, Informationen zu sammeln und darüber zu reden. Auch wenn es manchmal viel ist. Ich habe zum Glück inzwischen ein relativ großes Netzwerk aus Journalistinnen und Journalisten oder Verbänden, auf das ich zurückgreifen kann und das mich weiterbringt. Ich informiere mich über diese Kanäle und diverse Plattformen, führe Interviews mit Politikerinnen und Politikern. Auch meine Reichweite hilft mir weiter, weil ich dann schnell mal eine AKK oder einen Christian Lindner vor der Linse habe, obwohl ich keine ausgebildete Journalistin bin. So kann ich meine Leserinnen und Leser gut über aktuelle Themen informieren. Manchmal bin ich auch mit jemandem unterwegs, der mir beispielsweise etwas über illegale Fischerei erzählt. Das sensibilisiert mich wiederum für neue Themen, und ich lerne weiter dazu.

Mein Umfeld hat durchweg positiv auf meine Entwicklung reagiert. Viele haben sich gemeinsam mit mir auf die neuen Themen eingelassen. Es ist auch nicht so, dass ich Leserinnen und Leser verloren hätte – im Gegenteil, die meisten fanden das gut und sind mir weiter gefolgt. Das ist toll, denn das waren Leute wie ich, die vorher kaum mit Umweltthemen oder Politik zu tun hatten, sondern sich für Fitness interessierten. Trotzdem sind sie den Weg mit mir gegangen und mit mir daran gewachsen. Das gibt mir Kraft zum Weitermachen.

Trotzdem habe ich kein Patentrezept, wie man Umweltfragen »richtig« kommuniziert. Es ist wichtig, das Gegenüber nicht gleich moralisch abzuwerten, sobald er oder sie eine andere Meinung hat. Vor allem aber hat jede Plattform ihre eigene Zielgruppe. Mir folgen Leute gerne, weil ich Lou bin – und weil ich authentisch über Themen spreche und auch mal zugebe, dass ich etwas nicht verstehe. Dann hören die Leute mir zu.

Das würde bei der Tagesschau so nicht funktionieren, und andersrum würde ich mit der Methode der Tagesschau nichts erreichen. Wenn jemand etwas von mir annimmt, hat das damit zu tun, dass ich es so sage, wie ich bin. Es überrascht die Menschen, wenn jemand ihnen zeigt, wie er oder sie wirklich ist.

Mein Bauchgefühl sagt mir, wie ich mit der Community spreche: Manchmal ist es besser, ein wenig drastischer zu berichten, mit Bildern, die sehr emotional sind – oder es ist besser, das zu lassen. Manche sind aber auch mit guten Argumenten nicht zu erreichen. Man merkt in einer Diskussion, wenn jemand gar nichts anderes verstehen möchte und gar keine andere Meinung zulässt. Dann ist es Zeitverschwendung. Das gibt's auch.

Mein Ziel ist es, andere Menschen auf meinem Weg mitzunehmen. Ich möchte mich für das einsetzen, woran ich glaube. Es ist mir ein Anliegen zu überlegen, wie wir unsere endlichen Ressourcen an nachfolgende Generationen weitergeben können – anstatt sie einfach zu verballern, nur weil sich unsere Wirtschaft am stetigen Wachstum orientiert und alles immer größer, schneller, höher werden soll. Ich möchte, dass die Welt erhalten bleibt. Nicht für einen bestimmten Menschen, sondern für alle.

Dass wir irgendwann ein System haben, das am Gemeinwohl ausgerichtet ist, wie es einigen Parteien vorzuschweben scheint, finde ich eine sehr romantische Erzählung. Ich würde es mir tatsächlich wünschen, aber ich glaube nicht, dass es klappt. Dass alles zu 100 Prozent nachhaltig sein wird, geht heutzutage einfach nicht mehr, glaube ich. Wir sollten daher lieber auf dem Teppich bleiben – und die Vision einer besseren Welt klar trennen von dem, was möglich ist. Ich fände es gut, wenn wir alle und auch die Regierenden achtsamer mit unserer Zukunft umgingen. Ich selbst würde nicht in eine Partei eintreten, weil ich neutral bleiben will. Aber sicher wird sich viel ändern, sobald die junge Generation von heute erst mal im Parlament sitzt. Ich glaube auch, dass wir unser Wissen und den Willen zur Veränderung sehr gut an die Generationen weitergeben können, die noch kommen.

Für mich ist es ein Lichtblick, dass es möglich geworden ist, mit politischen Themen und Umweltschutz auf Instagram so viele Menschen zu erreichen. Das verbreitet sich wie eine Welle: Nachdem ich von meinem Erlebnis mit dem Plastik im Meer erzählt hatte, fingen Leute an, Müll zu sammeln, wenn sie am Meer waren – und posteten das. Damit inspirieren sie wieder andere Leute, und so geht es immer weiter. Das ist für mich das Schönste, was ich mit meiner Arbeit erreichen kann: Menschen zu bewegen, anders mit der Natur umzugehen. Es ist sinnstiftend für mich, wenn das, was ich mache, funktioniert. Wenn die Leute es verinnerlichen und mit in ihren Alltag nehmen.

Das Wichtige ist doch, dass wir uns überhaupt etwas trauen, wenn es uns wichtig ist. Viele Politikerinnen und Politiker sprechen nicht aus dem Herzen, und es ist ein Problem, dass sie allzu oft ihre Zukunft im Hinterkopf haben: Was könnte mein nächster Job sein, wenn ich nicht mehr in der Politik bin, und wie sollte ich mich darum jetzt verhalten? Da haben wenige den Mut, das Richtige zu tun – weil sie damit riskieren, dass sie nicht wiedergewählt werden.

Verständlicherweise ist der Umweltschutz auch durch Corona in den Hintergrund gerückt. Viele Menschen haben jetzt ganz andere Sorgen. Wenn jemand Angst hat, seinen Job zu verlieren, wenn sich jemand um seine Eltern oder Großeltern sorgt, dann erscheinen Themen wie Nachhaltigkeit und Umwelt womöglich zweitrangig. Jemanden in dieser Situation wirst du nicht davon überzeugen können, dass der Klimawandel deswegen nicht weniger wichtig ist. Wenn man merkt, dass da im Moment keine Türen offen sind, dann muss man es vielleicht auch mal eine Weile gut sein lassen.

Warum ich dennoch nicht hinschmeiße? Im Grundtenor bin

ich ein optimistischer Mensch, da denke ich mir: Was bringt es, mich aufzuregen und etwas nicht anzupacken, nur weil ich glaube, dass es vielleicht nicht funktioniert? Und dann mache ich es einfach.

Alle Menschen sollten ihre Chancen nutzen, so oft und so gut sie es können: Jede und jeder von uns ist eine Influencerin oder ein Influencer. Wir alle haben Menschen in unserem Umfeld, die wir mit dem, was wir tagtäglich tun, beeinflussen.

Anders gesagt: Es ist wichtig, dass du deinen Mund aufmachst, wenn dir etwas nicht gefällt und wenn du etwas zu sagen hast. Ohne erhobenen Zeigefinger, aber so persönlich, aufrichtig, humorvoll und mutig, wie du bist.

Louisa Dellert (*1989) ist Influencerin und Unternehmerin. Sie gründete zunächst eine erfolgreiche Fitnessseite und widmet sich heute in ihrem Podcast und auf ihren Social-Media-Kanälen den Themen Nachhaltigkeit und Politik. www.louisadellert.com

Anton Hofreiter

Seit dem ersten großen Waldsterben sind fast 40 Jahre vergangen. Helmut Kohl war damals Bundeskanzler, das Fernsehen hatte nur drei Programme, und die Mauer teilte Deutschland in Ost und West. Unser Wald war bedroht, und das Thema bestimmte die öffentliche Debatte.

Ich war erst zwölf oder 13 Jahre alt, aber der Zustand des Waldes beschäftigte mich sehr. Für mich war er greifbar, weil ich viel Zeit in der Natur verbrachte und die Veränderungen im Wald mit bloßem Auge erkennen konnte. Ich fing an, mich zu informieren, und stieß auf erste Artikel über die ökologische Krise, die unter der Überschrift »Waldsterben« diskutiert wurde.

Damals war die Hauptursache für das Waldsterben die Verschmutzung der Luft durch Schwefeldioxid, das den Regen sauer machte und vor allem in den Abgasen fossiler Kraftwerke enthalten war. Es gab eine recht einfache technische Lösung gegen den sauren Regen. Durch den Einbau von Filteranlagen in Kraftwerken konnte der Ausstoß von Schwefeldioxid um ca. 95 Prozent reduziert werden. Das Problem des sauren Regens wurde weitgehend gelöst und das erste Waldsterben gebremst. Die düsteren Prognosen, die den öffentlichen Diskurs bestimmten, bewahrheiteten sich zum Glück nicht, und der Wald erholte sich.

Für mich war das Thema aber nicht abgeschlossen. Über die vielen Artikel zum Waldsterben wurde ich aufmerksam auf weitere ökologische Krisen, die das Leben auf unserem Planeten gefährden. Ich las immer mehr über die Klimakrise. Sie hat mich politisiert. Sie ist einer der Gründe, weshalb ich mit 14 Jahren politisch aktiv wurde. Ich wurde Mitglied der Grünen und später des Gemeinderates und des Kreistages.

Die Themen, die mich damals zu den Grünen geführt haben, sind heute aktueller denn je. Die Klimakrise hat sich weiter verschärft, und es droht ein zweites Waldsterben. Unsere Lebensgrundlagen sind in großer Gefahr und damit in den nächsten Jahrzehnten auch wir Menschen.

In Kalifornien, Sibirien und Australien brennen die Wälder immer häufiger. In Amazonien wird Urwald für Sojaplantagen gerodet. Und auch in Deutschland beginnen die Wälder flächendeckend abzusterben. In manchen Regionen findet sich kaum mehr eine lebende Fichte im Fichtenwald, und auch die Buchen und Eichen sind viel zu häufig in schlechtem Zustand. Wälder sind die grüne Lunge unseres Planeten. Sie sind viel mehr als Rückzugsorte für gestresste und ruhebedürftige Menschen. Sie dienen als Wasserspeicher, Luftfilter und Bodenschützer. Und nicht zuletzt: Sie binden das klimaschädliche CO_2 und stabilisieren das Klima. Wald- und Klimaschutz bedingen sich gegenseitig – ohne Waldschutz kein Klimaschutz.

Der Einbau von Filtern ist dieses Mal keine Lösung, er rettet heute weder Wald noch Klima. Diesmal ist die Lösung schwieriger und weitreichender. Sie erfordert ein komplettes Umsteuern in der Art und Weise, wie wir produzieren und konsumieren. Leider sind wir noch weit davon entfernt, diese Erkenntnis in ausreichendes politisches und gesellschaftliches Handeln zu übertragen. Es muss mehr geschehen, um unsere Lebensgrundlagen zu retten. Das gilt für Deutschland wie auch weltweit.

Die Zeit droht uns davonzulaufen. Die aktuellen Extremwetterereignisse, Feuer, Dürren und Überschwemmungen in aller Welt, aber auch direkt bei uns vor der Haustür führen uns vor Augen, dass wir viel zu lange viel zu wenig gemacht haben. Die Krise wurde weder mit der erforderlichen Ernsthaftigkeit noch mit dem notwendigen Durchsetzungswillen angegangen, die es gebraucht hätte. Statt Klimaschutz umzusetzen, blieb es häufig bei Versprechen und Bekenntnissen. Und das, obwohl Ursache und Wirkung seit Jahrzehnten bekannt sind. Wir können diese verlorene Zeit nicht aufholen, aber es gibt auch keinen Grund, jetzt aufzugeben. Noch können wir das Ruder rumreißen. Noch haben wir gute Chancen, unsere Zukunft lebenswert und unseren Planeten bewohnbar zu halten. Wir müssen nur die richtigen Entscheidungen treffen – und zwar jetzt. Das sind wir den Menschen, die heute 25 Jahre oder jünger sind, schuldig.

Das gilt im Großen wie im Kleinen. Im Gemeinderat haben wir damals zum Beispiel erreicht, dass um den Dorfplatz herum Bäume gepflanzt wurden. Heute sind in den heißen Sommern viele Leute froh über den Schatten, den sie spenden. Und wir haben erreicht, dass die Energieversorgung des Dorfes nicht mit schmutzigen fossilen Energien betrieben wird. Heute gibt es ein Biomasseheizkraftwerk und ein Tiefengeothermiekraftwerk. Das bedeutet, dass ein erheblicher Teil des Dorfes CO_2-freie Wärme über ein Nahwärmenetz bezieht.

Auch bundespolitisch wurde schon viel geschafft. Als vor 20 Jahren das Erneuerbare-Energien-Gesetz (EEG) beschlossen wurde, kostete die Kilowattstunde Strom aus Photovoltaik 99 Pfennig. Strom aus erneuerbaren Energien war also nahezu unbezahlbar. Das EEG hat das grundlegend geändert. Durch Technologieentwicklung ermöglichte das Gesetz die Markteinführung von sauberem Strom. Bis heute gehen immer mehr neu gebaute Solarkraftwerke an sonnenreichen Standorten ans Netz und produzieren Strom für unter einem Cent, und auch Windkraft ist viel günstiger geworden. Außerdem haben wir Technologien entwickelt, um Stahl CO_2-frei herzustellen. Neben der Preissenkung für sauberen Strom hatte das EEG einen echten Boom zur Folge. Neue Firmen und Hunderttausende Arbeitsplätze entstanden.

Anton Hofreiter

Neben den grünen Technologien ist ein weiterer Punkt nicht zu unterschätzen: Immer mehr Menschen fahren Rad. Und ich bin überzeugt, dass noch viele weitere Menschen ihr Auto stehenlassen würden, wenn die Städte fahrradfreundlicher wären und das Nahverkehrsnetz die ländlichen Regionen komfortabel anschließen würde.

Es gibt Lösungen. Zugegeben, sie sind nicht so einfach wie beim ersten Waldsterben vor 40 Jahren. Doch wir wissen, wie es geht, und wir wissen, dass es möglich ist. Wir müssen es nur umsetzen.

Dafür ist es von zentraler Bedeutung, dass wir alle verstehen, dass es nicht um die Rettung einer abstrakten Umwelt geht. Einer Umwelt, um die wir uns kümmern, wenn gerade nichts Wichtigeres ansteht oder wenn wir mal wieder einen Dürresommer durchleben. Es geht darum, dass es auch in Zukunft einen Wald gibt, in dem wir spazieren gehen können, dass die norddeutschen Küstenorte nicht im Meer versinken, dass wir den Sommer nicht ausschließlich in klimatisierten Räumen verbringen müssen. Es geht um unsere direkte Umgebung und nicht weniger als unsere Lebensgrundlagen, also um die Rettung der Welt, auf der auch zukünftige Generationen leben können.

Die Natur und die Umwelt haben Zeit. Es gab bereits fünf Massenaussterben in der Geschichte des Lebens. Im Gegensatz zur Klimakrise waren wir Menschen daran völlig unschuldig. Die Ursachen waren Meteoriteneinschläge wie vor ca. 66 Millionen Jahren oder der Ausbruch einer Reihe von Supervulkanen wie vor ca. 250 Millionen Jahren. Danach gab es für einige Millionen Jahre instabile Ökosysteme. So viel Zeit haben wir Menschen nicht.

Deshalb müssen wir jetzt die Gesetze ändern. Es ist an der Zeit, für den Durchbruch CO_2-freier Technologie in allen Bereichen zu sorgen, und es ist an der Zeit, die sozialökologische Transformation anzupacken. Sie rettet nicht nur unsere

Lebensgrundlagen, sie macht unsere Städte und Dörfer auch lebenswerter. Der Zwang zum Auto nimmt ab, wir haben eine ökologischere Landwirtschaft und eine Energieversorgung, die bürgernah und dezentral ist. Die Wertschöpfung aus der Energiegewinnung bleibt also in den Regionen, in denen die Energie gewonnen wird, und fließt nicht an große klimaschädliche Unternehmen ab. Das spart CO_2 und ist ein großer Gewinn für die Regionen.

Ich bin überzeugt, dass wir als Menschen die richtigen Werkzeuge haben, um die ökologischen Probleme auf unserem Planeten lösen zu können. Und ehrlich gesagt: Es ist keine Frage des Glaubens. Es ist eine politische Frage. Und es ist von jeher mein Antrieb als Naturwissenschaftler, politische Verantwortung zu übernehmen.

Dr. Anton Hofreiter (*1970) ist Biologe und Fraktionsvorsitzender von Bündnis 90 / Die Grünen im Deutschen Bundestag. Er setzt sich dort unter anderem für die Agrarwende sowie Klima- und Umweltschutz ein.
www.toni-hofreiter.de

Friederike Schmitz

Liebe Leser*innen,

politisch aktiv zu sein bedeutet häufig, sich gegen die Normalität aufzulehnen. Man will einen bestimmten Zustand, eine Situation, eine Entwicklung, die vielen als normal gilt, nicht mehr mit ansehen, nicht mehr zulassen. Politisches Engagement beginnt oft mit Empörung und Wut. Was empört Sie? Was macht Sie wütend? Was finden Sie unerträglich?

Bei mir war es zuerst der Umgang mit Tieren in der Nutztierhaltung: das Leid der Schweine, Rinder, Hühner und Puten. Nicht direkt ein Klima- oder Umweltthema also, aber indirekt durchaus, und zwar nicht nur weil die industrielle Tierhaltung negative Effekte auf Umwelt und Klima hat. Sondern auch weil sich darin eine bestimmte Sichtweise auf andere Lebewesen ausdrückt, die eine Grundlage für die ökologische Krise bildet, in der wir uns befinden. In meiner persönlichen Entwicklung hängen die Themen ohnehin zusammen: Zu sehen, wie Tiere in unserer Gesellschaft behandelt werden, hat mich dazu gebracht, die herrschende Normalität zu hinterfragen und politisch aktiv zu werden. Nur so bin ich später auch zum Klimaaktivismus gekommen.

Die sogenannte Massentierhaltung war schon zu Schulzeiten ein Thema für mich – ich hatte darüber gelesen, dass Schweine auf engstem Raum leben müssen und Hühner durch Überzüchtung krank werden. Ich wurde erst Vegetarierin und versuchte dann, nur Tierprodukte aus Biohaltung zu kaufen. Während des Studiums blendete ich das Problem weitgehend aus, es gab wichtigere und interessantere Fragen. Schließlich wurde ich ein zweites Mal Vegetarierin, aber mehr aus Faulheit: Ich wollte nicht bei jeder Mahlzeit darüber nachdenken müssen, ob und welches Fleisch ich esse.

Ich bin nicht mehr sicher, was dann den Anstoß dafür gab, dass ich mich näher mit dem Thema beschäftigte. Tatsächlich bedeutet es ja schon eine gewisse Anstrengung, relevante Informationen überhaupt so weit an sich heranzulassen, dass man ernsthaft empört sein kann. So auch beim Klimawandel: Wenn man in den Nachrichten über neueste Wetterextreme oder Warnungen der Klimawissenschaft liest, ist man kurz betroffen. Aber dann muss man sich wieder um die Probleme im Job kümmern, um die Familie oder um die Abendplanung. Erst wenn man etwas tiefer in das Thema einsteigt und sich wirklich damit beschäftigt, was der Klimawandel bedeutet, kommen Gefühle wie Angst, Sorge oder Wut.

Irgendwann sah ich in der U-Bahn das Plakat einer Tierschutzorganisation, das mich zum Nachdenken brachte. Darauf war ein Glas Milch abgebildet und eine abgemagerte, schmutzige Kuh. »Alle reden von der Milch. Wir reden von der Kuh« stand darauf. Es war das Jahr 2009 und wohl eine Zeit, in der wie so oft der Milchpreis und die Lage der Milchbauern in den Medien besprochen wurden. Die Situation der Kühe aber eben nicht. Kurz darauf begann ich zu recherchieren, wie es Tieren in der Tierhaltung geht. Ich fand eine Fülle von Informationen – Bilder und Videos von nächtlichen Stallbesuchen ebenso wie wissenschaftliche Studien über Verhaltenseinschränkungen und Krankheitsraten.

Ich war schockiert. Noch heute bin ich es immer wieder, denn an der Situation der Tiere hat sich praktisch nichts geändert. Bleiben wir zunächst bei den Kühen. Die Mehrzahl der Kühe, die zur Milchproduktion gehalten werden, kommt nie auf die Weide. Sie stehen ihr Leben lang im Stall. Mit eineinhalb Jahren wird ein weibliches Rind zum ersten Mal künstlich befruchtet. Das Kalb, das es neun Monate später zur Welt bringt, wird ihm sofort weggenommen und allein in einem sogenannten Kälberiglu mit Ersatzmilch gefüttert. Die Kuh wird ein paar Wochen später erneut besamt, sodass sie etwa jährlich kalbt. So ist der Milchertrag am höchsten.

Die meiste Zeit ihres Lebens wird die Kuh gemolken, während sie zugleich trächtig ist. So geht es, bis die Kuh krank oder unfruchtbar wird – dann kommt sie zum Schlachthof. Im Durchschnitt erreichen die Kühe in der deutschen Milchwirtschaft nur ein Alter von etwas über fünf Jahren, obwohl sie eigentlich über 15 Jahre leben könnten. Viele werden durch Züchtung und die hohe Belastung krank – ein Drittel aller Kühe leidet unter Euterentzündungen, die sehr schmerzhaft sein können.

Ich finde es nicht übertrieben zu sagen, dass Kühe in der Milchwirtschaft nur als Gebär- und Milchmaschinen gelten. Ihre eigenen Bedürfnisse zählen so gut wie gar nicht. Dabei geht es nicht darum, die Landwirt*innen zu beschuldigen oder zu behaupten, dass Milchtrinker*innen schlechte Menschen seien. Es geht darum, die Situation der Tiere wahrzunehmen.

Sie denken vielleicht, dass ich nur über die konventionelle Tierhaltung spreche. Selbst wenn das stimmen würde, wäre es furchtbar, denn der Anteil der Biomilchprodukte ist sehr gering. Kühe in Biohaltung kommen tatsächlich meist im Sommer auf die Weide. Davon abgesehen sind aber viele Grundbedingungen ihres Lebens ähnlich oder genauso wie in der konventionellen Haltung: Sie werden regelmäßig künstlich befruchtet und dürfen ihre Kälber nicht behalten. Sie müssen Milch produzieren, und wenn sie das nicht mehr können, werden sie geschlachtet. Auch sie werden oft krank und leben im Durchschnitt nur etwa ein Jahr länger als ihre Artgenossinnen in konventionellen Betrieben. Sie sterben üblicherweise in denselben Schlachthöfen, wo es brutal zugeht, wo sie mit Elektroschockern traktiert werden und die Betäubungen immer wieder versagen.

Als ich mich mit der Situation der Kühe erstmals ernsthaft beschäftigte, war ich nicht nur geschockt von der Realität, von der umfassenden Ausbeutung dieser Tiere. Sondern ich war auch in gewisser Weise abgestoßen von der Art, wie wir oft über das Thema reden, und von der Art von Reaktion, die in Anbetracht der Problematik als normal gilt. Vielleicht kennen Sie diese Reaktion selbst – ich kenne sie jedenfalls von mir selbst früher: Ja, in der Tierhaltung liegt einiges im Argen, denkt man, da muss sich dringend etwas ändern. Es braucht bessere Gesetze und Kontrollen. Aber es wäre doch zu extrem, deshalb die ganze Tierhaltung zu verdammen. Wir essen ja schon weniger Tierprodukte und achten darauf, wo sie herkommen. Man muss es nicht gleich übertreiben wie die Tierrechtler*innen und Veganer*innen, das ist doch zu radikal.

Genau diese Einstellung, diese anscheinend moderate, ausgewogene Position fand ich plötzlich unerträglich. Das Leid der Tiere ist extrem, die Gewalt ihnen gegenüber ist schier maßlos. Wenn man ernsthaft recherchiert, wo die Produkte herkommen, findet man praktisch immer Elend und Ausbeutung. Es schien mir falsch, auf eine schreiende Ungerechtigkeit mit maßvoller Kritik zu reagieren, mit moderaten Verhaltensänderungen. Ich wurde Veganerin, nicht obwohl, sondern weil es zu der Zeit noch als etwas extrem oder radikal galt. Es war zwar eine bloße Konsumentscheidung, aber für mich schon eine Positionierung: Ich wollte mit dieser Gewalt nichts zu tun haben.

Schon bald hatte ich das Bedürfnis, mehr zu tun. Wenn wir die Produkte der Tiere nicht kaufen, stecken wir zwar kein Geld in die Tierhaltung, wir tun aber nichts dagegen, dass sie weiter existiert. Wir helfen den Tieren nicht. Ich fing an, auf Demos zu gehen und mich an Infoständen zu Veganismus und Tierrechten zu beteiligen. Mit neuen Freund*innen nahm ich an Aktionen zivilen Ungehorsams wie Blockaden von Schlachthöfen teil und gründete eine eigene kleine Aktionsgruppe. Vieles auf diesem Weg kostete Überwindung – die ganze linke politische Szene war neu für mich. Zuerst war es mir unangenehm, laute Slogans zu rufen, anderen Menschen teils negativ aufzufallen oder mit der Polizei zu tun zu haben. Zugleich machten das Organisieren und Aktivsein großen Spaß: die Gemeinschaft, die Aufregung und vor allem das Gefühl, etwas Richtiges und Sinnvolles zu tun.

Die Normalität hingegen wurde mir immer fremder, immer unverständlicher. Die Normalität zum Beispiel, in der viele meiner Freund*innen und Familienmitglieder weiter Fleisch, Käse und Eier aßen, tat mir weh. Ebenso die Normalität, in der in Medien und Politik immer nur über kleine Tierschutzreformen diskutiert wurde, nicht aber darüber, ob es überhaupt in Ordnung ist, fühlende Lebewesen unter Missachtung ihrer eigenen Bedürfnisse für unsere Zwecke einzuspannen. Und immer wieder war ich auch mit der Normalität der Ausbeutung und Gewalt gegen Tiere konfrontiert.

Einmal ging ich mit zu einer nächtlichen Undercover-Recherche in einer Schweinezuchtanlage. Es war ein riesiger Komplex, insgesamt über 30 000 Schweine. Die Aufnahmen, die wir nachher mit nach draußen nahmen und veröffentlichten, zeigten die üblichen Szenen: vollgekotete Spaltenböden, Mastschweine mit angefressenen Ohren, riesigen Bauchausbeulungen und anderen offensichtlichen Leiden. Was sich mir aber in dieser Nacht am meisten einprägte, war etwas anderes.

Ich stand eine Weile vor den Buchten mit den vor kurzem geborenen Ferkeln. Sie wirkten so winzig und gleichzeitig so faszinierend »fertig«, wie ich es sonst von menschlichen Säuglingen kannte. Mit den kleinen Rüsselnasen suchten sie am Boden und am Bauch der Mutter nach den Zitzen, mit den kleinen Beinchen kletterten sie über ihre Geschwister. Meine unmittelbare Reaktion auf diese Ferkel war so etwas wie Ehrfurcht. Auch in der heutigen Zeit, da wir so viel erklären und noch mehr manipulieren können, bleibt das Leben auf einer bestimmten Ebene doch ein Wunder. Da sind plötzlich Wesen in der Welt, die es vorher nicht gab. Sie sind ganz neu und frisch. Und irgendwie beginnt die Welt gerade erst für sie. Sie sind bereit, alles zu erkunden, zu lernen und Erfahrungen zu machen. Sie haben alles noch vor sich.

Dieses Gefühl kollidierte in jener Nacht so massiv mit der Umgebung, mit der ganzen Szenerie, dass es sich anfühlte wie ein Widerspruch, wie ein Fehler in der Wirklichkeit. Die Bucht mit den Ferkeln war eine von mindestens zwanzig in einer Reihe. Es stank so sehr, dass ich auch mit Mundschutz kaum durch die Nase atmen konnte. Und ich hatte die Zukunft dieser Ferkel schon gesehen: Sie lag in den anderen Bereichen desselben Gebäudes, jenseits des verdreckten Zwischenganges. Ein paar Quadratmeter vollgekoteter Spaltenboden, eine Eisenkette, die als »Spielzeug« von der Decke hing. Kein Tageslicht, keine frische Luft. Enge. Gestank. Keine Erde zum Wühlen, kein Matsch zum Suhlen, keine Welt zum Erkunden. Das war das Leben, das diese Ferkel vor sich hatten: eigentlich gar kein Leben.

Sie wissen vielleicht, dass Schweine nicht weniger intelligent und sozial sind als Hunde. Dass sie sich gern bewegen und sehr neugierig sind. In der Schweinehaltung zählt das aber nicht. Da zählt das Gewicht, das die Schweine pro Tag zunehmen, bis sie mit sechs Monaten geschlachtet werden. Das ist die Normalität der Schweinehaltung: Fühlende Individuen werden betrachtet und behandelt wie bloße Waren, wie Ressourcen.

Wieder geht es mir nicht darum, den Tierhalter*innen einen moralischen Vorwurf zu machen. Sie sind in genau diese Normalität hineingewachsen, oft von Kindheit an. Sie haben sie in Studium oder Ausbildung gelernt und bei der täglichen Arbeit immer wieder trainiert. Viele bemühen sich im Rahmen ihrer Möglichkeiten, den Schweinen wenigstens schweres Leid durch Krankheiten oder Verletzungen zu ersparen. Allein das ist praktisch unmöglich. Selbst wenn es gelänge, änderte es nichts an der Tatsache, dass diesen Tieren ein Leben aufgezwungen wird, das nicht »Leben« genannt werden kann.

Tatsächlich gibt es immer mehr Tierhalter*innen, die einen tiefen inneren Konflikt spüren: Um Geld zu verdienen, müssen sie mit den Tieren auf eine Weise umgehen, die diesen nicht gerecht wird. Aus diesem Grund steigen immer wieder Landwirt*innen aus der Tierhaltung aus – auch im Biobereich. Ein Schweizer Biohof zum Beispiel hielt seine Legehennen unter Bedingungen, die weit über dem dortigen Biostandard lagen. Aber auch diese Hennen gingen nach einem Jahr Eierlegen zum Schlachthof. »Was nützt es dem Tier, wenn wir von Tierwohl sprechen, das Tier aber dann einfach töten?«, schrieben die Betreiber*innen in einem Brief an die Kund*innen. Sie hörten auf, Hennen zu halten, um Eier zu verkaufen. Sie wollten nicht mehr Teil der Normalität sein, in der fühlende Lebewesen nur als »Nutztiere« zählen.

Mit der Zeit fiel mir auch in anderen Bereichen auf, wie brutal und zerstörerisch die herrschende Normalität ist – und wie gefährlich auch dort die gemäßigte, die »normale« Kritik daran. Die Themen Klimawandel und Artensterben hatte ich selbst lange weitgehend verdrängt, meine eigene Rolle dabei ausgeblendet. So war ich Teil der Normalität geblieben. Schon lange wusste ich zum Beispiel, dass Fliegen die Klimakrise anheizt, aber das hieß für mich nur, dass man nicht sinnlos oder übertrieben viel fliegen sollte: Ein Wochenendtrip zum Shoppen nach Barcelona ist natürlich obszön. Aber ich flog in den Urlaub in die Türkei, zum Forschungsaufenthalt nach New York und zu einer Konferenz nach England. Doch das Klima interessiert es nicht, ob man ein Wochenende oder drei Monate bleibt, und auch nicht, ob man Urlaub macht oder beruflich unterwegs ist. Gar nicht mehr zu fliegen, das schien extrem – bis ich merkte, wie katastrophal genau diese Einstellung ist, und entschied, einfach damit aufzuhören. Stattdessen bin ich bei Aktionen gegen Flugverkehr dabei. Da ich keine Familie auf anderen Kontinenten habe, fiel mir die Entscheidung relativ leicht. In der Türkei und in England war ich trotzdem wieder – mit Bus oder Bahn.

Die Normalität, in der fast alle Menschen und auch z. B. Grünenpolitiker*innen es für notwendig halten, regelmäßig innerhalb Europas zu fliegen, ist mir mittlerweile unverständlich.

Das ist das Perfide an der Normalität. Die meisten Leute wollen, davon bin ich überzeugt, anderen Menschen, Tieren und der Natur möglichst nicht schaden. Sie wollen nicht, dass andere leiden oder dass unsere Welt kaputtgeht. Die wenigsten Menschen stellen bewusst und absichtlich eigene Wünsche nach Geld, Erfolg oder Bequemlichkeit über das Wohlergehen von Milliarden anderen. Zugleich leben wir in einer Gesellschaft, die als Ganze unheimlich zerstörerisch, gewaltvoll und ungerecht ist. Das liegt an der Macht der Normalität. Wenn wir einfach das tun, was alle tun, was nicht auffällt, wofür wir sogar Anerkennung und Zuspruch bekommen, dann tragen wir häufig genau zu dieser Zerstörung und zu großem Leid bei, und das ganz ohne böse Absicht.

Der Weg zum Aktivismus, so denke ich, ist daher bei vielen Menschen eng mit dem Verhältnis zur Normalität verknüpft. Bevor wir uns engagieren, beginnen wir, die Normalität zu hinterfragen. Indem wir uns engagieren, stellen wir uns der Normalität auf die eine oder andere Weise entgegen – bis hin zum Gesetzesbruch. Und während wir gegen die herrschende Normalität agieren, ist unser Ziel, eine neue Normalität zu schaffen – in der es gerecht zugeht, in der es einfacher und bequemer ist, anderen nicht zu schaden, in der es keine Auflehnung und keinen Widerstand dafür braucht, die Welt für zukünftige Generationen zu erhalten.

Zugleich sind unsere Bewegungen weiterhin geprägt von der alten Normalität. Auch in linksaktivistischen Gruppen gilt vieles als normal und wird immer wieder als unangreifbar verteidigt, was eigentlich zerstörerisch, gewaltvoll und ungerecht ist. So verhält es sich mit rassistischen und sexistischen Strukturen und Einstellungen, die erst langsam und noch bei weitem nicht ausreichend diskutiert und bearbeitet werden.

Mich bedrückt es auch, dass die Situation der Tiere in der Klima- und Umweltbewegung oft noch nicht ernst genommen wird. Viele Aktivist*innen, die sich in anderen Bereichen gegen die Normalität stellen, sehen den Umgang mit Tieren nicht als etwas an, das sich grundsätzlich verändern muss. Klar, alle sind irgendwie gegen Massentierhaltung. Aber viele argumentieren dabei mit den Klimaauswirkungen, die in der Tat gewaltig sind. Dass die Ausbeutung von Tieren, die Gewalt gegen Tiere als solche ein Problem und eine Ungerechtigkeit darstellen, weil fühlende Wesen es nicht verdienen, als Waren und Ressourcen zu unseren Zwecken zu dienen – das wird nur selten anerkannt.

Ebenso fällt mir auf, dass viele bei den Folgen des Klimawandels nur an die Menschen denken. Natürlich sind schon die Folgen für Menschen in Ausmaß und Schrecklichkeit kaum zu fassen. Trotzdem finde ich es wichtig zu sehen, dass nicht nur Menschen aufgrund von Klimaveränderungen und Wetterextremen leiden, sterben oder zur Flucht gezwungen werden. Sondern auch zahllose Tiere. Wenn Auswirkungen der Erderwärmung außerhalb der Menschheit thematisiert werden, dann häufig unter dem Titel einer abstrakten »Natur«, die zerstört oder geschädigt wird. Und wenn Tiere angesprochen werden, dann oft nur als ganze Tierarten, die aussterben oder vom Aussterben bedroht sind. Dabei ist »die Natur« bevölkert von zahllosen fühlenden Individuen. Sie haben Bewusstsein, sie haben Bedürfnisse, sie haben jeweils ein eigenes Leben, das durch den Klimawandel beeinträchtigt oder zerstört wird. Auch darin liegt eine Ungerechtigkeit.

Aus meiner Sicht gehört die Ignoranz gegenüber der Situation der Tiere mit zu der Normalität, der wir uns entgegenstellen müssen. Im Kapitalismus wird die Natur nur als Ressource gesehen. Das ist falsch. Aber genauso falsch ist es, fühlende Lebewesen lediglich als Teil der Natur zu sehen oder nur Arten, aber nicht Individuen als wertvoll zu erachten. Das Problem an der industriellen Fischerei zum Beispiel ist nicht nur, dass die Meere leer gefischt oder Fischarten ausgerottet werden. Die Methoden der Fischerei sind auch extrem grausam: An Langleinen aufgespießte Fische kämpfen stunden- und tagelang um ihr Leben. In Netzen hochgezogenen Fischen quellen aufgrund der Druckveränderung die Eingeweide aus dem Mund. Es gehört zur herrschenden Normalität, dieses Leid nicht wahrzunehmen oder nicht für relevant zu halten. Die heute übliche Ausbeutung der »Natur« wird auch dadurch ermöglicht, dass die fühlenden Lebewesen darin ausgeblendet werden.

Die Klimagerechtigkeitsbewegung will nicht nur den Klimawandel bremsen und die Umwelt schützen, sondern sie will eine gerechtere Welt für alle schaffen. Zu diesen »allen« sollten ebenso die Tiere gehören, denke ich. Deshalb müssen wir auch für unseren Umgang mit Tieren eine neue Normalität schaffen. Eine Gesellschaft, in der es normal ist, an die Tiere zu denken, ihre Bedürfnisse ernst zu nehmen und so weit wie möglich zu berücksichtigen. Mir ist klar, dass wir als Menschen nicht leben können, ohne Tiere zu beeinträchtigen und oft auch zu töten. Aber wir können aufhören, sie für unsere Zwecke zu züchten, gefangen zu halten, ihnen die Kinder wegzunehmen und sie ohne Not zu töten. Wir können aufhören, sie als Waren und Ressourcen zu sehen, mit ihnen zu handeln und an ihnen zu experimentieren. Wir können anfangen, auch den Anspruch von Wildtieren auf ihre Lebensräume, auf Schutz und Respekt anzuerkennen und zu verteidigen.

Natürlich ist zweifelhaft, ob es überhaupt gelingen kann, die herrschende Normalität zum Besseren zu wandeln. Es gibt derzeit wenig Grund für Optimismus. Trotzdem denke ich: Die herrschende Normalität ist nicht naturgegeben, sie ist von Menschen gemacht. Sie kann daher auch von Menschen verändert werden. Sich dafür einzusetzen, erscheint mir sinnvoller als die meisten anderen Dinge, mit denen ich meine Zeit verbringen könnte. Es fühlt sich auch besser an. Sind Sie dabei?

Dr. Friederike Schmitz (*1982) ist Philosophin und Publizistin mit dem Schwerpunkt Tierethik. Sie arbeitet als Autorin und Referentin und engagiert sich in verschiedenen Gruppen der Tierrechts- und Klimagerechtigkeitsbewegung. www.friederikeschmitz.de

Cornelia und Volker Quaschning

Liebe Leserinnen und Leser,
wir haben zwei Briefe an unsere noch nicht geborenen Urenkelinnen und Urenkel verfasst, die wir ihnen am Ende unseres Lebens übergeben wollen. Es liegt an uns allen, welcher der beiden Briefe es letztendlich sein wird. Entscheidet selbst.

Viele sonnige Grüße
Cornelia und Volker Quaschning

———————————

Liebe Urenkelinnen, liebe Urenkel,
es ist nicht sehr wahrscheinlich, dass wir uns noch persönlich kennenlernen. Darum haben wir einige Zeilen aufgeschrieben, um zum Ausdruck zu bringen, wie sehr wir die Situation bedauern, in die ihr geraten seid.

Bereits seit Jahrzenten hat die Wissenschaft geschlossen und eindringlich vor den Gefahren der Klimakrise gewarnt. Aber es konnte ja niemand ahnen, dass die umstrittenen Klimamodelle am Ende doch zutreffen. Es gab ja so viele andere Stimmen im Internet, die das Gegenteil gesagt haben. Im Jahr 2020 hätten wir gerade noch rechtzeitig Maßnahmen einleiten können, um die globale Erwärmung unter der kritischen Grenze von 1,5 Grad Celsius zu halten. Doch dafür hätten wir die Klimaneutralität noch vor dem Jahr 2040 erreichen müssen.

Ihr müsst verstehen: Das hätte für uns radikale Veränderungen bedeutet. Wir hätten keine dicken Benzin- und Dieselautos mehr fahren dürfen. Natürlich gab es Alternativen: Wir hätten den öffentlichen Personenverkehr intensiver nutzen und ausbauen können, auf Fahrrad oder Pedelec umsteigen oder ein Elektroauto kaufen können. Dieses Opfer wäre aber unverhältnismäßig groß gewesen. Auch ein Tempolimit hätte beim Klimaschutz geholfen. Aber nur um schnell und preiswert ein paar Millionen Tonnen an Treibhausgasen und einige hundert Verkehrstote pro Jahr zu vermeiden, kann man doch nicht einfach die Freiheit der Menschen beschneiden. Schließlich haben auch andere Länder wie Afghanistan oder Nordkorea kein Tempolimit.

Weil unser Leben so anstrengend und stressig war, konnten wir ebenso wenig auf unsere wohlverdienten Urlaubsflüge verzichten. Gut, es nutzten nicht einmal fünf Prozent der Menschheit im Jahr 2019 den Flieger, und der Flugverkehr hat in Deutschland rund zehn Prozent des Klimaschadens verursacht. Aber das ist doch kein echter Grund, um nicht mehr in den Urlaub zu fliegen. Schließlich machten das unsere Freunde und Nachbarn auch. Was hätte es schon genutzt, wenn nur wir alleine verzichtet hätten und die anderen weiter geflogen wären?

Die Unternehmen wollten sich nicht vorschreiben lassen, nur noch nachhaltig und ethisch zu produzieren. Sicher, wir hätten klimaschädliche Produkte einfach nicht mehr kaufen oder sie teurer machen können. Aber dann hätten wir ja nicht mehr gedankenlos konsumieren können.

Auch hätten wir sehr schnell auf Kohlestrom verzichten und stattdessen viele Solar- und Windkraftanlagen bauen müssen. Aber wir konnten die 20 000 Arbeitsplätze in der Braunkohle nicht aufs Spiel setzen, selbst wenn wir stattdessen über 100 000 neue Arbeitsplätze in den erneuerbaren Energien geschaffen hätten. Man musste auch an die Gewinne der Energiekonzerne denken, an denen viele öffentliche Kommunen beteiligt waren. Außerdem sind Windkraftanlagen nicht wirklich schön anzusehen, und es gab immer wieder Stimmen, die mahnten, dass einzelne Vögel in den Rotoren sterben würden. Dass es nun bald viele Vogelarten gar nicht mehr gibt, konnten wir doch nicht ahnen. Zugegeben, es mussten immer wieder Menschen ihre Heimat verlassen, und ihre Dörfer wurden zerstört, damit dort Kohle abgebaggert werden konnte. Aber die Veränderungen durch den Bau neuer Windkraftanlagen wären einfach zu groß gewesen. Und möglicherweise wäre in der Übergangszeit der Strom auch etwas teurer geworden. Noch mal zehn oder 20 Euro pro Monat mehr, nur um euch die Lebensgrundlagen zu erhalten? Das könnt ihr wirklich nicht verlangen.

Um die Klimakrise wirklich zu stoppen, hätten wir auch unsere Ernährung umstellen müssen: viel weniger Fleisch essen oder am besten vegan werden. Unsere Großeltern aßen früher auch nur einmal in der Woche Fleisch. Das machten sie aber nur, weil sie es sich öfter nicht leisten konnten. Sonntagsbraten hieß das damals. Da wir eine industrielle Landwirtschaft ohne Rücksichtnahme auf die Natur aufgebaut haben, konnten wir uns sogar mehrmals täglich Industriefleisch leisten. Für den Futteranbau mussten immer mehr Regenwaldflächen abgeholzt werden. Außerdem wurden viele Menschen krank vom vielen Fleisch. Aber es schmeckt einfach so gut. Kaum einer wollte sich damals von Tofu oder Gemüse ernähren.

Ihr seht also, die Klimakrise war einfach nicht zu stoppen. Wenn ihr in unserem Alter seid, werden die Durchschnittstemperaturen um 3 oder 4 Grad und die Meeresspiegel um ein oder zwei Meter angestiegen sein. Größere Teile der Erde, vor allem im tropischen Bereich, werden zu heiß sein, um dort zu leben. Es ist bedauerlich, dass ihr die Migration von mehr als einer Milliarde Menschen organisieren müsst. Hoffentlich macht ihr es besser als wir mit den 20 000 Flüchtlingen im griechischen Lager Moria. Natürlich sind Hungersnöte infolge von globalen

Dürren nicht wirklich angenehm. Damit nicht zu viele Menschen verhungern, solltet ihr jetzt euren Fleischkonsum deutlich einschränken, was am Ende auch viel gesünder für euch ist.

Wir waren uns sicher, dass ihr neue Technologien entwickeln werdet, auf die wir vorher nicht gekommen sind. Wir dachten, ihr seid schlau genug, um Wege zu finden, wie man mit der Klimakrise leben und sich anpassen kann. Sorry, wenn wir euch überschätzt haben.

Behaltet uns dennoch in guter Erinnerung.

In Liebe
Eure Urgroßeltern

Liebe Urenkelinnen, liebe Urenkel,
es ist nicht sehr wahrscheinlich, dass wir uns noch persönlich kennenlernen. Darum haben wir einige Zeilen aufgeschrieben, um zum Ausdruck zu bringen, wie sehr wir die Situation bedauern, in die wir euch gebracht haben.

Bereits vor Jahrzehnten warnte die Wissenschaft eindringlich vor den Gefahren der Klimakrise. Wir haben es lange Jahre nicht ernst genommen. Aber im Jahr 2020 erkannten wir, dass wir nun die letzte Gelegenheit haben, das Schlimmste zu verhindern, indem wir mit disruptiven Veränderungen die globale Erwärmung unter der kritischen Grenze von 1,5 Grad Celsius halten. Darum hat unsere Regierung die nötigen Maßnahmen für eine Klimaneutralität noch vor dem Jahr 2040 eingeleitet und dabei am Ende auch die breite Unterstützung der Bevölkerung erhalten.

Das bedeutete zwar einen Bruch mit Konsum-, Mobilitäts-, Ernährungs- und Verhaltensgewohnheiten, aber uns wurde klar, dass die Veränderungen am Ende positive Auswirkungen nicht nur für eure, sondern auch für unsere Generation zeigen würden.

Mit einem Tempolimit wurden schnell einige Millionen Tonnen Kohlendioxid eingespart und Hunderte Menschenleben jährlich gerettet. Durch ein Verbot von Neuzulassungen für Benzin- und Dieselautos mussten der öffentliche Personenverkehr, Fahrradstraßen und die Ladesäulen für Elektroautos ausgebaut werden. Dadurch konnten die in der Automobilindustrie wegfallenden Arbeitsplätze am Ende besser kompensiert werden als zunächst befürchtet. Dieser Wandel machte auch unsere Städte lebenswerter. Es gibt jetzt wieder frische Luft, es ist ruhiger, und den Menschen im urbanen Raum steht mehr Platz zur Verfügung.

Da Flüge besonders klimaschädlich sind, haben wir ein Verbot von Kurzstreckenflügen durchgesetzt, viele Menschen haben auf Urlaubsflüge verzichtet, und es wurden klimaverträgliche Alternativen zu herkömmlichen Flugzeugen entwickelt. Es wurde in Bahnstrecken und Nachtzuglinien investiert, sodass viele interessante Urlaubsziele jetzt viel entspannter zu erreichen sind.

Den Ausbau von Solar- und Windkraftanlagen haben wir deutlich vorangetrieben. So wurden weit über 100 000 zukunftsfähige Arbeitsplätze geschaffen. Ein sozialverträglicher Kohleausstieg wurde noch weit vor dem Jahr 2030 erreicht. Auf diese Weise konnten alle von der Braunkohle bedrohten Dörfer gerettet werden.

Der schwierigste Schritt war die Umstellung der Landwirtschaft. Die Produktion von tierischen Nahrungsmitteln wurde deutlich runtergefahren. Viele Menschen sahen ein, dass ihr damaliger Ernährungsstil sie krankmachte und die Natur zerstörte. Durch die abnehmende Nachfrage nach tierischen Nahrungsmitteln wurden weniger landwirtschaftliche Flächen benötigt, was auch das Abholzen der Regenwälder stoppte.

Wir führten eine Kreislaufwirtschaft ein und brachten die Unternehmen dazu, nachhaltig und ethisch zu produzieren. Am Ende haben wir damit auch Geld gespart, da die Produkte

viel haltbarer wurden und wir keine kurzlebigen Wegwerfpro-
dukte mehr kaufen mussten.

Durch unser Eingreifen ist es gelungen, die weltweite Erwärmung auf 1,5 Grad Celsius zu begrenzen. Wir möchten
uns noch einmal aus tiefstem Herzen bei euch entschuldigen,
dass wir nicht früher begonnen haben, die Klimakrise in den
Griff zu bekommen. Ihr werdet mit den von uns ausgelösten
Veränderungen leben müssen. Aber immerhin konnten wir
noch verhindern, dass die Meeresspiegel um viele Meter steigen, zahlreiche Küstenstädte verloren gehen, große Gebiete der
Erde zu heiß zum Leben sind und zunehmende Dürren die
Nahrungsmittelversorgung bedrohen. Damit wurden zugleich
viele Fluchtursachen beseitigt.

Vielleicht könnt ihr uns unser spätes Eingreifen verzeihen.
Wir hoffen, dass wir die Grundlage legen konnten, damit ihr
die gleichen Chancen auf ein gutes Leben habt wie wir. Macht
das Beste daraus und vermeidet die Fehler unserer Generation.

In Liebe
Eure Urgroßeltern

Volker Quaschning (*1969) ist Ingenieurwissenschaftler
und Professor für Regenerative Energiesysteme an der
Hochschule für Technik und Wirtschaft (HTW) in Berlin.
Er ist Mitgründer von Scientists for Future.

Cornelia Quaschning (*1969) ist Informatikerin und
Heilpraktikerin. Sie engagiert sich bei Parents for Future für
Klimaschutz. Zusammen betreiben sie einen Podcast und
einen YouTube-Kanal. www.DasisteineguteFrage.de

Lea van Acken

Natur bedeutet für mich, zu Hause zu sein, angekommen zu sein. Ich bin auf dem Land aufgewachsen und merke, dass Natur, gerade die unberührte, ursprüngliche, mein stärkster Kraftort ist, um mich wieder mit mir und der Welt zu verbinden. Im Urlaub stelle ich fest, dass Städte mir zwar aufregende Erlebnisse geben können, aber der Drang, Zeit in der Natur zu verbringen, ist stärker. Hier fühle ich mich nie verloren, alleine oder nutzlos. Auch nach einem anstrengenden Dreh suche ich erst mal die Ruhe in der Natur und wenn es nur ein kleiner Waldspaziergang an einem freien Wochenende ist. Dann bewundere ich all die schönen Oberflächen und Strukturen, die die Natur zu bieten hat. Barfuß im Sand oder im Gras zu laufen macht uns sofort glücklich und frei, weil wir in den Blick bekommen, was eigentlich unser Ursprung ist – was wir aber viel zu oft überrennen.

Ohne einen gesunden Planeten können wir nicht leben. Wir brauchen Nahrung, sauberes Wasser, frische Luft, Orte zum Erholen im Grünen und ein Klima, das es uns möglich macht, diesen wunderschönen Planeten weiterhin zu bewohnen. Wir sind nicht stärker als die Natur, und vermutlich ist es der verheerendste Fehler der Menschheit, dies zu glauben und die Umwelt nicht vor uns zu schützen. So zerstören wir Menschen uns am Ende selbst, während die Natur wiederkommt. Bestes Beispiel dafür ist Tschernobyl: Menschen haben das Gebiet um das Atomkraftwerk verseucht, und da, wo sie nun nicht mehr leben können, holen die Natur und die Tiere sich ihren

Platz zurück. Die Rechnung, nach der wir nehmen und nichts zurückgeben, geht nicht auf, das ist ein Gesetz. Alles in der Welt strebt nach Balance. Und wenn wir einen Baum fällen und dafür keinen neuen pflanzen, stattdessen den Boden noch versiegeln, dann wird die Natur auf lange Sicht verschwinden und mit ihr alles, was sie uns gibt.

Was können wir also tun? Laut werden! Allen in der Verantwortung Stehenden sagen, dass wir jetzt schnell und radikal eine neue Art zu wirtschaften brauchen, um das Gleichgewicht zwischen uns und der Natur wiederherzustellen. Wir brauchen Gesetze und realistische Ziele, die wirklich durchgesetzt werden. Wir haben keine Zeit mehr!

Und wir können diese Balance in uns selbst kultivieren und damit nach draußen gehen. Überprüfe dich und deine Handlungen: Was konsumiere ich, und wie kann ich zugleich etwas zurückgeben? Zum Beispiel indem ich ein umweltfreundliches Produkt kaufe, das aus recycelten Materialien besteht. Oder indem ich mich frage, ob ich wirklich eine zweite Jacke brauche, und wenn ja, ob ich sie nicht auch secondhand bekommen kann. Oder indem ich Müll im Park und am Strand aufsammle, um die Natur von dem Dreck zu befreien, mit dem wir sie bewerfen. Informiere dich und sei offen für alle Möglichkeiten.

Filme drehen ist oft nicht sehr umweltfreundlich, aber auch hier ist es möglich umzudenken, neue Wege zu gehen. Ich als Schauspielerin kann zum Beispiel darum bitten, anstatt mit dem Flugzeug mit der Bahn durch Europa zu reisen, oder anregen, dass weniger bis gar kein Fleisch im Catering doch mal eine Alternative wäre. Jedes Department muss für sich umdenken und nachhaltiger handeln und darin von der Produktion und den Geldgebern unterstützt werden.

Geld ist ohnehin ein interessantes Thema. Unser Geld auf »normalen« Banken finanziert zum Teil neben Waffenexporten viele umweltschädliche Branchen und Unternehmen. Wäre der Wechsel zu einer nachhaltigen Bank nicht eine Option? Vielleicht dauert es ein wenig, sich zu informieren, um wirklich zu finden, was gut für uns *und* die Natur ist, aber wir sollten uns die Mühe machen. Es lohnt sich!

Ich brauche die Natur, sie mich umgekehrt aber nicht. Ich möchte ihr ein guter Wegbegleiter sein. So wie ich meine liebsten Menschen schütze, schütze ich auch sie!

Lea van Acken (*1999) ist Schauspielerin. Für die Verfilmung von Anne Franks *Tagebuch* wurde sie 2016 mit dem Bayerischen Filmpreis in der Kategorie Beste Nachwuchsdarstellerin ausgezeichnet; zahlreiche weitere Rollen folgten. Neben der Schauspielerei engagiert sich Lea für den Klimaschutz. Mit dem Verein Filmmakers4Future zeigt sie neue Möglichkeiten auf, wie die Filmbranche verantwortungsbewusster drehen kann.

Roda Verheyen

An alle, die Umwelt und Klima schützen möchten

Einen speziellen Aha-Moment, in dem mein Bewusstsein für den Umweltschutz erwachte, gab es eigentlich nicht, geschweige denn, dass ich je persönlich von Auswirkungen des menschengemachten Klimawandels betroffen gewesen wäre. Obwohl meine Familie nicht besonders naturnah lebte, hatte ich schon als kleines Kind Ehrfurcht vor Wäldern, der See, einem Ameisenhaufen. Und je älter ich wurde und je mehr ich von ökologischen und politischen Zusammenhängen las, vor allem vom Klimawandel, umso mehr setzte sich das Gefühl durch: Wir haben ein Experiment mit der ganzen Welt in Gang gesetzt, das einen ungewissen, im schlimmsten Fall katastrophalen Ausgang haben wird.

Deswegen engagierte ich mich schon als Teenager (umwelt-)politisch: Schülervertretung, Jugendpresse, auch lokale Auseinandersetzungen mit rechten Gruppen. Bei meiner allerersten Kampagne, mit 13, setzte ich mich für die Einführung von Milchflaschen in der Schule ein, um Verpackungsmüll durch Tetra Paks zu vermeiden. Ich schloss mich der Jugendgruppe des BUND an, war gleichzeitig in der SchülerInnenkammer und im Nicaragua-Austausch aktiv. In dieser Zeit las ich Moralphilosophen, wir diskutierten über Kapitalismuskritik, Gemeinwohl und globale Gerechtigkeit.

Die Ahnung einer großen Ungerechtigkeit schwelte weiter in mir. Vor allem war ich mir sicher, dass wir nicht das Recht haben, den Planeten zu zerstören, dass wir über unsere Verhältnisse leben. Dem Begriff des ökologischen Fußabdrucks begegnete ich erst viel später.

Kurz vor dem Abi stand ich eines Tages in der Staatsbibliothek Hamburg und blätterte im ersten Bericht des Weltklimarates IPCC von 1990, über den medial nicht viel berichtet worden war. Beim Lesen und Ansehen der heute immer noch aktuellen Daten und Grafiken überwältigte mich der Gedanke: Was tun wir uns als Menschheit da nur an? Von nun an war der Klimaschutz ein ständiger Begleiter für mich, ob später in der Hochschulpolitik oder bei der Arbeit um die lokale Agenda 21. Und dank eines Praktikums wurde mir klar, welche Rolle das Recht dabei spielen kann. Ich studierte Jura, weil ich daran glaubte, mit Regeln den Klima- und Ressourcenschutz stärken zu können, und spezialisierte mich auf Umweltrecht.

Eines der ersten juristischen Bücher, die ich las, war »Should Trees have Standing?« (auf Deutsch etwa: »Haben Bäume Rechte?«) von Christopher D. Stone. Ein Klassiker, in dem es um Eigenrechte der Natur geht – wie bei der »Robbenklage« 1988 in Deutschland, als das Gericht sich darauf einlassen sollte, dass Robben keine Sachen sind, sondern eigene Rechte haben und darum auch Klagesubjekte sein können. Die Klage im Namen der Tiere war damals leider nicht erfolgreich, aber der angeprangerte Missstand, die Dünnsäureverklappung in der Nordsee, konnte beendet werden. 2018 hat das höchste kolumbianische Gericht die Eigenrechte des Amazonas und seiner Flusssysteme anerkannt – damals unerwartbar und auch heute noch grandios.

Noch während des Studiums bot sich die Möglichkeit, spontan in einer Verhandlungsdelegation mitzuwirken. Ich folgte dem Hilferuf von befreundeten Umweltschützern aus Großbritannien und Polen, die dringend eine deutsche Juristin suchten, um der offiziellen Verhandlungsdelegation Deutschlands zu begegnen. Es ging um die Aarhus-Konvention, die besondere Rechte beim Schutz der Umwelt regeln sollte: Organisationen und Einzelpersonen sollten das Recht erhalten, Umweltinformationen einzusehen, an Genehmigungsverfahren teilzunehmen und für die Umwelt vor Gericht zu ziehen. Sicher, ich hätte zögern und mich fragen können, ob ich mir das zutraue, oder auch, ob ich es mir zumuten will. Stattdessen bin ich kurzentschlossen mit dem Zug nach Genf gefahren, weil ich mir sagte, das ist wichtig und interessant, und da sind Leute, die meine Hilfe brauchen. Zu diesem Zeitpunkt konnte ich noch nicht absehen, wie wichtig diese Konvention für alle Umweltschützer werden würde. Heute ist sie zentraler Bestandteil des deutschen und EU-Umweltrechts. Ich konnte auch nicht absehen, dass ich dabei meinen besten Freund Peter Roderick kennenlernen würde, mit dem ich später das Climate Justice Programme gründete. Es hat sich mehr als gelohnt, mich und mir einfach zu trauen.

Im Idealfall steht der Gesetzgeber für stärkere Umweltgesetzgebung ein, ohne dass Gerichte diese Entscheidungen treffen müssen. Aber wenn der Gesetzgeber nicht handelt, dann sind die Gerichte dafür zuständig, dieses Nichthandeln oder das falsche Handeln zu überprüfen, vor allem im Hinblick auf den Schutz von Menschenrechten. So ist die Gewaltenteilung aufgebaut. In diesem Rahmen bewege ich mich, denn ich habe mich nun mal entschieden, Rechtsanwältin zu werden. Ich bin keine Aktivistin, auch wenn ich mit meiner Familie auf Demos gehe. Wenn man Rechtsanwältin ist, bewegt man sich im geltenden Recht. Und man versucht es auszulegen, zu nutzen, zu klären – in meinem Fall zugunsten der Umwelt. Ich vergleiche das manchmal mit einer Klippe. Meine tägliche Arbeit ist es, mich an den Rand der Klippe zu wagen, an den Rand des Rechts, ohne abzustürzen, also ohne den rechtlichen Boden zu verlieren. Das will ich auch gar nicht. Ich bin glücklich darüber, in einem Rechtsstaat zu leben und zu arbeiten.

Das Verständnis von Umweltrecht veränderte sich im Laufe der Zeit. Am Anfang ging es um lokale Probleme, Luftverschmutzung, Grenzwerte für die Müllverbrennung, vielleicht Atomkraft. Langsam wurde die Betrachtung globaler, größer, weiter: Wie setzen wir die planetaren Grenzen rechtlich um, auch im Hinblick auf das Treibhausgasbudget? Das ist weit von rein technischem Umweltschutz entfernt. Es geht eher darum, wie eigentlich Gesellschaften oder Handelsströme funktionieren sollen, wie wir Wohlstand messen, wofür wir Geld und Zeit einsetzen. Wir befinden uns nun in einer Debatte darüber, wie man das Recht für die Transformation nutzen kann. Das ist etwas völlig anderes als das, womit ich mich als Umweltrechtlerin im Studium befasst hatte.

Eins ist klar: Es würde helfen, wenn bestimmte wissenschaftsbasierte Grundkriterien auch Eingang in die Gesetzgebung fänden. Wir sehen ja nicht nur beim Klimawandel das Problem, dass wir jahrzehntelang die Forderungen der Wissenschaft klar ignoriert haben. Dasselbe ließe sich auch für die Landwirtschaft, den Gewässerschutz, Chemikalien, die Tierhaltung und Warenströme feststellen. Man könnte nun argumentieren, dass wir so eine Norm in Deutschland bereits haben. Im Grundgesetz heißt es in Artikel 20a, der Staat solle die natürlichen Lebensgrundlagen auch für die kommenden Generationen schützen. Das hat jedoch kaum nachweislich zu Verbesserungen geführt. Angesichts des Zustands unserer Welt behaupten manche gar, das Umweltrecht sei gescheitert. Das wäre erschreckend – und stimmt auch nicht, wie sich zeigt, wenn man das gegenwärtige lokale Schutzniveau in Deutschland etwa mit dem der siebziger Jahre vergleicht. Aber alle Fortschritte auf der technischen Ebene werden schlicht durch die unglaubliche Masse an Dingen, mit denen wir uns umgeben – Autos, Klamotten, Elektronik –, aufgefressen. Wir sind jahrzehntelang komplett in die falsche Richtung gelaufen.

Hilfreich wäre deswegen eine Verfassungsnorm zum Umwelt- und Klimaschutz, die sich klar zur Wissenschaft bekennt, etwa im Sinne von Johan Rockström, der inzwischen das Potsdam

Institut für Klimafolgenforschung leitet, und seiner Idee der planetaren Grenzen – die jetzt schon fast alte Forschung ist. Umgesetzt ist sie im deutschen Recht trotzdem nicht, obwohl das aus meiner Sicht ohne weiteres möglich wäre. Solange solche Maßstäbe nicht auch geschriebenes Recht werden, ist das Recht von der Wissenschaft und den planetaren Grenzen so weit entfernt wie der Mond von der Sonne.

Eine gesetzliche Deckelung des Ressourcenverbrauchs fehlt also auf jeden Fall. Dabei steht in unseren Gesetzen unglaublich viel: Man muss Biotope und Arten schützen, man muss Rauchgas auf eine spezielle Art reinigen, Motoren dürfen nur bestimmte Abgase ausstoßen, Abwasser muss eigene Parameter einhalten. Aber wir kaufen immer mehr Autos, verbrauchen immer mehr Strom, versiegeln immer größere Landschaftsflächen, obwohl es allein in Bezug auf den letzten Punkt seit 15 Jahren gegenteilige Zielvorgaben gibt. Ich berate viele Umwelt-NGOs, und deren Praxiserfahrung ist für mich als Umweltjuristin frustrierend. Und wenn ich etwa an die Professorinnen und Professoren an den Universitäten denke, sind einige genauso frustriert wie ich. Trotz detailliertester Auseinandersetzung über bestimmte Gesetze und trotz umfassender wissenschaftlicher Erkenntnisse ist es bisher nicht möglich, den Umweltzustand zum Wohle aller so stark und so schnell zu verbessern, wie man müsste.

Aber gerade weil es so ein langwieriger Prozess ist, müssen wir, die wir in diesem Bereich tätig sind, einen langen Atem haben, immer weiter lernen und uns vernetzen.

Die Menschen, mit denen ich arbeite, meine Familie und Freunde und die kleinen Erfolge motivieren mich, immer weiterzumachen. Außerdem bin ich grundsätzlich ein optimistischer Mensch. Und ich habe drei Kinder – jeden Tag freue ich mich, dass ich das erleben darf. Seit ich vor fast 17 Jahren Mutter wurde, ist mein Engagement noch dringlicher, persönlicher. Mit der Elternschaft überlagert sich ja alles, man betrachtet nicht mehr sich allein. Das hat in mir das Bedürfnis nach Gerechtigkeit zwischen den Generationen verstärkt. Menschen mit einem juristisch-dogmatischen Hintergrund bezeichnen so etwas manchmal ein wenig steif als Treuhandverhältnis. Und das trifft es auch: Nach meinem Empfinden verwalten wir die Welt nur und müssen sie entsprechend gut behandeln. Alles andere finde ich absurd – warum sollten allein die heute lebenden Menschen endliche Ressourcen verbrauchen und den nachfolgenden Generationen Millionen Tonnen von unbewältigtem Müll und eine Klimakatastrophe hinterlassen dürfen? Und vor allem: Warum sollten wenige im globalen Norden das auf Kosten der vielen im globalen Süden tun dürfen? Egal, welche Religion und welche Ethik: Das ergibt keinen Sinn.

Die Segel zu streichen widerstrebt mir, auch wenn manches erst mal aussichtslos scheint. So wie die Klage, die wir mit Unterstützung von Germanwatch für meinen Mandanten Saúl Luciano Lliuya, einen peruanischen Kleinbauern, gegen den Energieriesen RWE erhoben haben. Der Konzern hat durch den gewaltigen CO_2-Ausstoß seiner Kohlekraftwerke einen großen Anteil an der menschengemachten globalen Erwärmung, die Saúl bedroht – denn sein Haus liegt unterhalb eines Bergsees, der sich durch das Abtauen des Gletschers darüber erheblich gefüllt hat und nicht mehr stabil ist. Seit 2015 läuft die Klage, und das Gericht hat uns schon 2017 grundsätzlich recht gegeben: Ein großer Emittent ist rechtlich verantwortlich für die Folgen seiner Emissionen. Für mich ist eine solche Klage immer auch ein Zeichen entweder für fehlende Regulierung oder ein falsches Verständnis von Recht. Das kann dazu führen, dass der Gesetzgeber tätig wird. Wenn wir diese Klage gewinnen sollten, dann gehe ich davon aus, dass gesetzgeberisches Handeln folgt.

Und selbst wenn ich nicht immer ganz ans Ziel komme – Verfahren ebnen oft doch den Weg. So war es etwa 2019 bei der Klimaklage vor dem Verwaltungsgericht Berlin. Die Kläger waren drei Familien aus Schleswig-Holstein, Niedersachsen und Brandenburg, die als Biolandwirte ihre Ernten durch die Klimakrise in Gefahr sahen. Gemeinsam mit Greenpeace verklagten wir die Bundesregierung, damit diese die 2014 beschlossenen Klimaziele und damit eine Reduzierung der Treibhausgasemissionen um mindestens 40 Prozent gegenüber 1990 umsetzen müsste. Nur so könne der Staat seiner Schutzpflicht für das Eigentum seiner Bürgerinnen und Bürger nachkommen, war unsere Argumentation. Die Klage wurde abgewiesen, aber uns war völlig klar: Das Gericht wollte uns recht geben, konnte nur nicht ganz. Also hat es viele wichtige Dinge in das Urteil geschrieben, etwa dass Klimaschutz ein Menschenrecht ist und dass es schlüssig ist, Emissionen im verbleibenden globalen Treibhausgasbudget pro Kopf zu verteilen. Wer hätte das vor fünf Jahren gedacht?

Wenn man sich in Erinnerung ruft, welche Themen vor 40 Jahren auf der Agenda der Naturschützer standen, stellt man fest, dass diese in Deutschland fast alle abgeräumt wurden. Nun kommen noch größere, noch komplexere auf uns zu. Es ist ganz wichtig, sich nicht davon abschrecken zu lassen, wie kompliziert der Sachverhalt ist. Fridays for Future hat es geschafft zu zeigen, dass die Wissenschaft eigentlich schon alles gesagt hat und dass man sich einfach daran halten sollte. Sie verweisen auf deren Sachverstand und reduzieren die Komplexität. Kein Mensch kann sich mit allen Themen auseinandersetzen, dafür ist unsere Welt zu vielseitig.

Man darf sich davon nicht Bange machen lassen. Ich muss nicht alles verstehen, um zu erkennen, was richtig und was falsch ist. Es ist einfach nur wichtig, mit offenen Augen durch diese Welt zu gehen.

Sagt euch deswegen: Wir können etwas erreichen. Seid euch gewiss: Euer Einsatz macht einen Unterschied, ob global oder im Kleinen. Und denkt dran: Man muss nicht warten, bis man alles weiß. Wenn es so wäre, gäbe es viele Bewegungen gar nicht. Und ich wäre damals nicht in diesen Zug nach Genf gestiegen, ich hätte nicht mit Saúl geklagt – und hätte es ganz sicher bereut.

Herzlich
Roda Verheyen

Dr. Roda Verheyen (*1972) ist seit 2006 Rechtsanwältin in Hamburg. Vorher arbeitete sie unter anderem für das Bundesumweltministerium, Friends of the Earth und FIELD. Sie war einige Jahre Mitglied der deutschen Delegation bei den UN-Klimakonferenzen (COP) und gründete 2002 das internationale Netzwerk Climate Justice Programme mit. Sie vertritt heute Klimaklagen wie die des peruanischen Bauern Saúl Lliuya gegen RWE.

Nina und Nils von Delft

Meine liebe Helena,

noch kannst du nicht sprechen und bekommst nicht mit, was gerade auf der Welt passiert. Noch verstehst du nicht, was die globale Erwärmung ist, was sie für die Menschen bedeuten wird und wie sehr sie uns, deine Eltern, beschäftigt. Aber eines Tages wirst du wissen wollen, was wir gegen die Klimakatastrophe getan haben und ob es genug war. Also wollen wir versuchen, dir ein paar Antworten zu geben. Beginnen möchte ich, dein Vater, mit einem Moment, der mich in meinem Aktivismus geprägt hat.

März 2014: Gemeinsam mit einer Klimagruppe aus Münster stehe ich vor einem riesigen Loch. Das Loch nennt sich *Hambacher Tagebau*. Ich kann tief unter mir den Grund sehen und die Bagger, die schon recht groß wirken. Als ich dann feststelle, dass das kleine Ding dort unten am Fuß des Baggers ein Jeep und das noch kleinere Ding daneben ein Arbeiter ist, wird mir klar, wie unglaublich gigantisch diese Bagger sind. Der Braunkohletagebau ist bis zu 400 Meter tief – das sind zweieinhalb Kölner Dome. Diese sich weit erstreckende braungraue Mondlandschaft steht im völligen Kontrast zu dem Wald, dem Camp der Aktivisten und den Baumhäusern, die wir uns gerade angesehen haben. Das, denke ich, kann doch nicht unsere Zukunft sein! Die Klimakrise schreitet voran, wir müssen von den fossilen Energieträgern komplett weg. Unter ihnen ist ausgerechnet Braunkohle auch noch der ineffizienteste. Aber die monströsen Bagger graben sich weiter durch die Natur – völlig legal und politisch gewollt. Ein paar Tage später lese ich in der Presse, dass das Camp der Aktivisten, die um den Erhalt des Hambacher Waldes gekämpft haben, mal wieder von der Polizei geräumt worden ist.

Zeitsprung: Oktober 2018. Ich stehe auf einer großen Wiese vorm Hambacher Wald. Dort hat in den letzten Tagen der größte Polizeieinsatz der jüngsten Geschichte Nordrhein-Westfalens stattgefunden. Bis zu 3000 Polizisten haben über 80 Baumhäuser zerstört – aus Brandschutzgründen, so zumindest die offizielle Version. Daran glauben vermutlich auch die Polizisten nicht, die hier im Einsatz sind; vielmehr soll kurz vor der Rodungssaison der Wald noch schnell für RWE und seine Bagger frei gemacht werden. Seit Monaten kommen immer wieder Menschen hierher und demonstrieren für den Erhalt des Waldes, für die Energiewende und den Klimaschutz. Es werden immer mehr, sogar die internationale Presse berichtet über die Ereignisse im »Hambi«.

Für heute ist eine große Demo gegen die Räumung und das in den nächsten Tagen anstehende Abholzen des Waldes angesetzt. Doch gestern hat das Oberverwaltungsgericht Münster einem Antrag des BUND stattgegeben. Dabei entschied das Gericht nicht darüber, ob der Wald an sich schützenswert ist, sondern stellte lediglich fest, dass RWE keine Tatsachen schaffen darf, bis die Schutzwürdigkeit geklärt ist – was noch eine Weile dauern wird. Damit ist der Wald vorerst gerettet.

50 000 Menschen kommen an diesem Tag. Das, was hier passiert, ist keine Demo – es ist eine Party! Ich bin verwirrt und fröhlich – es ist kaum zu fassen. Man hört, dass die S-Bahn nicht bis nach Buir (die Haltestelle in der Nähe des Tagebaus) fährt und eine Station vorher festhängt. Die Leute sind angeblich kilometerweit zu Fuß unterwegs: »We are unstoppable, another world is possible« liegt in der Luft!

Ich war in den letzten Wochen bei mehreren Demos hier, heute zieht es mich schnell in den Wald. Irgendwie möchte ich

mit ihm gemeinsam feiern und gehe durch bis zur Tagebaukante. Auf dem Rückweg stelle ich fest, dass ich nicht der Einzige bin. Vielleicht war es ein Fehler hierherzukommen, heute
wird in diesem Wald viel kaputt getrampelt. Dabei bräuchte
er eigentlich Ruhe. Der Polizeieinsatz hat doch schon so viel
zerstört. Aber was soll's: Hambi bleibt!

Doch so schön die Feierlaune ist, es kommen der Kater und
die Erkenntnis, dass dies maximal ein Etappensieg ist. Der Klimawandel ist noch lange nicht gestoppt. Der Braunkohleabbau
auch nicht. Wir haben noch einen sehr weiten Weg vor uns.
Weltweit ist – trotz Pariser Klimaabkommen – noch wenig davon zu spüren, dass sich die Menschheit wirklich auf den Pfad
der Klimaneutralität begeben hat. Und trotzdem bestärkt mich,
was ich im Hambacher Wald erlebt habe: Ich sehe viele Menschen, die wollen, dass sich etwas ändert. Die sagen, so kann es
nicht weitergehen – und oft genug zum ersten Mal an diesem
entlegenen Ort an einer Klimademo teilnehmen. Hier ist so
viel Energie, diese Menschheitsaufgabe endlich anzupacken!

Ein paar Wochen später sitze ich mit Molina Gosch, mit der
ich schon 2014 das erste Mal an der Hambacher Tagebaukante
stand, in einem italienischen Restaurant in Berlin. Sie erzählt
mir, dass sie neuerdings eine monatliche Klimademo vor dem
Kanzleramt organisiert, begleitend zur Kohlekommission, die
sogenannte Klimawache. Die Idee packt mich – könnte man
so etwas nicht auch in anderen Städten machen? Und so die
Aufbruchsstimmung vom Hambacher Forst weitertragen? Gesagt, getan.

Ich bin inzwischen nach Bonn gezogen und frage bei unseren
Ökobekannten ein bisschen herum, was die von der Idee halten: eine Demo einmal im Monat – aber eben nicht nur Demo,
sondern mit Gästen, die was zu Klimaschutzthemen erzählen, damit es nicht so langweilig wird und die Leute mit mehr
Wissen nach Hause gehen. Gut, aber aufwendig und eventuell
schwierig zu mobilisieren, ist das allgemeine Feedback. Ich

merke mir das »gut« und suche weiter. Mit Rainer, den ich über das Netzwerk Solidarische Landwirtschaft kennengelernt habe, finde ich einen Mitstreiter. Schließlich – nachdem ich lange genug darüber geredet habe – sagt auch deine Mutter irgendwann: »Du hast recht, das ist wichtig, ich mache mit.« Gemeinsam ziehen wir die Klimawache Bonn hoch. Und fangen an zu träumen: Wie toll wäre das, wenn bundesweit jeden Monat Menschen gemeinsam für Klimaschutz auf die Straße gingen mit ganz vielen Klimawachen!? (Kleiner Spoiler: Unseren Traum haben dann die Fridays wahrgemacht, die etwa zur gleichen Zeit gestartet sind – es sei ihnen mehr als gegönnt!) Anfang Februar 2019 ist es dann so weit. Der zentrale Ort in der Stadt ist gefunden, um das Thema sichtbar zu machen. Die Menschen müssen zum Demonstrieren nicht mehr in den Wald fahren, sondern können das direkt vor ihrer Haustür machen. Wir rechnen für die erste Klimawache mit maximal 50 Leuten, tatsächlich kommen über 100 – im Februar, im Dunkeln, draußen! Wow, das hatten wir nicht erwartet! Wir etablieren die Klimawache als festen monatlichen Termin. Die Zahlen können wir nicht ganz halten, sicherlich auch, weil inzwischen die Fridays-for-Future-Bewegung richtig Fahrt aufnimmt. Außerdem bilden sich diverse andere Gruppen in Bonn wie Extinction Rebellion oder Parents bzw. Scientists for Future. Doch wir veranstalten weiter unsere »kleine, aber feine« Demo, die auch von Klima- und Umweltbewegungen schnell und gerne als Netzwerkplattform genutzt wird. Das Orgateam wächst, wir finden einige Mitstreiter, die zu Freunden werden – es macht Spaß und Sinn.

Selbst du warst fast von Anfang an dabei! Aber das soll deine Mutter erzählen …

Mein liebes Kind, du bist ein »Demo-Baby«. Die Klimawache Bonn war gerade mal vier Monate alt, da warst du in meinem Bauch schon dabei. Und später, da warst du drei Monate alt, habe ich mit dir in der Trage wieder moderiert. Kaum ließ das Coronavirus die Freitagsmärsche der Fridays wieder zu, waren wir beide mit dem Kinderwagen dabei – die Forderung nach mehr Klimaschutz sichtbar auf die Straße tragen! Du wirst dich später wohl genauso wenig daran erinnern, wie dein Papa sich an seine erste Antiatomdemo mit Oma in den Achtzigern erinnern kann. Aber er sagt, es fühlt sich gut an zu wissen, schon als Kind bei ein paar wichtigen Dingen dabei gewesen zu sein. Dabei bist du jedenfalls ziemlich viel. Du wurdest in eine Welt geboren, in der die Menschheit vor ihrer größten Krise und ihrer größten Herausforderung steht: dem von ihr selbst verursachten Klimawandel. Die Erdüberhitzung droht unsere Lebensgrundlagen hier auf der Erde zu vernichten. Kampf um Wasser, Verlust von fruchtbaren Böden, steigende Meeresspiegel, Hitze, Dürren, Stürme, kollabierende Ökosysteme und massiver Verlust der Biodiversität, sterbende Wälder, saure Meere und bleichende Riffe, Plastikverseuchung, Bienensterben, Atommüll – in was für eine Welt bringen wir dich bloß?

In eine voller Schönheit, Vielfalt und Leben, das es zu erhalten gilt.

Doch wie wird die Welt aussehen, in der du groß wirst? Und wie wird die Welt aussehen, in der du alt wirst? Gestaltest du den Wandel hin zu einer nachhaltigen, global klimagerechten Gesellschaft mit? Oder erlebst du Chaos und Zusammenbruch? Wir stehen als Menschheit auf Messers Schneide. Beide Szenarien sind möglich. Obwohl das Wissen, die Technik und die Konzepte für nachhaltiges Wirtschaften und Zusammenleben da sind; obwohl die Stimmen lauter werden, die endlich ein Umdenken fordern, und immer mehr Menschen nachhaltiger handeln, ist es nicht sicher, dass wir die Kurve kriegen. Aber ich weigere mich, die Hoffnung aufzugeben. Denn ich weiß nicht, wie ich dich auf das zweite Szenario vorbereiten soll. Der Kampf gegen die Klimakrise und für eine klimagerechte Gesellschaft ist für uns etwas sehr Persönliches geworden, denn es geht nicht mehr ums Prinzip – es geht um dich, mein Kind.

Gemüse statt Fleisch, Fahrrad statt Auto, Zug statt Flugzeug, secondhand statt neu, moderat geheizte Wohnung, grüner Strom, weniger Plastik – all das erlebst du bei uns zu Hause. Das war natürlich nicht immer so. Das wachsende Wissen um die Klimakrise in alltägliches Handeln umzusetzen hat Jahre gedauert und ging in vielen kleinen Schritten. Immer wieder haben wir uns neue »Projektchen« vorgenommen: Ökostrom beziehen, einfach. Geld bei nachhaltigen Banken anlegen, einfach. Dein Vater wird Vegetarier, auch erstaunlich einfach. Die saisonale regionale Biokiste kommt ins Haus – anfangs echt herausfordernd! (Was genau ist Steckrübe, wie koche ich frische Rote Beeten und Schwarzwurzeln? Und schon wieder Kohl …) Auch ein Spaßverderber hält Einzug: das schlechte Gewissen beim Shoppen. Brauche ich das wirklich? Bekomme ich das in nachhaltig oder gebraucht? Das ist manchmal ganz schön nervig und zeitraubend. Dafür haben wir neue Mobilitätskonzepte für uns entdeckt: Für uns als alte Münsteraner geht natürlich nichts ohne Leeze (Fahrrad). Und nachdem ich das Auto kaputt gefahren hatte, haben wir Carsharing ausprobiert. Ging auch, gut sogar! Dann der erste große Urlaub nur mit dem Zug nach Schottland – großer Spaß, ganze 15 Stunden lang. Konsequent im Alltag mit den Öffis fahren – durchaus ein Abenteuer. Noch heute bringen mich Bus und Bahn regelmäßig an die Grenzen meiner grünen Gesinnung. Ein Unverpackt-Laden macht auf, das muss dein Vater natürlich sofort ausprobieren und schleppt tapfer Tüten, Gläser, Schüsseln. Bis heute. Er war immer die treibende und inspirierende Kraft. Ohne seine Konsequenz und Begeisterung für neue Wege hätte ich meine Gewohnheiten sicherlich nicht so schnell umgestellt. Rückblickend ist das eine wichtige Erkenntnis: Wie viel Spaß es gemacht hat (und macht), neue nachhaltige Wege gemeinsam zu suchen und auszuprobieren. Und wie wichtig es ist, sich gegenseitig zu bestärken und im gemeinsamen Ausprobieren den für uns passenden Weg zu finden.

Wir haben immer viel von unseren Abenteuern und kleinen Schritten auf dem Weg zu mehr Nachhaltigkeit berichtet. Wir haben die guten und schlechten Erfahrungen geteilt, Tipps ausgetauscht – und ab und zu durften wir erfahren, dass wir andere motiviert haben, selbst aktiv zu werden. Im Gedächtnis geblieben ist mir die Ankündigung deiner sehr reisefreudigen Oma, künftig innerhalb Europas nicht mehr zu fliegen. Ich habe mich so gefreut! Und deine andere Oma stellte, getreu dem Motto »Einfach mal machen«, erfolgreich einen Bürgerantrag zur Ausrufung des Klimanotstandes in ihrer Stadt.

Klimaschutz leben und bei Familie, Freunden, Kollegen zum Thema machen, Wissen teilen ohne erhobenen Zeigefinger, Gleichgesinnte entdecken und sich gegenseitig motivieren, das wollen wir auch mit der Klimawache erreichen und dir mitgeben.

Liebe Helena, unser liebes Kind,

wenn du uns später einmal fragst, ob wir persönlich genug getan haben, werden wir vermutlich nein sagen müssen. Wenn wir unseren Verbrauch in einen CO_2-Rechner eingeben, dann landen wir bei etwa sechs Tonnen pro Person pro Jahr – das ist viel weniger als der deutsche Durchschnitt. Aber es ist auch mehr als das Doppelte von dem, was wir haben dürften, um die Erde im Gleichgewicht zu halten. Obwohl wir uns in unserem Alltag schon so viel Mühe geben – es reicht nicht. Duschen wir nur noch kalt und hören auf, im Winter die Wohnung zu heizen? Nein. Schaffen wir den Kühlschrank ab und kochen immer frisch? Nein. Verreisen wir gar nicht mehr, also auch nicht mit dem Zug? Nein. Schmeißen wir alles hin und ziehen in die Natur, um als Selbstversorger zu leben? Nein. Damit sind auch wir Teil des toxischen Systems. Von all den Aktivist*innen, mit denen wir zu tun haben, tut das dort jemand?

Die wenigsten. Wir sind alle mit dabei. Auf viele bequeme und leckere Dinge des Lebens möchten wir ungern verzichten. Und es gibt so vieles da draußen, was wir dir zeigen möchten! Zum Beispiel Schokolade …

Und natürlich ist das Problem auch zu groß, um es alleine »von unten« zu lösen. Um von den sechs Tonnen runterzukommen, braucht es politischen Wandel, die richtigen Gesetze, Regeln, Weichenstellungen. Darum ist es so wichtig, dass wir alle auf die Straße gehen, unsere Bürgerrechte wahrnehmen, wählen gehen – also für den Klimaschutz politisch werden *und* unseren Alltag klimaverträglich gestalten.

2019 lag plötzlich diese Energie in der Luft, getragen von all den Menschen, die sich eine andere Welt vorstellen können und den Übergang dorthin gestalten möchten: bei der Klimawache, im Hambi, bei den Fridays-Demos, bei Extinction Rebellion, bei Freund*innen, bei Arbeitskolleg*innen, in der Familie. Die junge Generation fordert gerade bei den Klimademos lautstark ihre Zukunft ein und hat Klimaschutz zum Thema gemacht, wie es Wissenschaft und Umweltaktivist*innen 30 Jahren lang nicht gelungen ist. Sogar urkonservative Politiker*innen nehmen plötzlich das Wort Klimaschutz in den Mund. Glaube also nie, dass du machtlos bist! Die Coronakrise dämpft zwar die Euphorie und erschwert den Kampf gegen die Klimakrise, aber die geplanten Wirtschaftsprogramme sind auch eine riesige Chance. Es wird gerade so viel Geld mobilisiert – wenn das für den Umbau zu einer nachhaltigen Wirtschaft genutzt würde, was da alles möglich wäre …

Also wäre vielleicht gerade jetzt noch viel mehr nötig: zu mehr Demos fahren, mehr Menschen überzeugen, besser informiert sein, sich mehr einmischen, z. B. mehr Bürgeranträge schreiben oder mehr mit Kommunal-, Landes- und Bundespolitiker*innen ins Gespräch gehen, den Druck auf die Politik aufrechterhalten. Und vielleicht auch friedlicher ziviler Ungehorsam, wie Extinction Rebellion es vormacht. Wir haben selbst erlebt, wie beeindruckend die XR-Aktionen sein können und welche Energien dabei frei werden.

Nur: Wann sollen wir das alles machen? Wir möchten doch auch noch Zeit haben für dich, fürs Leben, für ein gutes Buch ... Liebes Kind, deine Eltern sind keine Vollzeitaktivisten. Wir tun das, was wir »nebenher« und doch aus vollem Herzen leisten können, und hoffen, dass es später in deinen Augen ausreichend war. Wir haben versucht, mit der Klimawache anderen Menschen die Dimension der Klimakrise sowie Lösungswege aufzuzeigen, sie zu inspirieren und zum Handeln zu motivieren – vielleicht ist das sogar besser, als wenn wir ganz radikal ausgestiegen wären. Wir hoffen, wir werden später gemeinsam auf diese Jahre zurückblicken als die Jahre, in denen wir Menschen uns aufgemacht haben, endlich mit diesem Planeten im Einklang zu leben. Wir hoffen, du erlebst die einzigartige Vielfalt des Lebens auf unserer wunderbaren Erde und verinnerlichst, wie schützenswert und existenziell wichtig für uns Menschen das alles ist. Wir hoffen, du lernst bei uns Wege kennen, wie ein klimagerechtes Leben aussehen kann, und gehst dann darüber hinaus. Vielleicht können wir uns gegenseitig antreiben. Wir hoffen, du bekommst die Chance, in einer Gesellschaft groß zu werden, die diese Werte teilt und lebt.

Deine Eltern

Nina von Delft (*1985) arbeitet als Fundraiserin bei einer Tropenwald-Stiftung, Nils von Delft (*1981) als Softwareentwickler. Anfang 2019 haben sie mit Freunden die Klimawache Bonn ins Leben gerufen. Im März 2020 zog ihre Tochter Helena in den grünen Haushalt ein. Einmal im Monat stehen sie nun für mehr Klimaschutz auf der Straße. www.klimawache-bonn.de

Claudia Kemfert

Liebe Erdenbewohner,*

seit ich anfing, mich mit der Energiewirtschaft zu beschäftigen, sind mehr als 25 Jahre vergangen, in denen in puncto Klimaschutz viel zu wenig passiert ist. Als Wissenschaftlerin habe ich all die Jahre meine Forschungsergebnisse der Öffentlichkeit zur Verfügung gestellt, habe mir zum Ziel gesetzt, über die Folgen des Klimawandels und die Chancen eines frühzeitigen entschlossenen Klimaschutzes aufzuklären. Wirtschaft und Politik stand all die Jahre eine verlässliche Wissensgrundlage für ihre Entscheidungen zur Verfügung, auch für ihr ökonomisches Handeln. Und die Botschaft war von Anfang an unmissverständlich: Je länger wir zögern, desto teurer wird es.

Wir stehen an entscheidenden Kipppunkten – und zwar nicht nur in Bezug auf irreversible klimatische Veränderungen, sondern auch auf gesellschaftlich-sozialpolitische Verhaltensweisen.**

Noch verhält sich die Mehrheit der Bevölkerung in Deutschland, Europa und den Industrienationen klimaschädlich, aber immer mehr Menschen verstehen, dass eine massenhafte individuelle Verhaltensänderung notwendig ist – wenn wir das globale Ökosystem sichern und unseren Wohlstand bewahren wollen. Jede einzelne Entscheidung zählt und kann Vorbild

---

* Textauszug Kemfert, C: Mondays for Future, Murmann 2020. Mit freundlicher Genehmigung des Murmann Verlags zur Verfügung gestellt.
** Social tipping dynamics for stabilizing Earth's climate by 2050, Ilona M. Otto et.al., PNAS January 21, 2020 https://www.pnas.org/content/117/5/2354

sein für die Entscheidung weiterer Personen. Auch was das angeht, stehen wir an einem Kipppunkt.

Spätestens jetzt ist klar, dass wir am alles entscheidenden Wendepunkt der Geschichte stehen: Die Entscheidungen, die wir jetzt treffen, werden weitreichende Folgen haben. Die Weichen, die wir jetzt stellen, werden über unsere Zukunft bestimmen. Die Investitionen, die wir jetzt nicht tätigen, werden uns irgendwann teuer zu stehen kommen. Jede Entscheidung, die ich heute fälle, hat Folgen, egal ob kleine Nachwehen, Wellen im Wasser, dauerhafte Narben oder gar Lawineneffekte.

Ich habe in den vergangenen 20 Jahren den Klimaskeptikern und den Lobbyisten der (fossilen) Vergangenheit nicht unermüdlich widersprochen, um mich jetzt – wo endlich das Klimathema die breite Masse der Menschen erreicht – mit einem »Zu spät«-Seufzer frustriert aufs Altenteil zurückzuziehen. Besser spät als nie. Meine Vision von 2050 ist eine positive.

Ich habe mir bei dem Thema Klimawandel, das so viele Menschen in Angst und Panik versetzt, den Optimismus auf die Fahne geschrieben. Martin Luther Kings berühmtester Satz heißt ja auch nicht »I have a nightmare«, sondern »I have a dream«. Träume geben Kraft. Zukunft braucht Zuversicht. Doch mit Träumen allein ist nichts gewonnen. Wir müssen handeln, wir müssen machen, wir müssen endlich ins Tun kommen.

Vor zwölf Jahren habe ich in meinem ersten Buch die enormen wirtschaftlichen Chancen echter Klimaschutzpolitik dargelegt. Es folgte ein Jahrzehnt aggressiver Torpedierung jeglicher Klimaschutzpolitik seitens ihrer Gegner, weswegen ich zwei Bücher schrieb, um die gezielt gestreuten Mythen und Fake News zu widerlegen. Jetzt sind wir an einem Punkt angelangt, an dem wir nicht noch ein Jahrzehnt mit rückwärtsgewandten Diskussionen vergeuden dürfen, sondern beherzt nach vorne gehen müssen. Es beginnt das Jahrzehnt, in dem es auf die Frage nach Klimaschutz nur noch Ja oder Nein als Antwort gibt.

Wir alle wissen: Die Uhr tickt. Wir haben noch ungefähr zehn Jahre oder knapp 420 Gigatonnen CO_2 Zeit, um das 1,5-Grad-Ziel zu erreichen. Also das Ziel, die Erde ungefähr so zu erhalten, wie wir sie heute kennen und wie sie uns die letzten 1000 Jahre ein lebenswertes Zuhause geboten hat.

Es wird immer sichtbarer, dass der Klimawandel überall auf der Welt massiv voranschreitet und die bisherige Klimapolitik unzureichend war – trotz großer Anstrengungen Einzelner. Jugendliche gehen auf die Straße und fordern zu Recht mehr Klimaschutz. Den jungen Menschen folgen die älteren und auch die ganz alten. Es kamen die Profis und inzwischen auch die Omas. Es ist eine globale Bewegung geworden. Die Ungeduld wächst. Die Auseinandersetzungen werden härter. Manche macht das besorgt. Doch ich freue mich riesig darüber. Seit über 20 Jahren kämpfe ich für mehr Klimaschutz. Durch das Engagement der For-Future-Bewegung wird deutlich, dass es eine überwältigende Mehrheit für den Wandel gibt. Lange Jahre wehrten sich die fossilen Konzerne mit allen Mitteln gegen die notwendige Umstrukturierung des Energiemarktes; mit Tricks, mit Kniffen und jetzt immer aggressiver kämpften sie um ihre wirtschaftlichen Interessen. Die Lobbyisten der Vergangenheit bellen und beißen wie alte Rottweiler, aber den – inzwischen nicht mehr ganz so – jungen Welpen gehört die Zukunft.

Wir sind an einem Wendepunkt. Jetzt besteht die Chance auf einen echten Wandel!

Die größte Gefahr: Statt nach vorne zu denken, stellen wir die Schuldfrage. Gerade diejenigen, die erst Ende der neunziger Jahre oder Anfang des neuen Jahrtausends geboren wurden, stehen immer wieder fassungslos vor mir. Sie werden in einer Welt erwachsen, die sich am Abgrund befindet, und erfahren jetzt: Ihre Eltern, die sogenannten Babyboomer, wussten all die Jahre Bescheid, dass die Welt Kurs auf diesen Abgrund nimmt.

Schon ist die Rede von einem Krieg der Generationen. Derlei mag eine journalistische Sensationslust befriedigen, ist aber sinnlos und kostet bloß Kraft, Nerven und Zeit, die wir nicht haben. Statt uns über Moralfragen zu zerstreiten und zu zerspalten, sollten wir lieber gemeinsam Lösungen für die immer noch ungelösten Herausforderungen des Klimawandels finden.

Denn im Moment sind wir alle, ob wir wollen oder nicht, eher Teil des Problems als Teil der Lösung. Wenn wir in der industrialisierten Welt leben, können wir uns der »CO_2-Emissionskultur« derzeit nicht entziehen, egal wie sehr wir uns abstrampeln. Wenn also die junge Generation vorwurfsvoll auf die Älteren zeigt, dann werden die Generationen X und Y auf die Jüngsten zeigen und »Selber!« rufen. Und schon sitzen wir im altbekannten Klimakarussell, schieben die Schuldkarte weiter zum Nächsten und drehen uns im Kreis. Nein, so kommen wir nicht vorwärts.

Wir müssen die Gräben überwinden und Brücken bauen für echten Klimaschutz. Und zwar nicht nur für die Boomer, die Generationen X, Y und Z, sondern auch für die nächsten Menschen, die in den nächsten Jahrzehnten und Jahrhunderten erst noch auf die Welt kommen: die Generationen N1, N2 bis Nx. Denn sie müssen die Suppe auslöffeln, wenn wir nicht endlich aufhören, sie ihnen einzubrocken.

Das wissen nicht allein die Jugendlichen. Das wissen auch all die Menschen, die »for Future« auf die Straße gehen. Eine im Frühjahr 2019 veröffentlichte Studie zeigt, dass eine große Mehrheit der Deutschen (63 Prozent Klimaschutz für ein sehr wichtiges Anliegen hält und ihm eine ähnlich hohe Bedeutung wie den beiden Topthemen Bildung (69 Prozent) und soziale Gerechtigkeit (65 Prozent) zuschreibt. Allerdings nur 14 Prozent der Menschen meinen, dass die Bundesregierung genug tut. Und das gilt für alle Generationen.

In einer repräsentativen Umfrage vor der Hamburg-Wahl im Februar 2020 gaben 82 Prozent der Befragten im Alter 65+ an, ihnen sei Klimaschutz wichtig oder sogar sehr wichtig. Bei den 40- bis 64-Jährigen waren es 73 Prozent. Bei den 16- bis 39-Jährigen waren es 85 Prozent. Sie wären alle bereit, für einen besseren Umwelt- und Klimaschutz sogar höhere Preise zu akzeptieren.

Deswegen: Wechselseitige Schuldzuschreibungen und Vorwürfe, Beleidigungen und Beschimpfungen bringen uns nicht weiter. Im Gegenteil.

Der echte Zeit- und Maßnahmenplan muss erst noch entwickelt werden – und zwar von all denen, die das 21. zu einem Jahrhundert von Demokratie, Klimaschutz, Nachhaltigkeit und Gerechtigkeit machen wollen, kreuz und quer durch die Republik, von Görlitz bis Aachen, von Passau bis Wilhelmshaven von Freiburg bis Stralsund, ab sofort.

Bislang hat Deutschland nur ein halbherziges Klimapaket verabschiedet. Der mit großem Tamtam angekündigte Klimatiger landete als bescheidener Bettvorleger. Beschlossen wurde nicht, was klimapolitisch notwendig ist, sondern lediglich, was politisch durchsetzbar schien. Da war die Mutlosigkeit größer als die Weitsicht. Wir müssen den Verantwortlichen in Wirtschaft und Politik deutlich machen, dass wir mehr verlangen. Wir packen einfach selber an.

Wir brauchen etwas, das größer ist als wir selbst, einen Systemwechsel, eine gemeinsam organisierte und durchgeführte Transformation – weg von der fossilen hin zu einer nachhaltigen Welt. Wir brauchen gemeinsame Entschlossenheit. Wir brauchen Verabredungen und Verbindlichkeit. Wir brauchen einen neuen Generationenvertrag – analog zum Solidarvertrag zwischen den Jungen und den Alten für eine sichere Rente. Wir brauchen einen Solidarvertrag der Generationen X, Y und Z mit den N-Generationen für einen sicheren Planeten. Wir brauchen eine andere Klimazukunft. Wir brauchen Klimagerechtigkeit. Wir brauchen einen generationengerechten Klimavertrag. Einvernehmlich und verbindlich.

Welche Vision des Jahres 2050 sollte uns antreiben?

Die Zukunft, die uns schon in etwa 30 Jahren erwartet, wird divers und resilient sein, grün und zirkulär, dezentral, vernetzt, intelligent und partizipativ, gesünder, gesellschaftlicher und glücklicher.

2050 wird niemand mehr ungezügeltes Wirtschaftswachstum als Maßstab für Wohlstand betrachten. Stattdessen werden wir eine völlig andere Art von Wachstum wertschätzen. Vor der *Tagesschau* sehen wir dann keine Börsenkurse mehr, sondern erfahren die Indikatoren der Nachhaltigkeit unseres Planeten. Ein »Good Growth Index« wird uns anzeigen, wie es um Umweltschutz, Artenvielfalt und Gesundheit steht. Wir sehen Wachstumskurven zum Anteil von erneuerbaren Energien, klimaschonender Mobilität, steigender Lebensqualität sowie Techniken zur Herstellung von sauberem Trinkwasser. Solches Wirtschaftswachstum ist dann nicht mehr die Ursache eines globalen Klimawandels, sondern dessen Lösung.

30 Jahre sind ein globaler Wimpernschlag. Die Kohle, die wir heute verbrennen, entstand vor rund 300 Millionen Jahren. Was wird das CO_2, das wir heute produzieren, in 300 Millionen Jahren bewirken? Was in 300 Jahren? Wir wissen, was es in 30 Jahren bewirkt – und wir wissen, dass wir das nicht wollen!

Die Gesellschaft heute ist eine andere als die vor 30 Jahren. Die Ökos von damals sind erwachsen geworden. Manche sind alt und verbittert. Manche machen sarkastische Witze über die Klimaapokalypse, die sie nicht mehr zu erleben hoffen. Auch ich kenne Momente, in denen man sich klein, unbedeutend und machtlos fühlt. Nach langen Diskussionen mit Lobbyisten der fossilen Industrie zum Beispiel. Da fühle ich mich wie Don Quichotte im Kampf gegen Windmühlen. Sie hören nicht zu. Sie denken nicht mit. Sie zucken nur mit den Schultern und drehen sich weg.

Wir müssen Verantwortung für unser Tun übernehmen. Heute. Heute ist der Tag, an dem aus Zukunft Vergangenheit wird. Heute ist der Tag, an dem es kein Zurück gibt.

Aus einem fundierten Verantwortungsgefühl für unsere Umwelt und uns selbst haben wir für unseren Konsum eine klimaverträgliche Obergrenze definiert. Jeder Mensch hat ein CO_2-Budget und darf maximal 6,5 Kilogramm CO_2 pro Tag ausstoßen. Jedes Land ist gefordert, dieses Klimabudget nicht zu überschreiten. Deutschland wird sich 2040 damit noch sehr schwertun, aber wir lernen von anderen Ländern, von Norwegen, Dänemark und dem Königreich Bhutan. China geht mit Riesenschritten voran und zeigt vor allem den Nachzüglern in Nordamerika und Australien, wie sich ökonomisches und ökologisches Wachstum vereinen lassen.

Das Ende des fossilen Zeitalters und die Dekarbonisierung der Wirtschaft führen zu einem Boom neuer Wirtschaftszweige. Je mehr wir auf erneuerbare Energien umsteigen, desto schneller sinken die Kosten. Dank enormer Skaleneffekte ist es 2050 auch Kleinbauern in Asien und Afrika in großer Zahl möglich, sich Solarzellen aufs Hüttendach zu schrauben und alltäglich Strom zu nutzen, um Lebensmittel zu kühlen, Handys und Laptops zu laden oder um Licht zum Arbeiten zu haben.

Überall sprießen die Initiativen for Future, für Umwelt- und Klimaschutz, für erneuerbare Energien, für nachhaltige Unternehmen, Schulen etc. wie Pilze aus dem Boden. Sie alle treibt die Ungeduld mit der Politik und der Wunsch, aufzuklären, zu motivieren und den fossilen Stier endlich bei den Hörnern zu packen. Ich bin froh und dankbar, Teil dieser globalen Bewegung zu sein.

Uns alle verbindet dieselbe Vision: raus aus der fossilen Welt, rein in die erneuerbare/generationengerechte Zukunft! Es ist Zeit aufzuräumen, im Kleinen wie im Großen. Das Momentum ist da. Lasst uns gemeinsam für kleine, große, gerechte, generationenübergreifende, wie auch immer geartete Klimaverträge eintreten.

Wenn wir jetzt richtig durchstarten, unbeirrt loslegen und das Heft des Handelns in die Hand nehmen, dann könnte

Deutschland – mit Rückenwind aus Brüssel – endlich wieder eine Vorreiterrolle im internationalen Klimaschutz übernehmen. Dann könnte das Jahr 2020, in dem der unumkehrbare Klimaschutz begonnen hat, als »Tipping Point« in die Geschichte eingehen. Dann hätten wir wirklich etwas bewirkt.

»Wir sind die erste Generation, die globale Armut abschaffen, und wir sind die letzte Generation, die den Klimawandel aufhalten kann«,* sagte der Generalsekretär der Vereinten Nationen Ban Ki-moon 2015.

Packen wir's an.

Professor Dr. Claudia Kemfert (*1968) ist Energieökonomin. Sie leitet die Abteilung Energie, Verkehr und Umwelt am Deutschen Institut für Wirtschaftsforschung (DIW) und ist Professorin für Energiewirtschaft und Energiepolitik an der Leuphana Universität in Lüneburg. Die mehrfach ausgezeichnete Spitzenforscherin ist zudem Co-Vorsitzende des Sachverständigenrats Umwelt. www.claudiakemfert.de

---

* »›We Are the First Generation that Can End Poverty, the Last that Can End Climate Change‹, Secretary-General Stresses at University Ceremony«, United Nations, Press Release SG/SM/16800, 28. 05. 2015 https://www.un.org/press/en/2015/sgsm16800.doc.htm

Falk Parra

Kann ein Brief *von* der Erde kommen?

Liebe Leserinnen, liebe Leser der westlichen Welt,
mein Name ist Falk. Ich habe eine deutsche Mutter und einen kolumbianischen Vater. So wie auf praktisch der ganzen Welt wütet in beiden Ländern Umweltzerstörung. In Kolumbien ist sie besonders schlimm und oft mit großer sozialer Ungerechtigkeit verbunden. Als Sozialanthropologe frage ich nach den kulturellen, psychologischen und philosophischen Grundlagen, auf denen diese destruktiven Verhaltensweisen beruhen.

Hinter der Umweltkrise stecken fest verwurzelte Modelle und Strukturen wie die industrielle Produktion, hemmungsloser Konsum oder das Geld als Mittel und Ziel unserer ganzen Gesellschaft. Diese Modelle hängen mit tief liegenden Überzeugungen zusammen, zum Beispiel dass die Natur eine objektive, kontrollierbare und nur physische Lebensgrundlage sei, die aus Ressourcen bestehe. Auch unsere politischen Strategien, mit denen wir Umweltprobleme angehen, sind von technischen Lösungen abhängig und folgen hauptsächlich wissenschaftlichen Prinzipien – so haben etwa nur test- und messbare Faktoren Geltung. Sowohl die Ursachen der Umweltzerstörung als auch die Wege, ihr entgegenzuwirken, stellen den Menschen, seine Eingriffe und Methoden in den Mittelpunkt. Auf ähnliche Weise richtet sich die wachsende Bewegung für Umwelt- und Klimaschutz nach menschlichen Ideologien und modernen, westlichen Werten. Dazu gehören Globalismus, Demokratie und wirtschaftliche Entwicklung. Unsere Ökologie ist damit Teil einer allgemeineren Art, die Welt zu verstehen und sich auf die Natur zu beziehen.

Trotz alledem schreitet die Umweltkrise voran. Wäre es also für einen wahren Wandel hilfreich, wenn wir unsere Einstellungen und Prozeduren überarbeiteten? Welche Werte und Erkenntnisse könnten unsere Verfahren ergänzen? Könnten das traditionelle Wissen der indigenen Völker und ihr Umgang mit der Natur neue Einsichten und Antworten bringen? In diesem Brief will ich euch das Weltverständnis und die Beziehung zur Natur eines solchen Volkes vorstellen. Es geht um die in Kolumbien lebenden Kogi-Indianer und darum, was Umweltschutz für sie bedeutet. Wir können viel von ihnen lernen.

Die Kogi sind der Ansicht, dass die Erde ein lebender Organismus ist, eine Mutter, die sich um all ihre »Kinder« kümmert, Wissen und Werte lehrt und gerade leidet. Könnten also die Einsichten, die wir brauchen, sogar von der Natur selbst kommen? Dieser Brief soll dazu anregen, die Natur als *Person* wahrzunehmen und auch *ihr* zuzuhören, auch wenn das in Europa ein ungewohnter Gedanke sein mag.

Was ich hier schreibe, ist das Resultat von zehn Jahren Erfahrung mit den Kogi. Es fing damit an, dass ich als Basis für meine Promotion in Sozialanthropologie an der Universität Cambridge in England zwei Jahre lang mit den Kogi gelebt habe. Die Sozialanthropologie hat die Absicht, durch langfristige Feldforschungsaufenthalte so direkt wie möglich am Leben anderer Menschen teilzuhaben, es darzustellen und zu interpretieren. Mein Ziel war es, die Art und Weise zu erforschen, wie ein indigenes Volk die Welt kennt und versteht. Für ihre ökologische Lebensweise, die auf Traditionen, Spiritualität und großem Wissen beruht, sind die Kogi hochangesehen. Was ich bei ihnen erlebte, stellte mein bisheriges Naturverständnis auf den Kopf. Ihr Denken steht dem der westlichen Welt diametral entgegen.

Leider müssen die Kogi ihre Heimat, die Sierra Nevada, schon seit vielen Jahren vor der zunehmenden wirtschaftlichen und industriellen Zerstörung schützen. Mit traditionellen, politischen und rechtlichen Maßnahmen kämpfen sie gegen Bergbau, Entwaldung, Dämme und neue Infrastruktur. Das radikal andere Wissen der Kogi über die Natur und ihre Zerstörung ist jedoch nicht leicht zu vermitteln, was manchmal komplizierte Hindernisse in der Verständigung zwischen ihnen und der Außenwelt entstehen lässt. Weil die indigenen Kenntnisse der modernen Vorstellung von Tatsächlichkeit und Wirklichkeit in vielerlei Hinsicht nicht entsprechen, werden sie oft nicht ernst genommen, als »Glaube« betrachtet und so nicht richtig in den Umweltschutz mit einbezogen. Diese Verständigungsprobleme wollte ich verbessern.

Die Kogi sind eine eher zurückhaltende indigene Gruppe von ungefähr 15 000 Menschen, die im höchsten Küstengebirge der Welt leben, der Sierra Nevada de Santa Marta, in der Karibik im Norden Kolumbiens. Dieses einmalige, vielfältige Gebiet besitzt alle Hauptökosysteme und Klimazonen der Tropen, von heißen Urwäldern bis zu schneebedeckten Gipfeln. Für die Kogi ist das Gebirge nicht nur eine Landschaft, sondern das »Ahnenland«, eine schöpferische Einheit, deren Teil sie sind und in der auch die Erde ihren Ursprung hat.

Als Volk sind die Kogi in Abstammungsgruppen gegliedert, die in verschiedenen Tälern zu Hause sind und auf mehreren Höhenlagen eine Vielfalt von Lebensmitteln anbauen. Jede dieser Abstammungslinien ist mit bestimmten Kräften und Wesen der Natur verbunden, seien es Elemente wie Feuer oder Wasser, Himmelskörper oder Tier- und Pflanzenarten. Zusammen formen sie sogenannte »Naturfamilien«, die ihren Ausgangspunkt an besonderen Orten des Landes haben. Diese Kraftorte *(Eizuama, Gaka)* werden deswegen »spirituelle Väter und Müt-

ter« *(Hate* und *Haba)* genannt, Lebensquellen, die »denken«
und »fühlen«. Sie sind oft durch Steine, Teiche, Bäume oder
Hügel gekennzeichnet und bilden ein großes zusammenhän-
gendes Netzwerk, das sich von der Sierra Nevada aus, als Ausgangspunkt der Schöpfung, auf die ganze Erde ausbreitet. So
habe ich von den Kogi gelernt, dass früher alle Völker solche
Kraftorte kannten und pflegten, auch unsere Vorfahren in
Deutschland. Die bekannte germanische Kultstätte der Extern-
steine ist nur einer von Tausenden solcher Plätze.

Jede Kogi-Gruppe ist für die ökologische Pflege der Orte
und der Bestandteile ihrer Naturfamilie verantwortlich. Durch
bestimmte Rituale, Tänze und Praktiken an den Kraftorten
gewährleisten die Kogi das Gleichgewicht aller Dinge in der
Natur, inklusive der Menschen. Sie werden von den spirituellen
Führern und Wissensexperten der Kogi geleitet, den sogenannten *Mamas*, die auch Hüter ihrer Traditionen sind. An diesen
Plätzen kommunizieren die Mamas mit *Aluna*, dem univer-
sellen Bewusstsein oder Weltgeist, um »spirituelle Beratung«
(Divinationen) einzuholen und so die Entscheidungen und
Taten der Kogi nach den Wahrheiten des Lebens auszurichten.
Vor allem informieren sich die Mamas auf diese Weise dar-
über, welche »Rückzahlungen« fällig sind. Das sind bestimmte
Gegenstände, Substanzen und Gedanken, mit denen die Kogi
der Natur gezielt das zurückgeben, was sie von ihr bekommen
haben. So halten sie umweltliche Austausche und Zyklen im
Fluss.

Während meines ersten Aufenthalts bei den Kogi schlug ich
den Mamas vor, die Beziehung der Kogi zur Natur und zur
Umweltzerstörung zu ergründen und durch meine Promotion
einem weiteren Publikum zu erklären. So wie alle wichtigen
Angelegenheiten musste meine Idee an einem Kraftort »beraten« werden. Die geistige Intelligenz des Ortes »hörte« also,
was wir besprachen, und antwortete durch die Mamas, indem
diese meine Absichten bestätigten. Sie gab mir sogar vor, vier

Hauptthemen zu bearbeiten, die sie spirituell leiten würde: Wasser *(Ñi)*, Erde *(Kaggi)*, Bäume *(Kaldzi)* und Nahrung *(Gakue)*. Es sollte also die Sierra Nevada selbst sein, die als bewusstes Dasein meine Forschung bestimmte! Ich saß da in der Hitze auf meinem Stein und versuchte diese besondere Erfahrung zu begreifen. Später sagte mir der Gouverneur und politische Vertreter der Kogi: »Wir brauchten so jemanden, um die Kommunikation zu verbessern. Es ist, als ob dich unser spiritueller Vater *Seizhankua* geschickt hätte.«

Dieser aufregende Meilenstein machte mir wichtige Implikationen meiner Arbeit klar. Um das Umweltwissen der Kogi inhaltlich zu verstehen, musste ich auch die *Art* dieses Wissens begreifen und wie die Kogi selbst lernen. Im Gegensatz zu unserer von Menschen entwickelten Wissenschaft, handelt es sich hierbei um ein vorbestimmtes Wissen, das von der Natur selbst in Form von Lebensprinzipien abgeleitet wird. Obwohl das an den Kraftorten geschieht, die einzelne Väter und Mütter des Lebens sind, ist es letztendlich die Erde selbst, die Große Allmutter, die zu den Mamas spricht und die Kogi lehrt. So vermittelte sie auch mir durch die Mamas und in Form dieser vier Themen einen Eindruck, wie das Leben entstanden ist und funktioniert. Auf diese Weise erklärte sie unsere Umweltzerstörung, also ihre eigenen Schäden, und gab meinem Versuch, die Ökologie der Kogi zu verstehen, einen Rahmen.

Wenn ich also über die Lehren der Mutter berichten will, dann tue ich das, weil ich von der Wichtigkeit einer solchen Beziehung zur Natur überzeugt bin, aber auch weil laut den Mamas dieses Wissen für den Schutz der Umwelt eingesetzt werden sollte. Sie sagen: »Wissen soll nicht einfach aus Interesse gelernt und später in eine Schublade gelegt werden. Es muss dem Erhalt der Sierra Nevada dienen und wieder dorthin zurückgebracht werden, wo es herkommt und hingehört.« Mit anderen Worten, »echtes Wissen« *(Shibшlama)* kommt nicht nur bewusst von der Natur, es ist auch beabsichtigt und hat einen Zweck, nämlich das Wohlbefinden aller Dinge. Doch der Kraftort warnte die Mamas und mich zugleich: Meine Studien müssten vollständig zu Ende gebracht werden. So erforderte das Wissen auch Verpflichtung und Verantwortung, Werte, die auch unsere Ökologie leiten sollten.

Ich passte mich den Kräften und Bedingungen der Sierra Nevada an, um dieses Naturwissen zu erlernen, was in der und durch die Natur geschehen muss. Nur indem ich meinen Vorschlag der Sierra Nevada selbst präsentierte, den spirituellen Beratungen der Mamas folgte, durch vier Naturelemente in der angegebenen Reihenfolge lernte, das an Kraftorten tat und es für den Umweltschutz einsetzte, konnte ich meine Forschung durchführen. Es war nötig, die Kogi-Beziehung zur Umwelt selbst zu erleben, Teil davon zu sein, um sie kennen und verstehen zu können. Aus diesem Grund beteiligte ich mich am Alltag der Kogi-Gemeinden. Ich habe regelmäßig an ihren Versammlungen, Arbeiten und Festen teilgenommen, Freundschaften gepflegt, mit ihnen gegessen und wie sie geschlafen, mich ihren Ritualen unterzogen. Das war nötig, um die Sitzungen mit den Mamas zu kontextualisieren und zu sehen, wie der Lernstoff der vier Themen sich im Kogi-Leben niederschlägt. So konnte ich ihre Erklärungen, Handelsweisen und Lösungen bezüglich der Umweltprobleme besser einordnen.

All das war natürlich eine Herausforderung für mich, aber eine, die mein Leben und meine Sichtweise für immer verändert hat. Im Laufe von zwei Jahren habe ich mich oft mit Mamas aus verschiedenen Dörfern an Kraftorten getroffen, um die vier Themen zu bearbeiten. Manchmal musste ich dafür mehrere Stunden die Berge besteigen oder unter einer glühenden Sonne und bei hoher Luftfeuchtigkeit auf unbequemen Steinen sitzen. Durch Lektionen, Schöpfungsgeschichten und Gespräche haben diese Mamas mir die Grundlagen des Lebens beigebracht.

Wasser ist *Aluna* (Weltgeist) in flüssiger Form, wodurch das Leben als »Gedanken« der Mutter in die Welt floss – von den Berglagunen hinab ins Tal, wo das Meer entstand, welches heutzutage wiederum die Sierra Nevada mit Regen versorgt. Die Kogi haben feste Regeln, wie Wasser, das wichtigste und erste Element der Natur, geschont werden soll. Die Erde ist der Körper des Weltgeistes und die Basis des Lebens. Durch Kraftorte ordnet sie alle Naturelemente.

Durch Bäume und Pflanzen wurde die Welt lebendig, dynamisch. Sie zeigen, wie die Spezies sich entlang der Kraftorte entwickelt haben, eine eigene Funktion haben und von oben nach unten immer vielfältiger wurden. Bäume verbinden auch Erde und Himmel und bilden den Baum des Lebens nach, der das Universum und die Erde zusammenhält. Nahrung ist die Kraft, die das Leben durch notwendige Austausche und Ausgleiche in der Natur bewegt. Im Grunde genommen sind fast alle Traditionen der Kogi Mechanismen, um diese Austausche am Laufen zu halten, was in ihren Worten »Einigung« zwischen Gesellschaft und Natur schafft.

Die Sierra Nevada ist in dem Verständnis der Kogi nach das »Herz der Welt«, der Ursprung der Existenz und damit der Mittelpunkt des Lebens. In diesem Sinne sind Umweltschäden, die der Sierra Nevada zugefügt werden, von größter Bedeutung und haben Folgen für den Rest der Welt. Im Falle aller vier Elemente erläuterten die Mamas, wie sie als Teile des Organismus missbraucht und zerstört werden. Wenn Mangroven zum Beispiel am Strand zugebaut werden, unterbricht das die energetische Kommunikation mit den Bergseen, was den Wasserkreislauf stört. Der Bergbau entreißt die Dinge ihrem ursprünglichen Platz und bohrt Wunden und Löcher in das Fleisch der Erde, was ihr die Stabilität nimmt. Das Öl aus der Erde zu holen bedeutet, ihr das Blut zu entziehen und sie damit zu schwächen. Das kann unerwartete Folgen wie Wassermangel haben, denn ein geschwächter Körper kann nicht »schwitzen«. Im Osten der Sierra Nevada verläuft eins der größten Kohletagebaugebiete der Welt *(El Cerrejón)* und tatsächlich leidet diese Region unter einem brutalen Wassermangel, was vielen Kindern der *Wayúu*-Indianer schon das Leben gekostet hat. Kolumbien ist ein wichtiger Kohlelieferant für Deutschland, und auch bei uns gibt es genug solche Löcher für Kohlebergbau. Könnte uns das Kogi-Verständnis die Notwendigkeit klarer machen, damit aufzuhören?

Für die Kogi (die »älteren Geschwister«) sind das alles verrückte, unerklärliche Verhaltensweisen der »jüngeren Geschwister« (so nennen sie uns), die sich wie Kinder verhalten. Dadurch wird der Organismus »krank« und leidet. Die Mutter fühlt den Schmerz und fragt sich: »Warum tun mir meine eigenen Kinder das an?« Nach den Mamas verursachen solche Schäden »Schulden«, also ein allgemeines Ungleichgewicht im Organismus. Das zeigt sich durch Krankheiten, verändertes Klima, destruktive Naturphänomene (Erdbeben, Stürme) oder gesellschaftliche Probleme wie Gewalt. So melden sich die Lebenskräfte, reagieren auf Zerstörung und stellen Gleichgewichte wieder her. Sie sind deutliche Mahnungen an die Menschen, ihr Verhalten zu ändern.

Die Kogi erklären Veränderungen in der Natur anders, als ich es bisher kannte. Klimaerwärmung ist das »Fieber« des Organismus, ein Zeichen von Krankheit und körperlichen Schäden. Bei uns Menschen geschieht das genauso, denn wie alles andere sind wir Teil des Organismus.

Die vier Themen sollten also die Erde als Organismus hervorheben und dadurch zeigen, warum unsere Handlungen destruktiv sind. Der Umweltschutz ist für die Kogi eine wortwörtlich existenzielle Angelegenheit, denn es geht um die Struktur des Lebens. Dieses System zu erkennen ist der Rahmen und die Voraussetzung für eine verbesserte Beziehung zur Natur, in der wir sie anders verstehen und respektieren.

Für die Mamas gibt es vier Werte – Ursprung, Ordnung,

Funktion, Zusammenhang –, die die Säulen des Systems, ja des Lebens bilden. Sie sind wichtige Lebensprinzipien und somit Bestandteile des »Ursprungsgesetzes«, das die Natur regiert. Demnach wird es auch »Gesetz der Mutter« genannt, weil es fürsorglich und moralisch ist und allen Wesen und Völkern eigene Richtlinien gibt. Könnte das unseren benötigten Wertewandel anregen? Welchen Platz könnten wir Europäer in dieser Ordnung haben?

Dieser Wertewandel wäre radikal, denn er geht von der Natur selbst aus, so wie das damit verbundene Wissen. Das wiederum würde eine veränderte Einstellung voraussetzen, die tiefe ideologische und gesellschaftliche Auswirkungen hätte. Unsere Gesellschaft richtet sich allgemein *nach vorne*, also nach Wandel, Entwicklung und menschlicher Gestaltung, in der Überzeugung, dass alles in Zukunft immer mehr, größer und besser werden soll. Wenn man aber die Natur als Quelle von Prinzipien, Werten, Wissen und Handelsweisen nähme, würden diese Ideen ins Gegenteil verkehrt: Bei den Kogi bedeutet das Leben eine *Rückkehr* zum Ursprung, zu den »Ahnen« und zu den Traditionen. Die Kogi richten sich *nach hinten*, also zu ihren Wurzeln. Ihre Priorität ist es, sich zu erinnern und die Welt so zu bewahren, wie sie geschaffen wurde, denn davon hängt das Gleichgewicht der Umwelt ab. So ist für die Kogi der Schutz der Natur der Erhalt der Kultur. Zukunft gestalten ist Vergangenheit erhalten.

Wir sind alle Teil von diesem Gewebe des Lebens, erklärte mir Mama Manuel, jedoch »hat die Mutter jeder Menschengruppe ihren Platz, ihre Sprache, ihre Kultur und ihre Rolle zugewiesen«. Obwohl viele das »vergessen haben«, habe jedes Volk eine eigene Art und Weise zu sein und zu leben, die weiterbestehen sollte. Während die moderne Gesellschaft gerade damit kämpft, Einheit und Vielfalt zu versöhnen, bildet bei den Kogi beides eine Ordnung, so wie ein Baum mit vielen Ästen.

Dr. Falk Parra (*1984) wuchs in Bogotá auf und ist Sozialanthropologe. Für seine Doktorarbeit an der englischen Universität Cambridge lebte er mit den Kogi, Ureinwohnern im Norden Kolumbiens. Als Treuhänder des Tairona Heritage Trust setzt er sich für den Schutz der Kogi und ihr Land ein. Parra fördert die Verständigung und den Wissensaustausch zwischen den ökologischen Traditionen indigener Völker und den Naturwissenschaften, unter anderem durch die Internationale Koalition für Nachhaltigkeit BRIDGES-UNESCO. www.taironatrust.org

Fashion Changers

Liebe zukünftige Fashion Changers,

es steckt schon im Namen selbst: Als Fashion Changers glauben wir an Veränderung. Auch wenn Veränderung als solche nicht per se gut oder schlecht sein muss. Anders als zum Beispiel Fortschritt, der in seiner ursprünglichen Bedeutung immer zu etwas Besserem führt und als Überwindung von Mangelzuständen gilt. Und dennoch haben wir uns für den Begriff »Change« – also Veränderung – entschieden. Uns ist klar, wir müssen an der aktuellen Situation etwas verändern, wenn nachfolgende Generationen eine Chance auf einen gesunden Planeten haben sollen. Diese Veränderung kann dann zu Fortschritt im eigentlichen Sinne führen, zu etwas Besserem.

Aber fangen wir vorne an. Sicherlich haben sich einige von euch schon gefragt: Warum eigentlich Fashion? Fashion findet irgendwo weit weg auf Laufstegen und in Hochglanzmagazinen statt. Schauen wir jedoch genauer hin, sehen wir, dass Mode alle betrifft. Egal wie modisch du dich selbst begreifen magst, ziehst du dir jeden Morgen etwas an und jeden Abend etwas aus. Es ist also keine Überraschung, dass die Textilbranche die zweitgrößte Konsumgüterindustrie Deutschlands ist. Ja, Mode geht uns alle etwas an. Vielleicht fragst du dich dennoch, was das Problem daran ist, und überhaupt, warum in einem Buch über Klimaschutz auf einmal von Mode gesprochen wird.

Diesen Zusammenhang haben wir selbst lange Zeit nicht gesehen. Um ehrlich zu sein, war es nicht der Klimaschutz, der uns zu unserer Arbeit geführt hat. Vor einigen Jahren waren es für jede von uns ganz unterschiedliche Beweggründe, warum wir anfingen, uns mit den Problemen der Modeindustrie auseinanderzusetzen und Veränderung einzufordern. Vreni war in ihrem beschaulichen schwäbischen Örtchen der bunte Vogel. Diejenige, die sich gerne auch mal anders anzog als die anderen. Und das gelang ihr vor allem durch ein geschicktes Händchen für Secondhand- und Vintagemode. Darüber sollte Vreni ihren Weg zur nachhaltigen Mode finden. Jana wuchs politisch auf und setzte sich mit Anfang zwanzig zunehmend mit feministischen Themen auseinander, die immer auch die Frage nach Gerechtigkeit aufriefen. Von dort war es nur noch ein kleiner Schritt hin zur Modeindustrie, die weltweit so viele Frauen und marginalisierte Gruppen ausbeutet. Nina war eigentlich von Anfang an am nächsten dran. Ihr Weg zu Fashion Changers startete bei einem der großen Probleme: den Bergen an Textilmüll. Beruflich hatte Nina mit Mode und Innovation im baltischen Raum zu tun und lernte dort Upcycling-Labels kennen, die mit ihrer Arbeit auf den Müll und die Verschwendung von Ressourcen aufmerksam machten. Damals lief das allerdings noch unter Umweltschutz. Klimawandel war für uns etwas, von dem die Wissenschaft sprach und das irgendwie mit schmelzendem Eis, Umweltkatastrophen und dem Ozonloch zu tun hatte. Aber ganz sicher nicht mit uns persönlich.

Unsere Wege sollten sich kreuzen, weil wir uns alle schreibend mit der Modeindustrie befassten. Wir gründeten Blogs und Onlinemagazine. Und dann kam auch noch die schwäbische Einöde ins Spiel. Vreni hatte einfach keine Lust, länger alleine vor sich hin zu schreiben, und war damit die Erste, die den Versuch wagte, Modeblogger*innen, die sich mit nachhaltiger und fair produzierter Mode auseinandersetzen, zusammenzubringen. Nur kurze Zeit später entstanden daraus die ersten Events, die wir im Kollektiv als Fashion Changers veranstalteten. Unser Anspruch? Faire und nachhaltige Mode als Community stärker in die Medien bringen. Dabei war es uns von Anfang an wichtig, den kritischen Blick auf die Industrie mit dem Spaß an der Mode zu verbinden. Wir sind nach wie vor davon überzeugt, dass der erhobene Zeigefinger nicht viel bewirkt (auch wenn man hin und wieder den Finger in die Wunde legen muss). Vielmehr glauben wir an die Kraft der Gemeinschaft, die Stärke von Kooperation und das Empowerment von Individuen, die sich dann wieder als Kollektiv begreifen lernen.

Diesen Fokus hatten wir von Anfang an, und doch sollte sich über die letzten Jahre einiges ändern. Je tiefer wir in die Materie eintauchten, je mehr wir verstanden, wie die Branche tickt und wer wie die Fäden in der Hand hält, desto klarer sahen wir: Die Macht der einzelnen Person ist begrenzt. Die Erzählung, dass dein Kassenzettel dein Stimmzettel ist, ist auserzählt. Jahrelang pochte die Fair-Fashion-Branche auf dieses Narrativ. Für uns bestätigte es sich nicht. Die Verantwortung so individuell zu verteilen und diese Last auf den Schultern Einzelner abzuladen, war uns nur ein weiterer Beweis dafür, dass der neoliberale Ansatz in den letzten Jahrzehnten ganze Arbeit geleistet und damit Wege und Möglichkeiten für wirkliche Lösungen der Klimakrise versperrt hatte.

Es ist 2017, spätestens 2018, als wir diese Veränderung in unserer Arbeit spüren. Wir adressieren nicht mehr so stark individuelle Bedürfnisse wie zum Beispiel »Wie funktioniert der nachhaltige Kleiderschrank?«, sondern stellen größere Fragen: Warum ist es in Deutschland überhaupt erlaubt, umweltschädliche Kleidung zu verkaufen? Und wir sind zum Glück nicht die Einzigen. 2018 fühlt sich ein bisschen wie der Startschuss für ein neues Bewusstwerden in der nachhaltigen Modebranche an. Wir gähnen nicht mehr allein, wenn das zehnte Panel zu »Wie schafft die Fair-Fashion-Branche den Sprung aus der Nische?« stattfindet und wir uns wieder gemeinsam im Kreis drehen. Unser politisches Bewusstsein, das schon immer da war, aber vielleicht ein wenig schläfrig vor sich hin dämmerte, wird neu entfacht. Nicht zuletzt durch Menschen wie Lisa Jaspers –

Sozialunternehmerin aus Berlin. Sie ruft am Fashion Revolution Day 2018, fünf Jahre nach dem Einsturz der Textilfabrik Rana Plaza in Bangladesch, die Petition #FairByLaw ins Leben. Die Forderung? Die Verpflichtung deutscher Unternehmen zu ihrer unternehmerischen Sorgfaltspflicht. Als eine der Ersten fordert sie öffentlich aus der Zivilbevölkerung heraus ein Lieferkettengesetz. Und sie inspiriert uns sehr! Auch wir werden politischer, stellen nicht nur Fragen nach der Verantwortung in den Lieferketten, sondern zum Beispiel auch nach mehr Diversität in der Modebranche. In dieser Zeit wächst unsere Community stark, und wir spüren, dass es wichtig ist, Themen zu setzen und auch Unangenehmes anzusprechen. Wir legen den Finger auch in die eigene Wunde, fragen uns, was innerhalb der Branche falsch läuft. Wir werden kritischer und gleichzeitig optimistischer.

Der schöne Nebeneffekt von Engagement ist, dass man gemeinschaftlich gestärkt da rausgeht. Während wir jahrelang nur zuschauten und die Missstände von außen betrachteten, wird nun deutlich, dass wir aktiv daran mitwirken können, es besser zu machen. Wer schon einmal auf einer Demonstration war, weiß sicherlich, wovon wir sprechen. Dieses Gefühl, das entsteht, wenn du von Menschen umgeben bist, die wie du selbst für eine bessere Welt streiten, gibt Hoffnung. Im Laufe unserer Arbeit wird uns dieses Empowerment immer wieder begegnen und vieles von dem, was wir tun, prägen. Der wichtigste Antrieb ist dabei jedoch immer, dass es nicht ausschließlich um unsere Bestärkung und die unserer Mitstreiter*innen geht. Sondern dass Mode das Potenzial hat, genau dieses Empowerment über die gesamte Wertschöpfungskette hinweg zu leben.

Mit diesem Rückenwind starteten wir in das Jahr 2019. Und es sollte das bisher engagierteste werden. Beginnend damit, dass Lisa Jaspers, die mit ihrer Petition mittlerweile über 100 000 Unterschriften gesammelt hatte, uns für eine Neuauflage von #FairByLaw mit ins Boot holte. Gemeinsam überlegten wir, wie wir noch mehr Aufmerksamkeit für das Thema generieren könnten, und starteten im April 2019 einen zweiten Aufschlag, um noch mehr Menschen zu erreichen. Und die Debatte zog schon Kreise. Die Forderung nach einem Lieferkettengesetz hatte sich nicht nur bei uns herumgesprochen, sondern wurde bereits politisch diskutiert. Für uns ein Zeichen dafür, dass Aktivismus wirkt. Dass es immer etwas bringt, Forderungen klar und deutlich zu formulieren, das Gespräch zu suchen und wichtigen Akteur*innen zu zeigen, dass man als Bürger*in dieser Gesellschaft mitwirken kann und möchte.

2019 sollte aber auch das Jahr werden, das uns endlich vollends begreifen ließ, welche Dimensionen die Modebranche wirklich mit sich bringt. Fridays for Future hatte sicherlich einen großen Anteil daran, dass wir auch in Sachen Klimakrise lauter wurden. Wir fragten uns, wie die Modebranche den Klimawandel beeinflusst und was dies wiederum mit Klimagerechtigkeit zu tun hat. Nicht zuletzt veranlasste uns die Arbeit an unserem ersten Buch dazu, noch tiefer zu graben, und so fanden wir uns plötzlich vor zahlreichen wissenschaftlichen Studien wieder, die alle eins bestätigten: Die Textil- und Bekleidungsindustrie ist geradezu ein Pulverfass für die Natur. Dafür verantwortlich sind nicht nur reine Umweltaspekte wie die Verunreinigung von Flüssen mit Färbechemikalien oder der horrende Einsatz von Pestiziden im Baumwollanbau, sondern auch der erhebliche Anteil an CO_2-Emissionen sowie der Zusammenhang von Textilien, Mikroplastik und dem Ausstoß von Treibhausgasen im Meer. Diese Erkenntnis schockierte uns und trieb uns gleichzeitig an. Wir wussten, wir müssen Mode und Klima in einen Zusammenhang setzen und mehr Menschen davon wissen lassen. Im September standen wir deswegen mit vielen anderen Modeaktivist*innen in unserem ersten eigenen Demoblock beim globalen Klimastreik in Berlin auf der Straße. Unser Slogan »Fast Fashion killt das Klima« erreichte die Menschen und bewirkte, gefühlt zum ersten Mal, dass die Kritik an der Modeindustrie auch in Sachen Klima-krise Gehör fand. Ehrlich gesagt wunderten wir uns selbst, dass die Klimabewegung bis dato die Textilbranche komplett außen vor gelassen hatte. Und gleichzeitig wussten wir, dass zwischen Verkehrswende, Kohlestopp und Agrarpolitik nicht viel Platz für Mode ist. Aus einem ganz einfachen Grund: Es passiert nicht direkt vor unserer Haustür.

Bis Menschen anfangen, sich mit den Zuständen in der Textilindustrie auseinanderzusetzen, braucht es oftmals große Mühe. Kein Wunder, denn es gibt nur wenige Bilder davon, wie es in der Branche wirklich zugeht. Es gibt niemanden, der uns beim Mittagessen erzählen kann, wie es ist, eine Jeans zu bleichen. Und es kommt auch selten vor, dass in den Nach-richten davon gesprochen wird, wie viel CO_2 eine Fabrik in die Atmosphäre pustet, damit unsere neue Winterjacke hergestellt werden kann. Die meisten von uns haben noch nie eine Tex-tilfabrik mit eigenen Augen gesehen. Im Gegensatz zu Flug-zeugen, Autobahnen, Kohlekraftwerken und ausgedehnten Feldern konventioneller Landwirtschaft ist die Modebranche für uns kaum greifbar. Dabei verursacht die Produktion von Bekleidung und Schuhen aller Art mehr CO_2 als der Flug- und Schiffsverkehr zusammen und ist damit für ganze acht Prozent des weltweiten Aufkommens verantwortlich.

Wir wollen dich mit diesen Zahlen nicht beunruhigen, sondern lediglich in Relation setzen, was oft noch überse-hen wird. Wir wollen, dass diese Zahlen uns aufwecken. Klar gibt es viele Stellschrauben in Sachen Klimakrise, und jede einzelne ist wichtig, um das Schlimmste noch abwenden zu können. Doch gerade im Bereich der Modeindustrie sind es nicht allein die Zahlen, die beunruhigen, sondern zuerst die daran hängenden menschlichen Schicksale. Die Produktion unserer Kleidung findet vor allem in Ländern des globalen Sü-dens statt. Vornehmlich in Regionen, deren Bewohner*innen bereits jetzt massiv mit den Auswirkungen der Klimakrise zu kämpfen haben und aufgrund irreversibler Schäden flüchten müssen. Landwirtschaftliche Arbeit, die bislang viele Familien ernährt hat, ist in weiten Teilen nicht mehr ertragreich genug. Die Folge: Immer mehr Menschen wandern in Städte ab, um dort ein Auskommen zu finden. Die Textilindustrie empfängt sie, in den meisten Fällen, mit schlechten Arbeitsbedingungen, fehlenden Schutzmaßnahmen, ausbeuterischen Arbeitsverhältnissen und einem Lohn, der kaum oder überhaupt nicht zum Leben reicht. Zugleich tragen die großen Fabriken erheblich zur Klimakrise bei, deren Auswirkungen wiederum die Landbevölkerung treffen und die Not weiter vergrößern. Es ist ein Teufelskreis, der durch unsere Gier nach neuer Kleidung, aber vor allem durch kapitalistische, diskriminierende Strukturen genährt wird.

Was wir dir mitgeben wollen, ist nicht Frustration, sondern die Zuversicht, dass es Lösungen und Möglichkeiten gibt, um diese Missstände abzuwenden. Schon jetzt gibt es Vordenker*innen, die mit sehr kreativen oder innovativen Ansätzen zeigen, dass eine umweltverträgliche und gerechte Modebranche machbar ist. Was wir dafür aber auch brauchen, ist eine Politik, die kapitalistischen Machtinteressen Grenzen setzt und für Klimaschutz einen rechtlichen Rahmen liefert. Im November 2019 wurde die Petition #FairByLaw zusammen mit 150 000 Unterschriften an das Bundesministerium für Arbeit und Soziales übergeben. Ein Moment, der uns gezeigt hat, dass wir als Bürger*innen dieses Landes sehr wohl einiges erreichen können. Dass wir politisch mitwirken und uns für Veränderung in Bewegung setzen sollten. Sicherlich war auch diese Petition, neben vielen anderen wichtigen Aktionen, ein Grund dafür, dass Bundesentwicklungsminister Gerd Müller und Bundesarbeitsminister Hubertus Heil im Frühjahr 2020 ein Lieferkettengesetz ankündigten. Es mögen kleine und auch kräftezehrende langwierige Schritte sein, aber sie alle führen in Richtung Veränderung.

Wir sind überzeugt davon, dass Mode das Potenzial hat, Veränderung aktiv zu leben. Sei es in ihrer Ausgestaltung, durch innovative Technologien, durch das Schaffen von Arbeitsbedingungen, die nicht nur Profit bringen, sondern Menschen Perspektiven bieten, oder durch das plakative Aufzeigen von Möglichkeiten. Das Schöne ist: Jeder kann Teil dieser Veränderung werden – auch du. Du darfst dich für eine klimagerechte Modeindustrie einsetzen, auch wenn du nur zwei Hosen im Schrank hast. Du darfst dich für eine klimagerechte Modeindustrie einsetzen, auch wenn du heute noch Fast Fashion kaufst. Du darfst dich für eine klimagerechte Modeindustrie einsetzen, auch wenn dein Kleiderschrank aus allen Nähten platzt.

Liebe zukünftige Fashion Changers, wir laden euch ein, dabei zu sein und die Forderung nach einer klimagerechten Welt an diejenigen zu richten, die wirklich dazu beitragen können: Politik und Wirtschaft.

#letschangethatfashiongame

Alles Liebe
Jana, Nina und Vreni

Hinter den Fashion Changers stehen Jana Braumüller (*1988), Vreni Jäckle (*1993) und Nina Lorenzen (*1985). Mit ihrer Community-Plattform kämpfen sie für eine gerechtere und inklusive Modeindustrie und bestärken andere, ihre Stimme wirksam einzusetzen.
www.fashionchangers.de

Mojib Latif

Nach uns die Sintflut

»Wir sind jetzt mit der Tatsache konfrontiert, dass morgen
heute ist. Wir sind mit der heftigen Dringlichkeit des Heute
konfrontiert. In diesem sich entfaltenden Rätsel des Lebens
und der Geschichte gibt es so etwas wie, zu spät zu sein.«

Aus »Beyond Vietnam«, Martin Luther King jr., 1967

Der Baptistenpastor und Bürgerrechtler Martin Luther King
Jr. spricht mir mit diesen Worten seiner viel beachteten Rede
»Beyond Vietnam« aus der Seele. Man kann sie nicht nur auf
den Klimawandel, sondern auf viele der selbst verschuldeten
globalen Krisen anwenden, wenn nicht gar auf alle, denen sich
die Menschheit heute gegenübersieht. King hielt seine beeindruckende Rede vor über einem halben Jahrhundert, doch sie
ist aktueller denn je. Der frühere US-Präsident Barack Obama
griff sie 2015 anlässlich der Pariser Klimakonferenz auf und
betonte, dass man hinsichtlich des Klimawandels tatsächlich
schon fast zu spät komme.

Fünf Jahre nach Kings Rede, 1972, veröffentlichte der Club
of Rome den Bericht »Die Grenzen des Wachstums« und zeigte
anhand von Computersimulationen, dass die Menschheit nicht
unbegrenzt auf Kosten der Umwelt leben kann. Doch wir Menschen scheinen wenig daraus gelernt zu haben. Wir behandeln

unseren Planeten immer noch ohne jeden Respekt, als gäbe es nicht schon genügend Warnsignale, die uns unmissverständlich vor Augen führen, dass wir uns auf einem Kollisionskurs mit der Erde befinden. Der Verlust an Artenvielfalt, die Überfischung und Vergiftung der Weltmeere, die Zerstörung der Wälder oder der Klimawandel sind nur einige Beispiele. Die Menschheit ist dabei, ihre eigene Lebensgrundlage zu zerstören. Weiter abwarten ist keine Option. Das hat die Menschheit schon viel zu lang getan. Die Zeit, in der wir noch gegensteuern können, läuft ab. Damit der Planet sein lebensfreundliches Antlitz behält. Deswegen müssen jetzt einschneidende Maßnahmen ergriffen werden, die zu einer schnellen Trendumkehr führen.

Die Trends haben sich in den letzten Jahrzehnten sogar noch verschärft, die Plünderung des Planeten erfolgt immer schneller: nach uns die Sintflut. Diese Einstellung muss sich ändern. Viele Entscheidungsträger in Politik und Wirtschaft denken nur an das Hier und Jetzt, ebenso wie große Teile der Bevölkerung in den Industrieländern. Was unser Lebenswandel für andere Weltregionen oder zukünftige Generationen bedeutet, scheint keine Rolle zu spielen. Wir haben uns im falschen System eingerichtet, einem System, das den Planeten gegen die Wand fahren lässt. Unser Wirtschaftssystem setzt völlig falsche Anreize: Es zählt nur der schnelle Gewinn. Der Gewinn wird überwiegend auf Kosten anderer Menschen und der Umwelt erwirtschaftet. Und dies führt zu einer zunehmenden Destabilisierung der Welt und ist einer der Gründe dafür, warum die westlichen Demokratien am Rande des Zusammenbruchs stehen. Der Turbokapitalismus zeigt sein hässliches Gesicht. Wenn Menschen bei uns in Deutschland, einem der reichsten Länder der Welt, ihren Lebensunterhalt in prekären Arbeitsverhältnissen bestreiten müssen, dann stimmt etwas nicht mehr mit unserem Wirtschaftssystem. Wenn die Menschen nicht mehr wissen, wie sie ihre Miete bezahlen sollen, dann ist es an der Zeit, dass wir das gegenwärtige Wirtschaftssystem hinterfragen. Das ist kein radikales Denken, sondern nur das längst überfällige Ziehen der Konsequenzen aus den Fehlentwicklungen der letzten Jahre. Wir müssen das Soziale in der sozialen Marktwirtschaft wieder mehr betonen. Das wäre konservativ im besten Sinne.

In ihrer Verzweiflung suchen mehr und mehr Menschen ihr Heil bei den Populisten. Wir können es beklagen, dass Donald Trump 2016 zum amerikanischen Präsidenten gewählt geworden ist. Wir sollten uns aber fragen, wie verzweifelt die Menschen eigentlich sein müssen, damit sie jemanden wie ihn wählen. Gute Bildung ist von fundamentaler Wichtigkeit, wenn man den Populisten nicht auf den Leim gehen will. Es kommt nicht von ungefähr, dass sie in den USA nur einigen wenigen, den Reichen, vorbehalten ist. Gerade heute, in Zeiten von Fake News, ist Wissen der Schlüssel, um die Welt nicht an die Rücksichtslosesten zu verlieren. Leute wie Donald Trump oder der brasilianische Präsident Jair Bolsonaro haben keineswegs das Wohl der breiten Bevölkerungsschichten im Blick, sondern nur ihr eigenes und das der Superreichen. Letztere beteiligen sich ohnehin kaum noch an der Finanzierung des Gemeinwesens und werden zudem mit Steuergeschenken bedacht, obwohl jeder Ökonom inzwischen wissen müsste, dass dies nicht dem Wohl des Landes dient. Ganz im Gegenteil, der Staat muss sich verschulden und kann seinen originären Aufgaben nicht mehr nachkommen. Es fehlt das Geld für ein intaktes Gesundheitswesen, für die Pflege oder für die zeitgemäße Ausstattung von Schulen.

Den Populisten ist die Umwelt schnurzegal. Sie schaffen Umweltgesetze ab, scheren sich nicht um internationale Abkommen und fördern die Umweltzerstörung, wenn es ihnen gerade in den Kram passt, wie das Beispiel der zunehmenden Brandrodungen im brasilianischen Regenwald seit dem Amtsantritt Bolsonaros zeigt. Staatenlenker wie Trump oder Bolsonaro verursachen und verschärfen bereits vorhandene Probleme. Sie halten nichts von Multilateralismus, und Wissenschaft ist für diese Herren dummes Zeug. Zur Problemlösung sind sie unfähig, was die unfassbar hohe Zahl von Todesopfern in ihren Ländern infolge der Coronapandemie in tragischer Art und Weise dokumentiert. Dort, wo die Populisten regieren, müssen sich die Menschen von ihnen befreien. Die Populisten würden die Welt ins Unheil führen, ließe man sie gewähren. Das ist offensichtlicher denn je.

Die Menschheit muss den Weg in eine nachhaltige Entwicklung finden. Die reichen Länder haben voranzugehen und endlich entsprechend zu handeln, damit die Welt nicht im Chaos versinkt. Die schweigende Mehrheit in diesen Ländern darf nicht länger schweigen. Die Zivilgesellschaft muss die Veränderungen einfordern, am besten an der Wahlurne. Die Länder, die aufgrund ihres Wohlstands dazu überhaupt imstande sind, müssen die Welt wieder in Ordnung bringen. Das ist ihre moralische Pflicht, denn sie haben ihren Wohlstand auf Kosten der Natur erwirtschaftet. Dazu gehört das Herstellen einer globalen Gerechtigkeit. Denn die Industrieländer leben, zumindest zum Teil, auf Kosten der Entwicklungsländer. Fairer Handel wird oft nur gepredigt, aber nicht gelebt. Das Leitbild der nachhaltigen Entwicklung muss unser Handeln prägen. Der Nachhaltigkeitsbegriff umfasst die Sektoren Wirtschaft, Soziales und Umwelt. Nur wenn es eine Balance zwischen den drei Sektoren gibt, können wir unsere eigenen Bedürfnisse befriedigen, ohne die Bedürfnisse der nachfolgenden Generationen zu beeinträchtigen. Möglich wäre dies allemal.

Die Lösung des Klimaproblems ist eine Herkulesaufgabe. Zu lange hat die Menschheit den falschen Weg beschritten. In den letzten Jahrzehnten sind die weltweiten Treibhausgasemissionen förmlich explodiert, anstatt zu sinken. Es bleibt nicht mehr viel Zeit, um das Versprechen des Pariser Klimaabkommens einzulösen, die globale Erwärmung auf deutlich unter 2 Grad gegenüber der vorindustriellen Zeit zu begrenzen, beträgt sie doch schon etwas mehr als 1 Grad. Zuallererst bedarf es einer starken internationalen Zusammenarbeit, denn globale Krisen können nur von allen Ländern gemeinsam gelöst werden. Die von der Menschheit ausgestoßenen Treibhausgase, allen voran das Kohlendioxid, verweilen über viele Jahrzehnte in der Atmosphäre, weswegen sie sich über den Erdball verteilen und überall auf der Welt wirken, unabhängig vom Ort ihres Ausstoßes. National ist dem Klimaproblem nicht beizukommen, wenngleich es fundamental wichtig ist, dass es Vorreiter wie Deutschland gibt.

Weiterhin müssen wir die Weltwirtschaft umbauen. Falsche Anreize und klimaschädliche Subventionen gehören abgeschafft. Umweltzerstörung darf nicht belohnt werden. Eine weltweite CO_2-Bepreisung wäre ein wichtiger Schritt in diese Richtung, weil diese auch die Entwicklung von klimafreundlichen Technologien stimulieren würde. Dabei ist unbedingt darauf zu achten, dass durch die CO_2-Bepreisung keine soziale Schieflage entsteht und dass mit den Einnahmen zukunftsfähige Technologien gefördert werden, wie zum Beispiel der zügige Ausbau der erneuerbaren Energien. Das eingenommene Geld darf nicht dazu dienen, Haushaltslöcher zu stopfen oder nicht zukunftsfähige und umweltschädliche Technologien künstlich am Leben zu erhalten. Letzteres bremst Innovation. Aber gerade jetzt sind neue Ideen gefragt. Was die Welt braucht, ist eine Kreislaufwirtschaft. Wohlstand auf Kosten der natürlichen Ressourcen muss der Vergangenheit angehören. Die Wirtschaft braucht wieder Regeln für den internationalen Wettbewerb. Es muss Schluss sein mit der Abwärtsspirale bei den sozialen und Umweltstandards. Die Wirtschaft muss wieder den Menschen dienen, ohne dabei die Natur zu zerstören. All dies wäre keine Hexerei, man würde nur dem gesunden Menschenverstand folgen und bereits vorhandene Lösungen umsetzen und weiter verbessern.

Und schließlich muss es eine Wertedebatte geben. Wie wollen wir in Zukunft leben? Was bedeutet Glück? Was sind die wahren Werte? Eine intakte Umwelt gehört sicherlich dazu. Wie auch das friedliche Miteinander der Menschen. Slogans wie »America First« sind völlig fehl am Platz. Stattdessen sollte es heißen: »Planet Earth First.« Und das bedeutet unter anderem, allen Menschen auf dieser Welt Respekt entgegenzubringen und die Natur als einmaliges Geschenk zu betrachten.

Professor Dr. Mojib Latif (*1954) arbeitet als Meteorologe am GEOMAR Helmholtz-Zentrum für Ozeanforschung Kiel. Er ist einer der renommiertesten Klimaforscher Deutschlands und Präsident der Deutschen Gesellschaft Club of Rome. Sein Engagement und seine wissenschaftlichen Leistungen wurden vielfach ausgezeichnet.

Carola Rackete

Etwas mit eigenen Augen zu sehen kann einem ein Problem auf dramatische Weise ins Bewusstsein bringen. Genau das ist mir auf meiner ersten Fahrt zum Nordpol mit dem Forschungseisbrecher *Polarstern* im Jahr 2011 passiert. In den Sommermonaten fährt das Schiff normalerweise in die Arktis und in den Wintermonaten, dem südlichen Sommer, in die Antarktis, denn wenn das Eis friert, ist es auch für die *Polarstern* schwer zu brechen.

Am Tag, als wir den Nordpol erreichten, hatte ich meine übliche Wache von acht bis zwölf Uhr. Der Kapitän, der bereits die zwei vorangegangenen Fahrten zum Nordpol mitgemacht hatte, hielt sich im Hintergrund.

Dass das, worauf man zusteuert, der Nordpol ist, erkennt man nicht, wenn man aus dem Fenster der Brücke schaut – um einen herum gibt es ja meilenweit nichts als Packeis. Nur an den Koordinaten war abzulesen, wo das Schiff sich befand. Ich bemerkte allerdings sofort, dass das Eis am Nordpol nicht so aussah, wie ich es mir vorgestellt hatte.

Weit und breit gab es ausschließlich glattes, deutlich weniger als einen Meter dickes Eis, das durch die Lufteinschlüsse weiß erschien – es stammte ganz klar aus dem letzten Winter. Mehrjähriges Eis ist rauer; es ist bereits einige Jahre zuvor entstanden, in jedem Sommer ein bisschen angetaut, im Winter wieder gefroren. Durch die verschiedenen Schmelzzyklen ist weniger Luft eingeschlossen, das Eis ist bläulich. Die Schollen sind in Stürmen oder durch Meeresströmungen gebrochen und an den

Seiten übereinander getürmt worden. So entstehen Hügel, die »Presseisrücken« heißen und mehrere Meter dick sein können.

Die *Polarstern* hatte Meereisphysikerinnen und Ozeanografinnen an Bord, die schon seit 20, 30 Jahren in dieser Region forschten. Sie sagten, der Nordpol habe sich allein in ihrem eigenen Arbeitsleben durch die Erderwärmung rapide verändert; in den vergangenen Jahrzehnten habe es dort um diese Zeit immer mehrjähriges Eis gegeben.

Um überhaupt eine Scholle mit älterem Eis zu finden, auf der wir unsere wissenschaftliche Messstation aufbauen konnten, mussten wir eine halbe Stunde im Helikopter fliegen – und das in der zentralen Arktis. Es war einfach zu warm gewesen.

Das Erlebnis am Nordpol war mein erster Schockmoment, wenn man so will, aber es dauerte noch zwei Jahre, bis ich zu dem Schluss kam, dass das reine Sammeln naturwissenschaftlicher Daten nicht ausreicht, wenn daraus keine politische Veränderung folgt. Daher begann ich, in einem Naturpark in Russland zu arbeiten und dort ein Umweltbildungsprojekt umzusetzen. Ich wollte etwas verändern, meine Arbeit sollte Auswirkungen haben.

Langfristig gesehen werden sich wahrscheinlich immer mehr Menschen wie ich für den Erhalt der Ökosysteme einsetzen, einfach weil sie erkennen, dass ihr Überleben davon abhängt. Es ist also ein Prozess, der sich in den nächsten Dekaden von selbst ergibt, weil die Biosphäre immer weiter zerstört wird und sich die Lebensbedingungen für immer mehr Menschen verschlechtern. Doch schon jetzt kostet die Klimakrise viele Menschen im globalen Süden das Leben, sie raubt hauptsächlich jenen die Lebensgrundlage, die nicht über die finanziellen Mittel verfügen, sich vor Tropenstürmen, Überflutungen oder Waldbränden zu schützen.

Die Verantwortung dafür liegt im globalen Norden, wo 92 Prozent der CO_2-Emissionen seit der Industrialisierung entstanden sind. Bei den Regierenden und Wirtschaftsverantwortlichen ist der Zusammenhang von Flucht und Klimawandel noch nicht in seinem ganzen Ausmaß angekommen – oder schlimmer noch, er wird akzeptiert und einkalkuliert. Auch deshalb wird auf die steigenden Flüchtlingszahlen weltweit mit der Militarisierung von Grenzen reagiert, auch in Europa, wo das Budget für die Grenzschutzagentur Frontex stetig wächst, obwohl ihr immer wieder Menschenrechtsverletzungen und illegale Rückführungen nachgewiesen werden.

Doch dieses Vorgehen ist nicht nur inakzeptabel, weil es Menschenrechte bricht, sondern auch, weil es das ursächliche Problem nicht löst.

Es gibt genügend Forschungsdaten zur menschengemachten Klimakrise und ihren Auswirkungen. In den Polarregionen werden die dramatischen Klimaveränderungen schneller sichtbar als anderswo. Als ich 2011 zum ersten Mal dort war, errechneten die meisten Meereismodellierungen noch, dass die Arktis voraussichtlich um das Jahr 2050 im Sommer eisfrei sein würde. Inzwischen hat das britische Polarforschungsinstitut eine neue Studie herausgegeben, die zeigt, dass dies schon ab 2035 geschehen kann. Es gibt sogar eine geringe Wahrscheinlichkeit, dass es bereits in dieser Dekade – Ende der zwanziger Jahre dieses Jahrhunderts – so weit sein könnte. Wir wissen, dass sich durch den Albedo-Effekt die dunklen Flächen, also das Meerwasser, stärker aufheizen als das helle Eis und dass sich die Erwärmung dadurch weiter beschleunigt. Und wir wissen, wie sich das auswirkt: In der russischen Laptewsee, wo das Eis normalerweise entsteht und dann Richtung Pol driftet, friert das Wasser im Jahr 2020 so langsam zu wie noch nie zuvor, wie Wissenschaftlerinnen durch Satellitenbilder ermittelten, und die Region ist inzwischen zeitweise 20 Grad Celsius wärmer, als es für die Jahreszeit normal wäre.

Die letzten Dürrejahre haben die Klimaveränderungen auch für Menschen in Europa erfahrbar gemacht. So stößt etwa die Landwirtschaft auf immer größere Probleme, wenn das Grundwasser knapp wird und die Temperaturen steigen. Klar ist: Wir haben schon lange kein wissenschaftliches Erkenntnisproblem mehr, sondern ein politisches Umsetzungsproblem, das an den aktuellen Machtstrukturen festhängt.

Würde die Klimakrise so ernst genommen, wie es die Erkenntnisse der Klimaforschung erfordern, wäre es undenkbar, in der EU weiter industrielle Agrarwirtschaft zu subventionieren, die hauptverantwortlich für den Verlust von Biodiversität an Land ist. Ebenso undenkbar wäre es, in Deutschland intakten Mischwald für unsinnige Infrastrukturprojekte wie etwa weitere 850 Kilometer Autobahnausbau zu roden und dabei auch noch Trinkwasserschutzgebiete zu zerstören, wie es im Dannenröder Wald passiert.

Um überhaupt noch eine Chance zu haben, die Zerstörung unserer Ökosysteme aufzuhalten, muss sich die Zivilgesellschaft massiv für Veränderung einsetzen – denn ohne sie wird weiterhin viel zu wenig passieren. Umfragen zeigen: Viele Menschen hierzulande verstehen, dass die Klimakrise ein Problem ist und dass sich etwas verändern muss. Sie sind auch bereit, sich einzubringen. Aber viele empfinden sich als machtlos und sehen nicht, wie ihr Engagement zu einem grundlegenden gesellschaftlichen Wandel beitragen könnte.

Wir müssen mehr darüber sprechen, wie viel auch Einzelne bewirken können – wenn sie sich in Gruppen gemeinschaftlich organisieren. Selbst wenn sie von anderen als zu radikal gescholten werden.

Heute sind wir uns sicher einig, dass die Bürgerrechtsbewegung von Martin Luther King notwendig und erfolgreich war. Doch seinerzeit war es für die weiße Mittelschicht, aber auch für Kings gemäßigte Mitstreiter anstößig, dass er zu zivilem Ungehorsam aufrief, um sich gegen die Ungerechtigkeit aufzulehnen. Während seiner Haft im Gefängnis von Birmingham schrieb er in einem offenen Antwortbrief an seine Kritikerinnen, dass es nicht rechtens sei, ungerechten Gesetzen zu folgen. Und kam

zu der Erkenntnis, dass das größte Problem der Bürgerrechtsbewegung nicht ihre offenen Gegnerinnen sind – wie der Ku-
Klux-Klan –, sondern diejenigen, die behaupten, das Anliegen
der Gleichberechtigung zu verstehen, sich aber nicht aktiv und
konsequent dafür einsetzen wollen: die gemäßigten Stimmen,
die sich mehr für Ordnung interessieren als für Gerechtigkeit.

Gemünzt auf die Umweltbewegung bedeutet das: Teil der
UN-Prozesse zu werden, eine Stimme zu bekommen, bei Verhandlungen dabei zu sein, ins Kanzlerinnenamt eingeladen zu
werden und eine Pressekonferenz halten zu dürfen – all diese
reformistischen Ansätze führen nicht zum Ergebnis, auch wenn
sie erst mal gut aussehen. Freundlich um eine Veränderung zu
bitten hat auch andere Bewegungen nie zum Ziel gebracht,
denn Macht wird niemals freiwillig abgegeben. Stattdessen
wird die Bewegung »totumarmt«, indem es heißt: »Wir verstehen dein Anliegen, es ist uns sehr wichtig, und wir kümmern
uns auch bald drum, fest versprochen.« Oder: »Du hast ja recht,
aber deine Art von Protest ist falsch – die Schule darf man
nicht schwänzen, eine Straße nicht blockieren, so ›alarmistisch‹
nicht reden.«

Eine solche Begegnung bewegt in aller Regel nichts.

Aktionen des massenhaften Protests und zivilen Ungehorsams hingegen können Veränderungen bewirken, die vorher
vollkommen unmöglich schienen. Das sieht man etwa an den
massiven Protesten 2019 in Chile gegen den Neoliberalismus.
Es begann mit Studentinnen, die gegen erhöhte Metropreise
protestierten, und führte letztlich zur Ausarbeitung einer neuen
Verfassung durch ein paritätisch aus Bürgerinnen zusammengesetztes Gremium.

Wir müssen uns darüber klar sein, dass »Klima« und »Natur«
nicht ausschließlich Themen sind, die von progressiven Grup-
pierungen vertreten werden. Auch das konservative und rechte
Spektrum hat Ideen und Programme dazu – Klimaaktion an
sich wird also nicht zwangsläufig etwas mit Menschenrechten

und sozialer Gerechtigkeit zu tun haben. Veränderungen sollten jedoch unbedingt soziale Gerechtigkeit herstellen, auch indem bestehende ungerechte Privilegien abgebaut werden – sozial, divers und gerecht ist der Wandel nur, wenn er in dem Gremium, das ihn ausarbeitet, auch gelebt wird.

Unser Fokus muss immer auf der Verbindung zu Demokratie, Gerechtigkeit, Menschenrechten, Antirassismus, Antifaschismus und Bürgerinnenbeteiligung liegen. Darum ist es so wichtig, dass sich antirassistische und umweltpolitische Bewegungen in vielen Orten immer stärker vernetzen.

Vor allem aber dürfen wir uns nicht von grünen Wachstumsmärchen einlullen lassen. Der Weltbiodiversitätsrat (IPBES) stellte unmissverständlich fest, dass das wachstumsbasierte Wirtschaftssystem und der immer weiter ansteigende Konsum von Ressourcen ursächliche Treiber für das sechste Massenaussterben und auch für die Klimakrise sind. Die Vorstellung, der Kapitalismus könnte einfach ergrünen, ist eins der Kernprobleme unserer gesellschaftlichen Debatte über die Lösungen der Klimakrise. Schon jetzt ist der Material-Fußabdruck – also der Verbrauch an Rohmaterial wie fossilen Brennstoffen, Mineralien, Metallen und Biomasse – in den Ländern mit hohem Einkommen etwa dreizehn Mal so hoch wie in Ländern mit geringem Einkommen, und er wächst mit steigendem Bruttoinlandsprodukt. Der Umweltrat der Vereinten Nationen (UNEP) hat kürzlich ausgerechnet, dass sich der weltweite Materialkonsum bis 2050 in einem auf Wachstum ausgerichteten System selbst dann verdoppelt, wenn eine Tonne CO_2 rund 500 Dollar kosten würde und mit extremen technischen Verbesserungen Ressourcen in den Produktionsprozessen eingespart werden könnten.

Es ist wichtig, dass wir uns diesen Fakten nicht aus ideologischen Gründen verschließen: Es gibt keinerlei Evidenz für die Abkopplung von Wirtschaftswachstum und Ressourcennutzung. Selbst unter den denkbar besten Bedingungen hat

Wirtschaftswachstum fatale Folgen. Fortwährendes Wachstum ist auf einem endlichen Planeten schlicht nicht möglich. In den letzten Dekaden konnten nicht einmal alle gleichermaßen davon profitieren: weder in Deutschland noch international.

Eine Reform unseres wachstumsbasierten Systems, also ein Wechsel zum grünen Wachstum, ist sinnlos. Wir haben nur dann eine Chance, wenn die Wirtschaft nicht weiterwächst und wenn wir das, was wir haben, in sozialökonomisch gerechter Weise umverteilen. Erfolg und das Wohlbefinden einer Gesellschaft dürfen sich nicht mehr am Bruttoinlandsprodukt bemessen, sondern daran, wie es den einzelnen Menschen in der Gesellschaft wirklich geht – also an Indikatoren wie Gesundheit, Bildung, sozialer Gleichheit, Sicherheit oder dem Zustand der Ökosysteme.

Wir Menschen müssen uns selbst anders begreifen lernen. Ähnlich wie bei Descartes Körper und Geist getrennt sind, sieht die industrialisierte Gesellschaft Natur und Mensch als getrennt an – diesen Gedanken etablierte vor allem die Bibel. Aus diesem Grund glauben viele Menschen, wir wären die Krone der Schöpfung und als solche dazu berechtigt, die Natur, alles nichtmenschliche Leben, für uns zu nutzen.

Dabei sind wir weder getrennt vom Rest der Natur noch stehen wir darüber – wir sind ein Teil des *web of life*, des Lebensnetzes. Manche Kulturen sehen eine Verwandtschaft zwischen allen lebenden Arten auf diesem Planeten und erkennen eine besondere Verantwortung des Menschen für die restlichen Arten. Es gibt mithin genügend Beweise dafür, dass alles mit allem verknüpft ist, und weil Ökologinnen die komplexen Zusammenhänge noch lange nicht verstanden haben, sollten wir das Gleichgewicht des Systems so wenig wie möglich stören. Denn wird die Zerstörung zu groß, können wir nicht existieren – wenn wir das bedenken, ergibt es keinen Sinn, kurzfristigen wirtschaftlichen Gewinn über den Erhalt unserer Lebensgrundlagen zu stellen.

Schon jetzt sterben Menschen an den Folgen der Klimakrise und der ökologischen Zerstörung. Höchste Zeit, etwas zu tun. Jedes Treibhausgaspartikel bringt uns den Kipppunkten unseres Klimasystems näher, die kaskadenartige Effekte auslösen können und uns unumkehrbar in eine Heißzeit befördern.

Unvernünftig, fahrlässig und unmenschlich wäre es, eine wärmere Welt zu riskieren, indem wir weitermachen wie bisher. Uns auf Geoengineering zu verlassen, das es noch nicht gibt. Oder darauf zu hoffen, dass wir auf einen anderen Planeten auswandern können. Kurz, auf eine technologische Lösung zu warten, statt gesellschaftliche Veränderungen umzusetzen und die bestehenden Machtstrukturen umzustürzen.

Eine Welt, die bis zum Ende dieses Jahrhunderts 3 bis 5 Grad wärmer ist, gefährdet das Leben zukünftiger Generationen. Und der Weg dorthin gefährdet Menschen im globalen Süden schon heute. Deswegen sind Protest und ziviler Ungehorsam notwendig und vernünftig.

Carola Rackete (*1988) studierte Nautik in Elsfleth und Naturschutzmanagement im englischen Ormskirk. Sie wurde weltweit bekannt, als sie 2019 mit der *Sea-Watch 3* den Hafen von Lampedusa ansteuerte, um 40 Geflüchtete an Land zu bringen. Sie setzt sich für Klimagerechtigkeit ein und unterstützt unter anderem die Besetzung im Dannenröder Wald gegen den Bau der A 49.

Michael Succow

Es geht um mehr als nur Naturschutz –
es geht um uns!

Im Laufe eines langen und erfüllten Lebens, eingebunden in zwei Gesellschaftssysteme, hatte ich die Möglichkeit, die großen Ökosysteme der Erde kennenzulernen, sie zu erforschen und die Auswirkungen der Interaktion von Mensch und Natur auch über teils längere Zeiträume zu erfassen. Daraus resultieren meine wachsenden Sorgen um die Zukunftsfähigkeit der menschlichen Zivilisation.

Innerhalb der letzten Jahrzehnte verdoppelte sich die Menschheit, der Energie- und der Süßwasserverbrauch stiegen auf das Vierfache. Immer mehr von vielfältigem Leben durchwobene Ökosysteme verloren ihre Funktionstüchtigkeit. Unsere Erde altert vorzeitig, sie altert durch uns Menschen in rasantem Tempo. Die Haut dieser Erde, die Boden- und Vegetationsdecke, schrumpft, die Wunden werden immer größer, vermögen immer weniger zu heilen. Tag für Tag verliert diese unsere Erde ein Stück ihrer Schönheit, ein Stück ihrer Vielfalt. Zugleich verliert sie Tag für Tag ein Stück ihrer Tragfähigkeit für uns Menschen. Es stellt sich die Frage: Wie weit darf der Mensch sich von der Natur entfernen? Bleibt der Natur noch genug Raum, um die notwendigen Rahmenbedingungen – wir sprechen heute von Ökosystemdienstleistungen – für eine weiter wachsende Menschheit zu gewährleisten?

Und so möchte ich meinen Brief an die Erde den Wäldern

und Mooren, den Steppen und Savannen, den Flüssen und Seen, den Gebirgen und Meeren widmen – und all den Menschen, die sich für den Erhalt dieser Lebensräume mit Herz und Verstand einsetzen. Denn die Sicherung des Naturhaushaltes der Erde dürfte eine der bedeutendsten Sozialleistungen für den Fortbestand der menschlichen Zivilisation sein. Für mich ist die Natur das Maß aller Dinge. Ich will sie nicht überlisten, will nicht schlauer sein, sie nicht korrigieren, will aber von ihr lernen, möchte sie verstehen, weiter über sie staunen, mich an ihr freuen, sie verehren und bewahren.

Wo stehen wir heute? Die Menschheit als Teil der Natur muss deren Spielregeln einhalten. Unsere Spielräume werden dabei immer enger. Wir haben nicht mehr viel Zeit, von der Natur zu lernen, wie sie es schafft, zu wachsen und dabei immer vollkommener, immer reichhaltiger zu werden. Unser Planet ist etwas Einmaliges: in seiner Lebensfülle, in seinem von der Evolution getriebenen Vermögen, immer komplexere Ökosysteme mit immer größerer biologischer Vielfalt hervorzubringen, auch die scheinbar lebensfeindlichsten Räume zu besiedeln und mit diesen Lebensprozessen immer fruchtbarer und produktiver zu werden. Vor nicht mehr als 2,7 Millionen Jahren ist nun der Mensch als höchstentwickeltes Wesen aus diesem Leben hervorgegangen: Als Homo habilis – als der Befähigte! Er hat sich herausgehoben. Er zeichnet sich durch Vernunft aus. Diese Vernunft führte aber immer weniger zum vernünftigen Umgang mit dem so wunderbar ökologisch gebauten Haus Erde.

Am Beginn der menschlichen Entwicklung gab es eine reich ausgestattete Natur und darin eingebettet einen »armen« Menschen. Er machte sich die Natur untertan, wurde dabei in Teilen materiell sehr reich und hat dieses Werk – so scheint es – nahezu vollbracht. Die Natur wurde dabei »arm«. Doch es ist fraglich, ob das funktioniert: arme Natur – reicher Mensch? Stehen wir nicht eher vor einem Paradigmenwechsel, der da heißt: arme Natur – armer Mensch? Sollte der bekannte Bibelspruch nicht besser heißen: Macht euch *der* Erde untertan! Die gesamte Kulturgeschichte der Menschheit liefert unzählige Beweise für dieses Versagen, für die sich ständig wiederholende Selbstzerstörung der Hochkulturen. Kurz vor seinem Tod im Jahr 2000 sagte der Künstler Friedensreich Hundertwasser: »Alle großen Zivilisationen vor uns waren zu Ende, als ihr Humus zu Ende war. Wir werden folgen, wenn wir diese dünne Schicht der Fruchtbarkeit des Lebens nicht erhalten, sondern zerstören.«

Allmählich begreifen wir, dass wir inzwischen nicht mehr in einer Welt leben, in der Naturkatastrophen noch wirklich *Natur*katastrophen sind, sie sind vielmehr fast immer menschengemacht. Der über Jahrmillionen entsorgte, begrabene und damit aus dem Naturkreislauf gebrachte Kohlenstoffüberschuss wurde fossiliert und zu Braunkohle, Steinkohle, Erdgas, Erdöl abgelagert. In den letzten 300 Jahren wurden diese Kohlenstoffvorräte mit wachsender Intensität »ausgegraben« und als fossile Energieträger zum Motor des wirtschaftlichen Wachstums. Der zunehmend gestörte Kohlenstoffhaushalt der Erde wird nun zur Schicksalsfrage. Der die Welt immer stärker prägende ungezügelte Kapitalismus mit seinem globalisierten Finanzkapital ist dabei, die Zukunft der menschlichen Zivilisation zu zerstören, weil sein ungebremstes Wirtschaftswachstum die Basis der menschlichen Gesellschaft, das Naturkapital, kurzfristig aufzehrt. Wie viel Leben wird dieser »Scheinökonomie« noch zu opfern sein?

Der Kipppunkt ist, so meine ich, schon erreicht, es ist nicht mehr fünf vor, sondern fünf nach zwölf. Weltweit sind wichtige Ökosysteme großräumig gestört, geschädigt oder gar – in menschlichen Zeiträumen gemessen – irreversibel zerstört, nicht mehr reparierbar. Wie viele einst fruchtbare Oasenkulturen sind heute lebensfeindliche Salzwüsten, wie viele einst Regen spendende und kühlende Urwälder sind heute tropische

Wüsten, wie viele einst Torf speichernde Moore sind heute entwässert und zu »CO_2-Bomben« geworden, wie viele lebendige Steppen sind vernutzt, wie viele Schwarzerden zu Halbwüsten geworden, wie viele der Mangroven und Korallenstöcke zerstört? Die äußeren Rahmenbedingungen für unsere Zivilisation ändern sich damit rasant, einschneidende Verwerfungen sind unausweichlich. Die für den Fortbestand unserer Zivilisation so notwendige Stabilität des Naturhaushaltes ist unübersehbar gestört. Willkommen im »Anthropozän«!

Was also sind meine Einsichten? In der DDR mit ihrer Ideologie, die besagte, dass der Mensch im Mittelpunkt stehe und die Natur ihm zu dienen habe, war ich Naturschützer, fühlte mich als Anwalt der immer stärker bedrängten Natur meiner Heimat. In einem neuen Gesellschaftssystem angekommen, erlebe ich eine noch intensivere, viel »effizientere« Naturnutzung, das heißt Naturzerstörung. Fragen der Enkeltauglichkeit unserer »Hochzivilisation« drängen sich auf, rücken immer mehr in den Mittelpunkt meiner Überlegungen, meines Wirkens. Inzwischen bewegt der Umgang mit unserer Lebensgrundlage, der Natur, der Schöpfung immer mehr Menschen. Das Thema ist »auf den Marktplätzen« angekommen.

Wir dürfen nicht resignieren, uns nicht zurückziehen, nicht frustriert sein, können stattdessen die Gewissheit spüren, in einer Welt voller Wunden nicht mehr allein zu sein, und das ist heute schon viel. Vernetzt euch, verweigert euch in einer Zeit mit teils unverantwortbarem materiellem Wohlstand und daraus resultierender Verschwendung. In unserer »Animations- und Verführungsgesellschaft« sind wir aufgerufen, der immer stärker werdenden Gier nach Geld und Macht sowie der Polarisierung der Gesellschaft entgegenzuwirken. In unserer Wohlstandsgesellschaft gibt es eine wachsende Zahl an Menschen, die nicht mehr gebraucht werden bzw. lediglich als Konsumenten dienen. Gleichzeitig führt die Verarmung großer Bevölkerungsteile in vielen Ländern des globalen Südens zu großräumiger Zerstörung wichtiger Ökosysteme. Das alles wird noch verstärkt durch die Folgen des rasanten Klimawandels und die damit zwangsläufig verbundenen Völkerwanderungen.

Zukunftsfragen sind Fragen der Weltgerechtigkeit, sind Fragen des Gemeinwohls. Wir dürfen sie nicht Einzelinteressen überlassen. In einer Welt menschengemachter dramatischer Veränderungen haben wir keine Zeit mehr, allein auf wissenschaftlich-technischen Fortschritt zu hoffen und zu vertrauen. Wir müssen handeln, denn wir sind Teil des Problems, jetzt und sofort!

Wie konnte es zu diesem Fehlverhalten unserer modernen Zivilisation kommen? Die in Teilen falsch verstandene Lehre Darwins, das bloße Reduzieren auf den Kampf ums Dasein als Triebfeder der Entwicklung, nährt den besinnungslosen Wettbewerb eines inzwischen global wirkenden Finanzkapitals. Mit fatalen Folgen für die Umwelt und damit zwangsläufig für unsere Zivilisation. Ein wesentliches Prinzip der Natur, der Evolution (oder, für christlich geprägte Menschen, der Schöpfung) ist aber nicht die Logik der Verdrängung, des »Wachsens oder Weichens«, sondern das Prinzip des Verknüpftseins, des Zusammenspiels der einzelnen Teile für das Wohl des Ganzen, des Organismus. So funktioniert unser Körper als Ökosystem, so funktionieren die Ökosysteme unseres Planeten, ein noch naturnaher Wald, ein noch wachsendes Moor, ein noch nicht überernährter See, ein nach ökologischen Gesichtspunkten bestellter Acker. Wir sollten von der Natur lernen, wie sie sich immer weiter zu vervollkommnen vermag, anstatt sich zu maximieren und dabei zu scheitern. Das ist organismisches Denken und Handeln, ein Dienen für das Ganze, die Gemeinschaft, das Gemeinwohl.

Das Dilemma unserer Zeit lässt sich in wenigen Sätzen zusammenfassen:

Lassen wir die Natur unverändert, können wir nicht existieren; zerstören wir sie, gehen wir zugrunde. Der schmale, sich verengende Grat zwischen Verändern und Zerstören kann nur einer Gesellschaft gelingen, die sich mit ihrem Wirtschaften in den Naturhaushalt einfügt und die sich in ihrer Ethik als Teil der Natur empfindet. Üben wir uns also im Erhalten, üben wir uns im Haushalten, üben wir uns im Werthalten; gewähren wir der Natur Raum, geben wir ihr Zeit – um ihrer und unserer eigenen Zukunft willen!

In Deutschland leben wir in einer vergleichsweise jungen Landschaft. Noch vor 15 000 Jahren waren der nördliche Alpenrand und der Nordosten Deutschlands von einem Eisschild von bis zu 200 Meter Stärke bedeckt. Mit dem Schmelzen wurde der Untergrund freigegeben. In Eigendynamik der Natur, mit der zurückkehrenden Vegetationsdecke, entstand fruchtbarer Boden, auf dem sich eine unfassbare Lebensfülle entfaltete, und damit wurde unsere Zivilisation möglich. Mit dem Beginn von Ackerbau und Viehzucht in der Jungsteinzeit entstand in einem über sechs Jahrtausende währenden Prozess – der Koevolution der die Landschaft nutzenden Menschen und der dem Menschen »anvertrauten« Natur – eine immer größer werdende Biodiversität: Unsere Kulturlandschaft mit ihren Haustieren, ihren Äckern, Gärten, Wiesen und Weiden, all das hatte etwas mit Kultur zu tun. Es war ein achtsamer Umgang mit dem Lebendigen, mit Leben. Heute überzieht die Agrarindustrie diese traditionelle, historisch gewachsene Kulturlandschaft mit einer auf Maximierung des Gewinns ausgerichteten Tier- und Pflanzenproduktion. Landschaft ist aber keine Fabrikhalle, die man nach Gebrauch abreißen kann. Landschaft ist nicht vermehrbar. Intakte, gesunde Landschaft ist ein immer knapper werdendes Gut, unser höchstes.

Beim heutigen Zustand der Erde, in der gerade angebrochenen Epoche des Anthropozäns, geht es nicht allein um die Natur, es geht um uns, es geht um unseren Fortbestand. Schaffen wir es, Teil des so wunderbar ökologisch gebauten Hauses Erde zu werden, ihre Lebensfülle zu erhalten, von ihrer Selbstoptimierung zu lernen – oder sind wir ein »interglazialer Irrtum«, nur eine Episode im Weltgeschehen? Denn das Projekt Natur wird weitergehen, hat bisher fünf große Katastrophen, die globalen Aussterbeereignisse, überstanden.

Drängender denn je geht es um die Zukunftsfähigkeit unserer Gesellschaft, unserer »Hochzivilisation«. Wesentlich ist dabei, die Menschen mit sinnvoller Arbeit in Würde einzubinden. Das heißt für mich, den Arbeitsplatz Landschaft zu erhalten, ihn nicht zu verspielen. Die sich aktuell ausbreitende Agrarindustrie mit ihrem enormen Energieeinsatz, einer flächenhaften Vergiftung des Bodenlebens, der Nährstofflast in den Gewässern und einem beispiellosen Abbau an Arbeitsplätzen zerstört den ländlichen Raum, führt zu seiner sozialen und ökologischen Verödung. Die jüngsten Wahlergebnisse sind dafür ein Spiegelbild. Der Verlust an Heimat, der Funktionstüchtigkeit des Naturhaushaltes, der Lebensfülle lässt am sogenannten Fortschritt zweifeln. Deshalb die Suche nach Auswegen, nach Alternativen. Für mich ist die »Agrarwende« daher eine der wichtigsten Umwelt- und Sozialleistungen für unser Land, für Europa, für die Welt!

Wir Menschen haben zu lange gegen die Natur gekämpft, benutzten sie gleich einem Steinbruch, haben uns über sie erhoben, wollten sie beherrschen. Nun, da die Schäden unüberschaubar und die Verluste unwiederbringlich sind, ergreift uns Unbehagen, auch Mitleid, vor allem aber Sorge. Sorge um unsere eigene Zukunft. Und Zweifel. Wer ist wirklich der Stärkere, der Sieger? Wohin steuert das Projekt Mensch? Ein Projekt mit ungewissem Ausgang? Wie weit darf der Mensch sich von der Natur entfernen, ihre Tragekapazität überschreiten? In diesem neuen Jahrtausend der Menschheitsgeschichte müssen wir unabdingbar begreifen: Wir dürfen uns nicht länger als Herrscher aufspielen, als Ausbeuter und Zerstörer handeln. Wir müssen mit der Natur Frieden schließen. Wir müssen mit ihr in Eintracht leben, dürfen ihre Ressourcen nicht verschwenden.

Zu oft, zu großflächig, zu gründlich haben wir weltweit ursprüngliche, unverbrauchte, gesunde, lebenserfüllte Natur zu erschöpften Landschaften gemacht. Das zwingt uns, dem Erhalt der Ökosysteme, die auch in Zukunft unsere Lebensgrundlage bilden, höchste Priorität einzuräumen und größere Teile der Natur unangetastet zu lassen, sie nicht unserem Herrschaftswillen zu unterwerfen, ihre ökologischen Leistungen ohne uns, für uns zu erhalten. Wenn wir nicht lernen, zur Naturliebe zurückzukehren und achtsam mit ihr zu sein, dann wird sich die Natur selbst korrigieren. Sie kennt keine Strafen und Belohnungen, sie kennt nur Konsequenzen. Das Projekt Natur wird weitergehen, ob nun mit dem »vernunftbegabten Wesen« Mensch oder ohne ihn, das haben wir noch selbst in der Hand. Das bedeutet: Alles Unökologische muss konsequent verteuert, alles Ökologische konsequent verbilligt werden. Wir brauchen endlich eine ökologische und soziale Marktwirtschaft. Dieser Begriff, dieses notwendige Zusammenspiel war vor 30 Jahren, zur Zeit der Wende, politischer Standard!

In meinem ökologisch geführten »Mulchgarten« in Wackerow am Rande Greifswalds finde ich wieder zurück zum Begreifen des Wunders Natur. Hier wird kein Kampf gegen die Natur geführt, hier werden keine systemfremden Stoffe, keine Mineraldünger, keine Pestizide eingesetzt, der Boden bleibt immer mit organischem Material bedeckt, wie es uns die Natur vorlebt. Nützlichkeit, Vielfalt und Schönheit bilden eine Einheit. In einem Kubikmeter Boden finden sich bis zu 800 Regenwürmer! Naturwissen, Naturberührung, Naturerfahrung, Naturerleben schenken mir Freude und reiche Ernte. Kann es etwas Schöneres, Wichtigeres geben?

Mein Wunsch, meine Hoffnung, mein Wirken in der Gesellschaft, in meiner Stiftung dienen dem Ziel, der Biosphäre *mit* den Menschen eine Zukunft zu geben. So lautet dann auch das Motto meiner Stiftung: Erhalten, Haushalten, Werthalten. Es gilt jetzt, sofort vieles neu zu denken, aufzuklären, zu handeln.

Das von der Weltgemeinschaft 2015 beschlossene Pariser Abkommen muss ohne Wenn und Aber umgesetzt werden. Uns bleibt nicht mehr viel Zeit, um die nahende Klimakatastrophe, das Auslöschen ganzer Ökosysteme mit ihrer unermesslichen Biodiversität, ihren ökologischen Leistungen, abzuwenden.

Üben wir uns in Mäßigung, Bescheidenheit, Demut (ein selten gewordenes Wort). Versuchen wir, eine Gesellschaft fortzuführen, die zurechtkommt, ohne ständig materiell weiterwachsen zu müssen, und dabei friedlicher und zufriedener wird. Was darf, sollte wachsen, ohne die Zukunft zu gefährden: ganz sicher immaterielle Güter, Kultur, Kunst, Gesundheit, menschliches Begegnen, menschlicher Zusammenhalt und Weisheit, denn das ist mehr als Wissen. Unsere Gesellschaft steckt zunehmend in einer Wertediskussion. Immer mehr Menschen bewegt die Frage: Darf ein Wirtschaftssystem unbegrenzt weiterwachsen?

Welthandel, Mobilität, Landwirtschaft und Forstwirtschaft zwingen uns zu Schlachten von vorgestern, streben nach weiterer Intensivierung, Maximierung. Das ist zwangsläufig mit immer größerem Naturressourcenverbrauch und Energieeinsatz und immer weniger Arbeitsplätzen verbunden, bei einer immer weitreichenderen Zerstörung unserer Lebensgrundlage, der Biosphäre. Demokratien stoßen zunehmend an ihre Grenzen – werden selbstverschuldet Diktaturen folgen?

Was gibt mir Kraft, Hoffnung? Die Bewegung Fridays for Future zum Beispiel. Junge Menschen stehen plötzlich auf und fordern: Wir dürfen so nicht weitermachen. Ihren Slogan »Wir sind da, wir sind laut, weil ihr uns die Zukunft klaut« hörte ich beim großen Sommerkongress in Dortmund 2019 von Tausenden von Teilnehmern, das hat sich mir tief eingeprägt. Hoffnung gibt mir auch das Erleben der Regenerationskraft der Natur, zumindest in humidem Klima, wenn wir ihr denn Zeit und Raum geben. So erlebe ich es aktuell bei der Renaturierung von Mooren. Immer wichtiger sind mir auch

Projekte zum Erhalt der Lebensräume letzter noch traditionell lebender Völker mit ihrer angestammten Wirtschaftsweise, die Nomadenkulturen in den Steppen und Savannen, die jährliche Wanderung der Viehherden in Gebirgsräumen, die Oasenkulturen in den Trockengebieten der Erde, die Fischerei in den Mangrovenküsten, die alten Reisfeld-Terrassenkultur in Südostasien, die Ackerbaukulturen in Hochgebirgen … All diese Kulturen mussten weit mehr mit ihrer Lebensgrundlage, der Natur, haushalten als wir in den »Gunstgebieten«. Sie existierten über lange Zeiträume, zum Teil bis heute – und so könnte es bleiben, wenn sogenannte »Hochkulturen«, »Überlegene« sie nicht zerstören. Bei diesen Gemeinschaften erlebte ich tiefe Spiritualität, Naturverehrung, Naturverbundenheit, Liebe zu den Mitgeschöpfen, Achtung des Bodens. Hier begriff ich: Ohne Liebe geht eigentlich nichts. Wenn wir diese letzten alten Kulturen, die über Jahrtausende nachhaltig waren, jetzt auch noch zerstören, wo haben wir dann noch Vorbilder? Gesellschaften, die das alles vergessen haben, erscheinen mir immer weniger zukunftsfähig.

Professor Dr. Michael Succow (*1941) ist Moorökologe und Bodenkundler. Er gründete die Michael Succow Stiftung zum Schutz der Natur, initiierte zahlreiche Naturschutzprojekte weltweit und bekam neben vielen weiteren Preisen den Right Livelihood Award. www.succow-stiftung.de

Rebecca Harms

Im Herbst 2020 wurde eine richtige und überfällige Entscheidung getroffen. Der Salzstock Gorleben schied aus der neu beginnenden Suche nach einem geeigneten unterirdischen Lager für hochradioaktive Abfälle in Deutschland aus. Damit wurde ein Punkt gesetzt hinter eine Auseinandersetzung, in der Staat und Bürger in meiner Heimat über fünf Jahrzehnte hinweg immer wieder aufeinanderprallten. Der Gorlebenkonflikt hat die Atom- und Energiepolitik der Bundesrepublik verändert. Er hat Deutschland aber auch gesellschaftlich und politisch verändert. Von jungen Aktivist*innen der Klimabewegung höre ich oft, dass nicht alle Veränderungen so lange dauern dürften wie der Atomausstieg oder die Entscheidung, die Endlagersuche neu zu beginnen. Doch ich denke, dass es neben der Leidenschaft auch Geduld brauchen wird, um die Ziele des Pariser Abkommens zu erreichen.

Mitte der siebziger Jahre begann in Deutschland der Protest gegen die Atomenergie. In meiner Heimat im Nordosten Niedersachsens gründeten wir die Bürgerinitiative gegen das nukleare Entsorgungszentrum in Gorleben, zu dem nach den damaligen Plänen der Atomindustrie alle Anlagen zur Behandlung, Verpackung, Wiederaufarbeitung, Zwischen- und Endlagerung von Atommüll gehören sollten. Es war der größte Komplex von Atomanlagen, der je in der Bundesrepublik geplant wurde. Der Protest dagegen wurde von einer politisch und gesellschaftlich sehr vielfältigen Gruppe getragen. Zu den Bürgern, Bauern und Edelleuten gesellten sich die Freaks und die stadtflüchtigen Intellektuellen und Künstler. So selbstverständlich es heute für die allermeisten scheint, dass Deutschland aus der Atomenergie aussteigt, so unvorstellbar war das für die Mehrheit der Deutschen in den siebziger Jahren. Das galt auch für das Wendland. Als wir anfingen, uns gegen die atomaren Pläne zur Wehr zu setzen, waren wir eine Minderheit. Wir galten der Mehrheit als fortschrittsfeindlich und antikapitalistisch. »Geht doch rüber!«, wurde uns mit einem Wink Richtung DDR-Grenze zugerufen, wenn wir unsere Flugblätter verteilten. Innenminister und Staatsschutz sahen unsere Bürgerinitiative als verlängerten Arm Moskaus. Unsere gewaltfreien Aktionen wurden kriminalisiert, und uns wurde Nähe zu terroristischen Netzwerken unterstellt. Es dauerte eine Weile, bis alle verstanden hatten, dass die Bauern, die mit ihren Traktoren das Bild der Demonstrationen im Wendland prägten, weder mit Sozialismus noch mit Terrorismus etwas am Hut hatten.

Wir stellten unser Motto »Gorleben soll leben« mitsamt grünem Baum bewusst neben das »Atomkraft? Nein danke« und die Sonne, die als Symbol der Antiatombewegung aus Dänemark importiert worden war. »Small is beautiful« und »Wir haben die Erde nur von unseren Kindern gepachtet«, das waren die inspirierenden Slogans der Umweltbewegung aus den Vereinigten Staaten. Dem Nein zur Atomkraft und zum Endlager Gorleben fügten wir eigene Ideen für die Entwicklung unserer Region hinzu. Wir waren davon überzeugt, dass wir positive Ziele bräuchten, um in unserer Heimat, dem Wendland, die Stimmung zu unseren Gunsten zu verändern. Mit unseren großen Aktionen und Demonstrationen gegen die Gorlebener Atomanlagen machten wir Schlagzeilen. Die Bilder aus der Republik Freies Wendland gingen schon 1980 um die Welt, als der besetzte Platz über dem Salzstock mit dem bis dahin größten Polizeieinsatz der Geschichte der BRD geräumt wurde. Gewaltfreie Aktionen und die Ideen des zivilen Ungehorsams waren der eine Weg, den wir gingen, um unsere Kritik an den Gorleben- und Atomplänen auf die Tagesordnung der Bundesrepublik zu setzen. Genauso wichtig aber war uns das Nachdenken über die Alternativen zur Atomkraft und zur Überflussgesellschaft. Der Erfolg der Antiatombewegung wurde nach und nach möglich, weil wir anfingen, den Zukunftsprognosen der Energiewirtschaft eigene Szenarien für eine risikoarme, sparsame und effiziente Energiewirtschaft entgegenzustellen.

Als Minderheit richteten wir uns nicht in der bequemen Überzeugung ein, im Recht zu sein. Wir suchten nach mehr Zustimmung, setzten uns nicht einfach über Interessen hinweg, sondern lernten, dass für die Veränderung eines großen Wirtschaftssektors in einem Industrieland wie Deutschland auch die Gewerkschaften und Unternehmen zählen. Die Grünen als ökologische Partei sind in Deutschland beides, Ergebnis und Treiber dieses Prozesses. Mit ihnen wurden die Vorstellungen von einer nachhaltigen Energiewirtschaft aus der Antiatombewegung zuerst in Parlamente und dann in Koalitionen getragen. Die Katastrophe von Tschernobyl, die Erfahrung, dass ein Atomunfall tatsächlich globale Folgen hatte, beschleunigte den gesellschaftlichen Lernprozess. Aber erst als 25 Jahre später in Fukushima mehrere Reaktoren explodierten und dieser katastrophale Unfall weltweit live am Fernseher verfolgt werden konnte, war in Deutschland dann alles da, um den Ausstieg fest zu verankern: sehr breite politische Mehrheiten und sehr gut entwickelte Technologien für erneuerbare Energien und Effizienz.

Knapp zehn Jahre nach Fukushima und dem Atomausstieg wurde in Deutschland auch der Ausstieg aus der Kohle beschlossen. Auch dieser Prozess soll circa zwei Jahrzehnte dauern. Zu lang sei das und nicht vereinbar mit dem Pariser Klimaabkommen, sagen die Aktivist*innen und Expert*innen. Und was die klimaschädlichen Emissionen angeht, haben sie bestimmt recht. Für mich zählt aber auch, dass es so eine Entscheidung überhaupt gibt. Mich beeindruckt, dass nach einer kurzen Phase starker Fridays-for-Future-Proteste dieser Entschluss in einer großen Koalition in Deutschland getroffen wurde. Manche sagen, dass das nur Schein sei. Ich jedoch freue mich darüber, dass Veränderungen politisch in Gang gesetzt werden, ohne dass es zu solch massiven Konfrontationen kommen muss wie in Gorleben. Die Veränderungen, die es braucht, um die internationalen Klimaziele zu erreichen, sind so vielfältig und umfassend, dass ich es für wichtiger halte, wieder in den Wettstreit um die besseren und machbaren Ideen einzutreten. Das Engagement für den Klimaschutz muss weitergehen. Dafür sind die ersten Erfolge des Kohleausstiegs in einem Land, das schon den Atomausstieg fast bewältigt hat, positiv und motivierend. Wie sollen in Zukunft die Energiewirtschaft, der Verkehr, die Landwirtschaft funktionieren, wie wollen wir wirtschaften und wie werden die Menschen das Geld für ein gutes Leben verdienen? Antworten auf diese Fragen und ermutigende Szenarien sind unverzichtbar für die gesellschaftliche Zustimmung, die ehrgeiziger Klimaschutz braucht. Aus dem Hin und Her um den Atomausstieg und die Energiewende nach Regierungswechseln in Deutschland kann gelernt werden, dass Konsens mehr Verlässlichkeit bringt als Konflikt, dass Veränderungen nur robust werden, wenn sie auf mehr als auf zeitweiligen Stimmungen und Mehrheiten gebaut sind.

Es hat Jahrzehnte gebraucht, um in Deutschland Mehrheiten für den Atomausstieg zu gewinnen. Ich muss zugeben, dass es mich besorgt, wie in der letzten Zeit versucht wird, den Forderungen nach mehr Klimaschutz mit der Atomkraft zu begegnen. In Deutschland locken die Anhänger der Hochrisikotechnologie mit der günstigen Variante der Laufzeitenverlängerung und verschweigen die Risiken alternder Technik und die Kosten von Nachrüstungen, um alte Anlagen auf den Stand heutiger Technik zu bringen. In anderen Ländern der EU wird über Neubauprogramme diskutiert, ohne dass Kosten, Nutzen, Verfügbarkeit neuer Atomkraftwerke und ihre Wirksamkeit für das Klima ehrlich bilanziert würden. Dabei sind die erneuerbaren Energien schon lange wettbewerbsfähig und schlagen die Atomkraft beim Zubau. Eine Technik, die mit Katastrophen wie in Tschernobyl oder Fukushima einhergeht, kann nicht Teil einer nachhaltigen Transformation sein. Das Ende des Endlagers für Atommüll in Gorleben ist einer der größten Erfolge der Antiatombewegung. Die Lösung der Endlagerfrage ist mit dem Neubeginn der Suche nach einer geeigneten Geologie jedoch nicht garantiert. Wer die Atomkraft auch nur als Zwischenlösung gegen den Klimawandel anbietet, setzt auf den teuersten und riskantesten Weg. Ich setze meine Hoffnung auf die Vernunft der Klimabewegung.

Mich freut es, dass mit Fridays for Future im wahrsten Sinne des Wortes Bewegung in die Klimapolitik gekommen ist. Es ist gut zu sehen, dass diese Bewegung eine große und zumeist positive Resonanz findet. Wenn sich heute in Deutschland Politiker*innen bis hin zur Bundeskanzlerin mit den Sprecher*innen der Klimabewegung beratend zusammensetzen, dann sehe ich, wie sehr sich Deutschland verändert hat, wie sehr wir die Politik verändert haben, seit wir die Bürgerinitiative gegen Gorleben gründeten. Der Klimabewegung wird mit viel Respekt begegnet. Das ist anders, als es für viele Jahrzehnte im Konflikt um die Atomkraft und Gorleben der Fall war. Es ist eine gute Grundlage für die großen Veränderungen, die die Gesellschaft für den Schutz des Klimas leisten und tragen soll.

Rebecca Harms (*1956) hat die Bürgerinitiative Umweltschutz Lüchow-Dannenberg mit gegründet, die sich gegen das atomare Endlager in Gorleben einsetzte. Sie war außerdem Sprecherin der Freien Republik Wendland und für Bündnis 90/Die Grünen Mitglied des Europäischen Parlaments. www.rebecca-harms.de

Annemarie Botzki

Dass Naturschutz wichtig ist, wurde mir schon früh klar. Ich habe als Kind oft bei meiner Nachbarin gespielt. An ihrer Kinderzimmertür hing ein großes Poster. Beeindruckende dunkelgrüne Bäume. Lianen. Die Augen eines Jaguars blickten versteckt zwischen den Blättern hervor. Daneben eine kahle Schneise, nur noch wenige traurige Baumstümpfe im Boden. Darüber der Schriftzug: »Jede Minute wird eine fußballfeldgroße Fläche tropischer Regenwald abgeholzt.«

Regenwald. Das klang damals schon gigantisch. Saftiges Grün und exotische Tiere. Zirpen und Wasserdampf. Ein Wald, anders als der bei uns in Deutschland. Der muss wichtig sein und natürlich schützenswert, das war mir schnell klar. Lange Zeit hatte ich ein gewisses Vertrauen, dass solche magischen Orte bewahrt werden. Dass es Gesetze gegen diese Zerstörung gibt.

Mein erschrockener Blick auf das Poster ist über 26 Jahre her. Die Abholzung ist seitdem in einem enormen Tempo vorangeschritten, wie auf dem Poster beschrieben. Obwohl ich mich genau an mein Entsetzen erinnern kann, hat mich dieses Erlebnis nicht zu einer Umweltschützerin gemacht. Erst einmal kamen die Schule, Studium und Reisen.

Der Moment, in dem mir klar wurde, dass ich helfen muss, diese Zerstörung aufzuhalten, kam viele Jahre danach. Im Jahr 2015, als Angela Merkel den Satz »Wir schaffen das!« sagt und der VW-Abgas-Skandal auffliegt, finden außerdem in Paris die UN-Klimaschutzverhandlungen statt. Ich bin dort und berichte als Energiejournalistin über die Verhandlungen. Es ist Freitagnachmittag. In einem unscheinbaren Raum haben die weltweit anerkanntesten Klimaforscher*innen zu einem Vortrag eingeladen. Eigentlich sollte die Klimaverhandlung längst beendet sein, aber der Entwurf des Abkommens, der gerade im Raum steht, stößt auf viel Kritik. Das 1,5-Grad-Ziel ist noch nicht enthalten, obwohl eine stärkere Erwärmung den Tod vieler Menschen und Länder bedeuten würde.

Also sitze ich an diesem Nachmittag in einem Raum mit 50 anderen Zuhörer*innen aus der ganzen Welt, die mit Kopfhörern und Simultanübersetzung dem Vortrag lauschen. Die Wissenschaftler*innen sprechen darüber, dass die Korallenriffe auf der ganzen Welt bei einer Erderwärmung von 1,5 Grad bleichen und absterben werden. Sie machen klar, dass es Wendepunkte gibt, die wie umkippende Dominosteine eine nicht umzukehrende Entwicklung auslösen. Sie machen klar, welch existenzielle Bedrohung der Klimawandel für Menschen und Ökosysteme darstellt. Sie verweisen auf Studien, klicken von Grafik zu Grafik. Warnen, dass das 1,5-Grad-Ziel in das Pariser Abkommen aufgenommen werden müsse.

Ich sehe mich in diesem Raum voller internationaler Journalist*innen und Teilnehmer*innen um. Mit den Kopfhörern auf den Ohren starren sie auf das Panel, sitzen still da und bewegen sich nicht.

In mir hingegen brodelt es. Warum wusste ich nichts über diese verheerenden Auswirkungen? Als Taucherin erschüttert mich die düstere Prognose, dass die Schönheit und Vielfalt der Korallenriffe verloren gehen würden. Mehr noch, weltweit ist eine Milliarde Menschen von lebenden, gesunden Riffen abhängig, sie bieten ihnen Einkommen und Nahrung.

Mir ist zum Weinen zumute. Wie eine Welle erschlägt mich diese düstere Prognose. Ich bin fassungslos über das Ausmaß der Zerstörung, der wir da gemeinsam als Menschheit ins Auge blicken. Nach dieser Trauer machen sich schnell Empörung und Wut breit. Wie können Regierungen so unverantwortlich mit unserem Planeten umgehen? Wie können wir ein solches Risiko zulassen?

Diese Wut und Erschütterung waren auch eine Befreiung für mich. Denn wenn Regierungen uns nicht beschützen, müssen wir das selber tun. Das hat mir Mut und Energie gegeben.

Ich beschloss, Teil der Veränderung zu werden. Verantwortung zu übernehmen. Mir wurde klar, dass ich kaum etwas Bedeutungsvolleres mit meiner Karriere, meiner Zeit, meinem Leben anfangen könnte. Vorher hatte ich nach einer sinnvollen Arbeit gesucht, jetzt hatte ich eine existenzielle Aufgabe gefunden.

Wenige Tage später wurde das Pariser Abkommen beschlossen. Mit dem Ziel, die Erderhitzung auf 1,5 Grad zu begrenzen und unsere Volkswirtschaften bis 2050 zu dekarbonisieren (das Netto-null-Ziel). Es war ein Meilenstein. Schwarz auf weiß, ein internationaler Vertrag, unterzeichnet von fast allen Ländern der Welt. Ich rief meinen Redakteur im Londoner Büro an und berichtete von diesem bahnbrechenden Vertrag. Doch am anderen Ende der Leitung war nur verhaltenes Zögern.

Die Bedeutung des Netto-null-Ziels war offenbar bei vielen noch nicht angekommen. Es klingt zwar wie ein weiteres nettes politisches Ziel, doch kann es in seiner Tragweite für die Wirtschaft und die menschliche Zivilisation gar nicht überschätzt werden.

Netto-null-Emissionen. Dieses Ziel bedeutet einen vollständigen Wandel unserer Lebensweise. Um es zu erreichen, müssen weitreichende und umfangreiche Veränderungen umgesetzt werden. Keine neuen Emissionen dürfen ausgestoßen werden. Null. Wenn einige Industrien doch noch Treibhausgasemissionen verursachen, müssen diese beispielsweise durch das Pflanzen von Bäumen ausgeglichen werden.

Die Fragen, die ich mir seit meiner Teilnahme an der Pariser Klimakonferenz 2015 gestellt habe: Wie können wir als Gesellschaften unsere Wirtschaftssysteme und unseren Alltag auf Netto null umstellen? Wirklich keine neuen Emissionen mehr erzeugen? Wer wird diese Welt bauen? Wer wird die Kohle-, Öl- und Gasindustrien stoppen, und wer hat einen Plan, wie sich unsere Lebensweise komplett verändern lässt?

Über diese Fragen mache ich mir seit einigen Jahren Gedanken. Sie haben mein Leben verändert. Je klarer mir wurde, auf welche Gefahr wir zusteuern, wie wenig Zeit wir haben und wie tiefgreifend der Wandel ist, den wir brauchen, desto entschlossener suchte ich nach Antworten.

Kurz nach der Pariser Konferenz hängte ich meinen Job als Energiejournalistin an den Haken. Ich zog von London nach Berlin, um bei einem jungen Start-up in der Solarindustrie zu arbeiten und Innovationen in erneuerbaren Energien zu erforschen. Und um der Bundesregierung im April 2019 mit Extinction Rebellion die Rebellion zu erklären.

Eine unserer Forderungen lautet: »Sag die Wahrheit und handle dementsprechend.« Die Bundesregierung tut das nicht. Die Regierung von Angela Merkel weiß seit Jahrzehnten um die Folgen der Klimakrise und die Zerstörung von Ökosystemen, aber sie hält sie nicht auf. Seit 1995 verhandeln Regierungen über das Klima (die sogenannten COP-Verhandlungen, von denen es bereits 25 gab). Die Emissionen weltweit sind seitdem um 60 Prozent gestiegen. Staatschefs scheinen sich mehr um hohe Posten in der Wirtschaft zu bemühen, als Lösungen für die Klimakrise zu suchen.

Exbundeskanzler Gerhard Schröder ist Aufsichtsratschef beim größten russischen Ölkonzern Rosneft und unterstützt zusätzlich den Bau der klimaschädlichen Nordstream-Gaspipeline. Obwohl Erdgas 84-mal treibhausaktiver ist als CO_2 in der Atmosphäre. Der Seitenwechsel weiterer deutscher Politiker*innen in die Automobilbranche ist nicht weniger bemerkenswert. Auf europäischer Ebene ist Manuel Barroso, der zehn Jahre lang die EU-Kommission leitete, zur US-Investmentbank Goldman Sachs gewechselt. Die Regierungen versagen.

Wir haben die Erde und Atmosphäre großflächig verändert. Drei Dürresommer, für den deutschen Wald wurde der Notstand ausgerufen, es werden Trinkwasserversorgungspläne gemacht. Die Welt ist bereits um 1,3 Grad erhitzt, Deutschland um 2 Grad. Doch wo sind die Notfallkonferenzen, bahnbrechenden Beschlüsse und Breaking News?

Wo ist das Rettungspaket für den Planeten?

Aktivismus ist bedeutend. Dass du dich einsetzt, ist wichtig.

Wir haben schon viel zusammen geschafft. Mit Extinction Rebellion sind im Herbst 2019 über 6000 Menschen nach Berlin gekommen, um klarzumachen, dass sie auch zu zivilem Ungehorsam bereit sind, um die Regierung endlich zum Handeln zu bewegen. Vielen Menschen ist seitdem klar geworden: Es geht bei der Klimakrise um das Überleben. Als Bewegung fordern wir Netto-null-Emissionen bereits für 2025. Denn wir stoßen schon jetzt unumkehrbare Klimakipppunkte an und haben als reiches Industrieland eine Klimaverantwortung. Das Jahr 2025 als Ziel fanden viele übertrieben und verrückt. Doch jetzt sehen wir, dass andere Studien ambitionierter sind. Netto null ist früher möglich, zeigen anerkannte Forscher*innen.

Die Emissionen müssen endlich drastisch sinken. Die Ökosysteme müssen geheilt werden. Um das zu schaffen, brauchen wir die Beteiligung vieler Menschen. Deswegen wünsche ich mir etwa eine Versammlung, auf der ausgeloste Bürgerinnen und Bürger besprechen, wie wir so schnell und gerecht wie möglich Netto-null-Emissionen erreichen. Frankreich hat es schon vorgemacht. Der Bürgerrat dort hat inspirierende Ideen hervorgebracht: Klimaschutz soll in die Verfassung, keine Inlandsflüge mehr, Gutscheine für Menschen, die sich kein Bioessen leisten können.

Außerdem bin ich überzeugt, dass Konzerne oder Politiker*innen, die die Natur großflächig zerstören, wie es etwa am Amazonas geschieht, nicht ungestraft davonkommen dürfen. Deswegen setze ich mich für ein Ökozid-Gesetz ein, das solches Verhalten unter Strafe stellt. Das hätte weltweite Folgen und würde Firmen abschrecken, die Zerstörung unserer Lebensgrundlage voranzutreiben, denn sie könnten persönlich dafür haftbar gemacht werden. Das hat der französische Bürgerrat übrigens auch vorgeschlagen.

Wie sieht die Welt aus, die ich mir wünsche?

Mit Zusammenarbeit, Mut und Vertrauen können wir eine neue Welt schaffen. Einen bewohnbaren Planeten erhalten. Wir können dafür sorgen, dass sich Wälder erholen, Wiesen aufblühen, alle Menschen Zugang zu biologischem Essen bekommen, wir umsonst durch Innenstädte fahren können. Wir können in Häusern wohnen, die mehr Energie produzieren, als sie selber verbrauchen.

Wir können ein Europa schaffen, das über sichere Häfen und gesunde Küsten verfügt. In dem geflüchtete Menschen in Kooperativen erfüllende Arbeit finden. In dem Frauen in Solar-Netzwerken Solaranlagen auf jedem sonnenbeschienenen Dach verlegen. In dem Windanlagen auf dem Meer schwimmen. In dem wir gemeinsam in Bürgerversammlungen darüber beraten, wie wir Emissionen noch schneller reduzieren.

Wir werden die Ozeane nicht aufhalten können. Aber wir können uns dafür entscheiden, jetzt alles dafür zu tun, Regionen, die von Erosion und steigendem Meeresspiegel betroffen sind, zu helfen und dabei die Küsten nachhaltig umzugestalten. CO_2-negativer Zement für Seedämme, gesunde Mangrovenwälder, Windenergie und viele neue nachhaltige Jobs.

Das wäre ein Europa, in dem sich ein Gefühl der Gerechtigkeit breitmacht. Denn wer das Leben aller mit seinen Geschäftsmodellen gefährdet, geht ins Gefängnis. Die fossilen Unternehmen zahlen für den Schaden, den sie verursacht haben. Die Gemeinden, die ihr Zuhause oder ihre Gesundheit verloren haben, sind die Ersten, die Solar- und Windanlagen bekommen.

Wir beginnen mit einer weltweiten Konferenz, die verhandelt, wie die fossile Industrie runtergefahren wird. Kirchen, Versicherungsunternehmen, Gemeinden und Universitäten ziehen ihre Investments aus Kohle, Öl und Gas ab. Milliarden fließen stattdessen in saubere Energie und Städte.

Asthma wird immer seltener und Herzinfarkte auch. Frühgeburten gehen zurück, denn der Verkehr und die Luftverschmutzung sind massiv reduziert.

Die Autos, die wir per App buchen können, fahren leise und werden mit sauberem Strom angetrieben.

Die Feinpartikel, die wir über Jahrzehnte eingeatmet haben, sind fast ganz verschwunden.

Wir arbeiten drei bis vier Tage in der Woche. Haben Zeit, in Community-Gärten zu arbeiten. Spazieren zu gehen. Auf Märkten einzukaufen. Neue Nachbarschaftshilfen entstehen.

Wir verstehen uns besser. Wir lernen unsere Nachbar*innen kennen. Wenn wir durchatmen, verspüren wir etwas mehr Ruhe. Wir wissen, dass wir vorbereitet sind. Auf stärkere Stürme, heißere Sommer, steigende Meeresspiegel. Doch unsere Küsten sind geschützt. Unser Wald erholt sich. Saubere Sonnenenergie wird auf jedem Dach produziert. Die Agrarkonzerne wurden in gemeinschaftliche Kooperativen umgewandelt. Bio ist Standard.

Wir reparieren unsere Kleidung, Schuhe, Fahrräder, Fernseher und Telefone. Unsere Bücherei bietet ein breites Angebot an Werkzeugen, Maschinen und Elektronik, die wir uns ausleihen können.

Unsere Stadt ist grün. Es blüht.

Aber wir kümmern uns nicht nur um unsere Städte. Wir erkennen den Schaden an, den deutsche Konzerne angerichtet haben, und senden patentfrei Technologien, Geld und Unterstützung zu den Gemeinden weltweit.

Die Herausforderungen sind groß. Das Gute ist, du musst die Aufgaben nicht alleine bewältigen.

Du bist nicht alleine.

Wir sind nicht alleine. Wir sind viele.

Annemarie Botzki (*1987) ist Umweltaktivistin und Sprecherin von Extinction Rebellion Deutschland. Sie studierte Sozialwissenschaft, Europäische Politik und Umweltmanagement, arbeitete als Energiereporterin, unterstützt innovative Solar-Start-ups und leitet Kampagnen bei WeMove Europe.

Sarah Wiener

Ein Leben ohne Natur, ohne Berge, saubere Seen und einen vielfältigen Wald, ohne Bienen und wild blühende Magerwiesen, ohne zahlreiche Tomatensorten, alte Tierrassen und traditionelle Handwerkstechniken kann und will ich mir nicht vorstellen.

Wir Menschen leben vom Lebendigen, wir essen das Lebendige und sind so nicht nur in Kontakt zum Boden, auf dem wir stehen, sondern erhalten dadurch auch unsere eigene Gesundheit. Die Klimakrise ist nicht nur wegen der CO_2-Emissionen, von denen alle reden, ein Fanal. Wir haben auch ein Lachgas- und Methanproblem, ebenso wie das Problem der immensen Verschwendung von Ressourcen und Energie.

Das Leben und die Zusammenhänge in der Natur sind so komplex, dass es keine einfache Antwort darauf geben kann. Etwas Demut, damit wir als Teil der Natur wieder in Balance kommen und Freude an der vielfältigen Schönheit unserer Mitwelt empfinden können, wäre ein guter Anfang. Nur das, was man kennt, will man schützen. Manchmal auch einfach durch schlichtes Aufessen.

Sarah Wiener (*1962) ist eine deutsch-österreichische Köchin, Autorin und Unternehmerin. Seit 2019 ist sie für die österreichischen Grünen als Abgeordnete im Europäischen Parlament und setzt sich dort für nachhaltige Landwirtschaft, gesunde Ernährung, Artenvielfalt und Biodiversität ein.
www.sarah-wiener.eu

Gregor Hagedorn

Liebe Leser*innen,*

ein Brief an die Erde …

Das ist irgendwie ja richtig.

Und dann doch falsch.

Ja, die Erde ist unser Bruder. Mond und Sonne sind unsere Schwestern. Fühlt ihr es nicht auch? Es sagt etwas über unser Menschsein aus. Wir sind ein Teil des Ganzen. Wir Menschen stehen Arm in Arm mit anderen Teilen der Natur. Wir sind nicht gleich – das wäre bei Geschwistern ja auch komisch. Manchmal verstehen wir einander nicht. Wie Geschwister eben.

Auch die Ameisen sind unsere Geschwister, uns näher verwandt als die Erde, der Mond, die Sonne.

Wenn die Ameisen wie wir Menschen wären, würden sie über uns den Kopf schütteln. Doch sie sind es nicht. Ist es nicht faszinierend, wie sie über uns *nicht* den Kopf schütteln? Geschwister sind verschieden und machen ihr Ding.

Ja, man sollte regelmäßig Briefe an die Geschwister schreiben. Aber ich werde das Gefühl nicht los, dass darin ein Problem versteckt sein kann. Dann nämlich, wenn zu viele Menschen diskutieren, ob man Briefe an seine Geschwister schreiben sollte. Und gleichzeitig nicht darüber nachdenken, Briefe an die Kinder zu schreiben.

Wisst ihr, die Erde ist gleichzeitig unverletzbar und verletzlich. Das Unverletzbare ist nicht nur der Mythos aus den alten

---

* Ich danke Prof. Dr. Jens Löscher herzlich für seine Unterstützung.

Zeiten, den Zeiten, als man einen Wald nach dem anderen, ein Bergwerk nach dem anderen ausbeuten konnte. Die Unverletzbarkeit ist real. Wenn ich weit oben auf einem Berg stehe, sehe ich eine unverletzbare Erde. Wir können die globale Erwärmung auf 8 Grad hochtreiben und alle Atombomben der Welt gleichzeitig zünden. Unser Planet würde quasi nur mit den Schultern zucken, »ach so« sagen und es in fünf bis zehn Millionen Jahren in Ordnung bringen. Lästig, aber kein Drama.

Und zugleich ist unsere Erde verletzlich. Wir Menschen vernichten durch Landwirtschaft, Wasser- und Düngernutzung, Zerstörung und Zertrennung von Lebensräumen – in Zukunft noch einmal verschärft durch die Erdüberhitzung – vermutlich 50 Prozent aller Tier- und Pflanzenarten. Die Wälder brennen rund um den Globus. Die Arktis wird im Sommer demnächst eisfrei sein, die Gletscher verschwunden und der Amazonas-Regenwald vielleicht schon abgebrannt.

Und die Erde zuckt quasi mit den Schultern?

Ja.

Es geht nicht um den Baum. Es geht um den Ast, auf dem wir sitzen. Wer nicht mit den Schultern zuckt, sind unsere Mitmenschen. Bereits jetzt sterben aufgrund der CO_2-bedingten Starkwetterereignisse jährlich Zehntausende Menschen.

Die Klimakatastrophe bedroht in den nächsten Jahrzehnten den Lebensraum von mehreren 100 Millionen Menschen. Nicht nur durch Wirbelstürme und Überflutung. Ab einer gewissen Kombination von Temperatur und Feuchtigkeit kann man sich ohne Schutzausrüstung nicht mehr im Freien bewegen.

Ich finde es bedrückend, was wir, auch ich, unseren Mitmenschen in anderen Ländern zumuten.

Aber noch viel mehr muten wir unseren Kindern zu. Das sind Kinder, keine kommenden Generationen. Egal ob an eigene Kinder, Enkel, Nichten, Neffen oder Nachbarskinder, denkt bitte an konkrete Menschen.

Und schreibt ihnen Briefe.

Briefe, die nicht von Rechtfertigung handeln, nicht von Schuldvorwürfen an andere. Es geht nicht darum, wer was früher falsch gemacht hat. Sondern von der Befreiung, als wir begannen, Verantwortung zu übernehmen, und uns zuriefen: »Jetzt haben wir es verstanden. Ab jetzt gilt's.«

Es werden Briefe darunter sein, die davon handeln, wie ihr persönlich euren Urlaub neu gestaltet habt und ohne Fernreisen ausgekommen seid. Briefe, die davon handeln, wie ihr persönlich euch jetzt fast fleischlos ernährt. Briefe, die davon handeln, wie ihr dafür gesorgt habt, dass euer bisschen Geld nicht mehr klima- und naturzerstörend angelegt ist.

Natürlich wird es auch viele Briefe geben, die von euren Schwächen erzählen. Dass ihr eben doch weiter Auto gefahren seid, und nicht nur, wenn es wirklich keine andere Möglichkeit gab. Dass ihr Konsumträumen nachgegeben habt, obwohl ihr anderen schon erzählt hattet, so etwas bräuchtet ihr nicht mehr. Briefe, die von der eigenen Unzulänglichkeit und Fehlbarkeit, ja Korrumpierbarkeit handeln.

Habt keine Angst, die Kinder verstehen und verzeihen.

Denn ihr schreibt ja auch die wichtigen Briefe, die von dem »Aha« erzählen, als ihr verstanden habt: Gesellschaft kann handeln. Wenn wir uns einig sind, was wir bauen wollen, können wir es schaffen. Gemeinsam statt alleinsam!

Briefe an die Kinder, die von dem »Aha« erzählen, als ihr verstanden habt, dass die Erzählung »Hauptsache, jeder macht ein bisschen etwas, jeder Schritt in die richtige Richtung hilft« schlicht nicht wahr ist. Wie alle guten Lügen und Mythen hat sie natürlich einen wahren Kern. Aber man kann das Richtige tun und durch Zu-wenig-Tun dennoch versagen. So wie Patienten, die ein Antibiotikum benötigen, dann aber aus Geiz nur ein Zehntel der Dosis nehmen. Paracelsus sagte bereits: »Die Dosis macht das Gift.« Er meinte als Arzt natürlich beides, die positive wie die negative Wirkung. Die Dosis macht das Medikament, die Dosis macht den Erfolg!

Und schließlich Briefe, die von dem »Aha« erzählen, als ihr verstanden habt, dass es nicht die eine und einfache Lösung gibt. Und dass diese Lösung auch nicht demnächst erfunden werden wird. Die Menschheit braucht keine magischen neuen Erfindungen. Sie kann das nehmen, was bereits erfunden ist, viel Mühe und Geld investieren, es verbessern, hart arbeiten und vor allem das »Oder« durch ein »Und« ersetzen. Wir brauchen die Energiewende *und* die Gerechtigkeitswende *und* die Wärmewende *und* die Mobilitätswende *und* die Ernährungswende *und* die Konsumwende *und* die Finanzwende *und* die Naturschutzwende … Wir brauchen: alle Regler auf Anschlag!

Der Brief, der von der vielleicht schwierigsten Aufgabe erzählt, ist der letzte. Er erzählt davon, wie ihr all dies euren Freund*innen, Nachbar*innen und den Politiker*innen berichtet habt. Offen, ernsthaft, Hohn und Spott nicht mit Aggression begegnend. Für mich zumindest ist dies am schwierigsten.

Aber auch dieser Brief wird letztlich davon erzählen, wie ihr Erfolg dabei hattet!

Dr. Gregor Hagedorn (*1965) ist Botaniker und Akademischer Direktor am Museum für Naturkunde Berlin. Er ist Initiator der Scientists for Future und erhielt 2019 u. a. den Bundespreis für Nachhaltigkeit.
https://blog.wozukunft.de/

Anne Weiss

Liebes Schulkind Anne,

ich weiß noch, du bist megastolz, als du auf Papas Schultern auf einer Friedensdemo mitläufst. Es ist Anfang der Achtziger, die Klamotten sind größtenteils schlimm, und die Welt ist im Kalten Krieg grad kurz davor, mal wieder an einer Katastrophe vorbeizuschliddern.

Aber das weißt du natürlich nicht, das wissen zu dem Zeitpunkt auch die Großen nicht alle. Dein Vorbild sind in diesem Moment auch nicht Jane Fonda, John Lennon, Heinrich Böll oder Petra Kelly, sondern es ist deine ältere Schwester. Sie hat einen von diesen blauen Buttons mit einer weißen Taube drauf am Kragen ihres Parkas. (Den du übrigens doch irgendwann erben wirst, und dann ist er immer noch genauso cool.)

Für dich ist die Welt in Ordnung, solange die Familie zusammen ist. Und weil Mama euch auf der Demo *Sunkist*-Trinkpäckchen und Kirschlollis, wie *Kojak* sie lutscht, zusteckt. Es geht um die Stationierung von Mittelstreckenraketen, aber du hast keinen Begriff davon, außer dass da was passiert, das nicht so gut ist. Nicht schlimm, denn du tust ja grad was dagegen. Außerdem scheint die Sonne, die Leute um dich herum sind fröhlich, es ist bunt, ein paar Menschen singen, die Stimmung ist ausgelassen.

Du wirst diese Stimmung aufnehmen, und auch wenn du ein paar Jahre lang nicht auf Demos gehst, wird es sich später genauso richtig anfühlen wie damals auf Papas Schultern. Dann bist du allerdings getragen von deinen eigenen Überzeugungen, und du verstehst die Welt ein bisschen besser (bei weitem nicht ganz – und glaub ja keinem, der das von sich behauptet), und so gehst du, statt mit deinen Eltern, mit befreundeten Menschen und den richtigen Argumenten auf die Straße.

Als Kind jener Zeit, geboren in einem Jahr, als 328 ppm CO_2 in der Atmosphäre waren (das sind 20 Prozent weniger als heute), wächst du auf mit Zitronenteepulver, das wie Katzenstreu aussieht, in den ersten Jahren ohne Gurt und Autositz, dafür mit immer mehr Konsum, immer weiteren Reisen, immer mehr Plastik, immer mehr Elektronikgedöns, mit immer mehr Informationen und digitalem Grundrauschen. (Irgendwann wirst du die Nase gestrichen voll von all dem überflüssigen Kram haben und dich größtenteils davon befreien, um dich wieder aufs Wesentliche zu konzentrieren. Lustig, oder? Denn im Moment liebst du all die bunten Plastikspielzeuge und sammelst leidenschaftlich alles, was schön ist, in einer Krimskramskiste. Das wird vorbeigehen – genau wie dein Traum, eines Tages in die USA auszuwandern. Spätestens, wenn du im November 2016 angekommen bist, wirst du wissen, warum.)

Richtig verändern wird dich aber etwas anderes, noch weit vorher. Etwas, das in deinem Leben von Beginn an eine große Rolle spielt. Es ist deine Leidenschaft, das Lesen. Schon als Kind hast du dir nach dem Mittagsschlaf die *Pixi*-Bücher durch die Gitterstäbe des Laufställchens gezogen und dich erst zu Wort gemeldet, wenn du sie alle durchgeblättert hattest. (Ich weiß, olle Kamellen. Richte dich drauf ein: Deine Eltern werden das sogar deinem ersten Freund erzählen.) Im Familienalbum das Foto – du sitzt auf den Stufen eines Ferienhauses in Ampuriabrava, einen Trupp Kinder um dich geschart, und liest vor – nicht, weil du mit fünf schon lesen könntest, sondern weil du die Bücher auswendig kennst.

Dein wertvollster Besitz ist wenige Jahre später der Bibliotheksausweis. Ja, stimmt, Mama sagt dauernd, geh doch mal raus, fahr Rad, bau einen Drachen, lass ihn auf dem Stoppelfeld fliegen. Wenn sie dich nicht immer scheuchen würde, verbrächtest du die ganze Zeit nach der Schule mit einem Buch, ein paar *Treets* oder Lakritz auf dem Sofa. (Du hast übrigens echt Glück, dass du noch Zähne hast, so viel wie du davon isst.)

Lesend in eine andere Welt einzutauchen, vermittelt dir Erfahrungen, die du so selbst gar nicht machen kannst. (Na ja, gut, würdest du mehr an die frische Luft gehen, könntest du einige davon doch machen, wenn wir ehrlich sind.)

Du liest und liest und liest.

Die Bibliothekarin kennt dich beim Namen, weil du fast jede Woche kommst. Die Bücherei kennst du wiederum wie deine Westentasche, weißt sofort, welche Bücher du schon gelesen hast und welche neu sind. Du schlenderst durch die Gänge zwischen den Regalen, setzt dich an eines der runden weißen Tischchen oder hockst dich gleich vor dem Regal auf den Boden und überfliegst die ersten Seiten, ob es sich lohnt. Lohnt, das Buch mit auf den Stapel zu packen und deinen büchervollen Korb mit Haltegummis zu sichern, bevor du auf deinem pinken Rad nach Hause strampelst. (Achtung, das Rad musst du echt besser anschließen, sonst wird's dir am Bahnhof geklaut!)

Viele dieser Bücher, dieser anderen Erfahrungen, Gedankengebäude und fremden Welten schmuggeln sich langfristig in dein Bewusstsein. (Du wirst noch Jahre später nach so manchem Titel grübeln – wie wär's mal mit einem Lesetagebuch?) Die Heldinnen und Helden sind wie enge Freunde, ihre Erlebnisse wirken auf dich, als wärst du dabei gewesen. Und einige hinterlassen einen tiefen Eindruck in dir, bringen Saiten zum Klingen, die deine Weltsicht und deine späteren Handlungen beeinflussen.

Da ist Astrid Lindgrens Ronja Räubertochter, die ihr Alter in Sommern misst und ihre tiefe Verbundenheit mit der Natur durch einen Frühlingsfreudenschrei ausdrückt. (Ronjas Rebellion, Kraft und Konsequenz wünschst du dir, auch wenn du eher eine Annika bist als eine Pippi Langstrumpf. Und das ist übrigens auch okay, denn mit deiner Annikahaftigkeit kannst du als Lektorin und Ghostwriterin später wichtigen Büchern von Räubertöchtern auf den Weg helfen.) Da ist Gudrun Pausewangs Janna-Berta, die ihren verstorbenen Bruder nach der Atomkatastrophe in einem Rapsfeld zurücklassen muss, ein Bild, das dich, kurz nach Tschernobyl 1986, bis in deine Albträume verfolgt und deinen Blick auf die zerstörerische Seite der angeblich so friedlichen Nutzung der Atomkraft lenkt. Und da sind Bastian und Atréju, die du in *Die unendliche Geschichte* triffst, ein Buch, das dich so packt, dass du in ihm, wie in vielen anderen, nach dem Gutenachtkuss von Mama mit einer Taschenlampe bis spät in die Nacht unter der Bettdecke weiterschmökerst.

Auf den ersten Blick ist es ein Fantasyroman, auf den zweiten begreifst du das, was sich auf den purpurnen und smaragdgrün bedruckten Seiten von Michael Endes Roman abspielt – die Rettung von Phantásien –, als Bild für die beunruhigende Zerstörung unserer eigenen Welt und als Aufforderung, das Richtige zu tun.

Plötzlich bist du mit am Lagerfeuer im Haulewald, siehst das Irrlicht, den Winzling, den Felsenbeißer und den Nachtalb, die von dem Unbegreiflichen und Schrecklichen berichten, das mit ihrer Welt geschieht – wie das Nichts alles, was es gibt, auffrisst, verschwinden lässt, sodass schließlich alle, die in Phantásien leben, fliehen müssen.

Während du Bastian und dem grünhäutigen Jägerjungen Atréju in den Elfenbeinturm folgst, die Krankheit der Herrscherin Phantásiens betrauerst und die Rettung ersehnst, wird die Geschichte auch für dich immer mehr zur Wirklichkeit.

Du siehst deine eigene Welt. Den Rhein, der so vergiftet ist, dass die Fische mit dem Bauch nach oben schwimmen. Auseinanderbrechende und explodierende Ölplattformen, verseuchte

Strände und ölverklebte Flügel von Seevögeln. (Denk mal dran, wie ihr nach dem Strandbesuch hin und wieder die Füße von Rohölflecken reinigen müsst.) Unfälle in Giftstofffabriken wie in Bhopal, bei denen Tausende Menschen sterben und weitere Zehntausende erblinden oder den Folgeerkrankungen erliegen. Brechende Dämme, Super-GAU, der Brand im Chemiekonzern Sandoz, die aufs Riff laufende *Exxon Valdez*, die vor der Küste von Alaska Unmengen von Rohöl freisetzt – all das und noch viel mehr gehört zum Soundtrack deiner Kindheit.

Je älter du wirst, umso mehr begreifst du, wie komplex und groß diese Welt ist. Dass es dennoch auf einem endlichen Planeten kein unendliches Wachstum geben kann. Dass uns das Nichts irgendwann auffressen wird, wenn wir die Schönheit unserer Welt nicht beschützen. Und dass das vom Winzling Ückück bis zum riesigen Felsenbeißer Pjörnrachzarck alle Wesen betrifft – du kannst dich also nicht ausnehmen.

Tatsächlich erlebst du auch, wie sich die Bastian Balthasar Buxes unserer Welt verbünden – denn in die achtziger Jahre fällt in Deutschland auch die Gründung einer grünen Partei, Umweltverbände wie Greenpeace Deutschland, Robin Wood und andere entstehen ebenfalls. Und wie Bastian Balthasar Bux sind viele von ihnen Verführungen ausgesetzt, sobald sie an der Macht sind.

Es wird dich vermutlich nie in eine Partei ziehen – doch das Bild von der erkrankten Kindlichen Kaiserin, die einen neuen Namen braucht, den nur Bastian ihr geben kann, steht dir auch Jahrzehnte später noch klar vor Augen.

Der Kern unserer modernen Welt ist so krank wie die Kindliche Kaiserin. Sein Zustand hat sich stetig verschlimmert, weil wir uns nicht der Ursache gewidmet, sondern nur an den Symptomen herumgedoktert haben. An anderer Stelle, entfernt noch, aber stetig bedrohlicher auch für uns in Europa, frisst das Nichts alles auf, Menschen verlieren ihre Heimat, viel mehr Arten sterben aus, als das rein evolutionsbedingt der Fall wäre. Unsere Welt hat sich schon jetzt durch all die menschen-gemachten Katastrophen, den ungezügelten Konsum, den Lu-xus, den wir uns alltäglich gönnen, verändert. (Eine Reise nach Ampuriabrava ist für viele übrigens heute nichts Besonderes mehr, seit das Fliegen so billig geworden ist.)

Wir müssen die Ursache angehen: das System, das auf Wachstum basiert. Es braucht einen ganz neuen Namen, es muss sich ändern. Damit alle, die jetzt schon von der Zerstörung unserer Welt betroffen sind, und alle, die dies in Zukunft sein werden, überall auf der Welt, Klimagerechtigkeit erfahren.

Was, wenn wir Naturschützenden, wenn all die Aktivistinnen und Aktivisten, die heute in Baumhäusern gesunde Hunderte Jahre alte Wälder bewahren wollen (die wahlweise einer Auto-bahn oder einer Kohlegrube weichen sollen), die Kinder und Jugendlichen von Fridays for Future – was, wenn wir Erfolg ha-ben und das System ändern? (Stell dir vor, viele der Klimapro-testierenden sind übrigens in deinem Alter: Keiner ist zu jung, aber auch keiner zu alt, um sich einzusetzen – das steht in mei-ner Zeit endlich fest.)

Was, wenn wir uns verrennen?

Du denkst jetzt an das magische Amulett – *Auryn.*

Daran, dass man viel falsch machen kann, wenn man seinen Wünschen folgt. Seine magische Inschrift *Tu, was du willst* be-deutet jedoch nicht, sich hemmungslos seinen Wünschen hin-zugeben und zu tun, was man kann und worauf man gerade Lust hat – damit richtet man nur anderen Schaden an. Nein, es bedeutet, seinen *wahren Willen* zu finden.

Es gibt immer mehr Menschen, die sich wirkungsvollen Kli-maschutz wünschen, die möchten, dass die Schönheit unserer Welt erhalten bleibt und dass die Ungerechtigkeit und Ausbeu-tung, auf denen unser Wirtschaftssystem basiert, aufhören. Wir alle müssen einfordern, dass die Staaten das Klima schützen und ihre Zukunft bewahren, indem die Ökosysteme wieder-hergestellt und das Massenaussterben aufgehalten werden. Und auch tun, was wir wollen – den inneren Wunsch nach einer gerechteren, ökologischen, diskriminierungsfreien und friedlichen Lebensweise jetzt in die Tat umsetzen. Jede und jeder Einzelne. Ohne Gewalt, sondern friedlich und beharrlich und ehrlich.

Es wird dich freuen, dass heute viele daran forschen und arbeiten, wie wir eine solche Lebensweise praktisch erreichen können – durch Degrowth etwa, durch mehr Demokratie, durch Selbstwirksamkeit. Wir müssen nur unserem wahren Willen folgen, dann kann es gelingen.

Weil du das Buch ausliest, weißt du, was die Inschrift von Auryn wirklich bedeutet. Bastian Balthasar Bux erreicht sein Ziel, in unsere Welt und zu seinem Vater zurückzukehren, letztlich nur mit Liebe. Liebe für all das Schöne in dieser Welt.

Der Moment, in dem du die *Unendliche Geschichte* zuklappst, ist also vielleicht einer der wichtigsten auf deinem Weg. Denn dir ist klar, dass es so nicht weitergehen kann. Bewahr dir das, was du als Kind ganz deutlich weißt: Dass wir uns für das, was gut und wirklich wichtig ist, mit Mut und Zuversicht einsetzen müssen. Das bestimmt mein Leben – unser Leben – noch heute.

Was jetzt, fragst du?

Hör auf Mama: Geh raus.

Und *tu, was du willst.*

Anne

Anne Weiss (*1974) ist Buchautorin und Journalistin. Sie ist in Klimaschutzinitiativen aktiv, setzt sich für Tierrechte ein und hält bundesweit Vorträge zu Klimawandel und Nachhaltigkeit. www.meinlebenindreikisten.de

Hermann Ott

Wie ich zum Klima kam – oder das Klima zu mir?

Es war in den siebziger Jahren des letzten Jahrhunderts, als die Orte verschwanden, die ich besonders geliebt hatte. Plötzlich war das Wäldchen weg, in dem ich mit meinem Vater Pilze gesucht und gefunden hatte. Die geheimnisvollen, teilweise Jahrhunderte alten Myzelien, von denen er mir erzählt hatte, lagen nun unter der geschlossenen Asphaltdecke einer Umgehungsstraße. Und das Gebüsch, in dem wir als Kinder große Abenteuer erlebt hatten, musste einer Neubausiedlung weichen. Es war die Zeit der Modernisierung Deutschlands, eine Zeit der großen Beschleunigung. Nicht nur natürliche Orte mussten weichen – auch die kleine alte Kirche in unserem Wohngebiet wurde durch einen Neubau ersetzt. Und das Bauernhaus meiner Tante: zum Teil abgerissen, entkernt und mit einem Anbau versehen. Ich bekam einen Fotoapparat geschenkt und versuchte verzweifelt, diese verschwindenden Orte festzuhalten.

Die siebziger Jahre waren die Zeit, in der sich das Verhältnis von Mensch und Natur umkehrte, auch in der Wahrnehmung. War bis dahin die Natur als unbesiegbar, wild und potenziell gefahrbringend empfunden worden, trat nun immer mehr ihr fragiler, verletzlicher Charakter in den Vordergrund. Bilder aus dem Weltraum hatten einen zartblauen Planeten enthüllt, der irgendwie verloren inmitten der gigantischen Schwärze des Universums hing. Doch trotz dieser Schönheit wurden ganze Landschaften für den Bau von Autobahnen planiert, auf den

Flüssen schwammen Schaumteppiche, und in vielen Industriestädten war der Himmel kaum zu sehen. Greenpeace-Aktivisten machten auf die leer gefischten Meere aufmerksam, sie und andere Umweltorganisationen forderten, große Gebiete der Erde unter Schutz zu stellen, um sie dem menschlichen Einfluss zu entziehen.

Etwas näher dran, in meiner Nachbarschaft, sollte ein Vogelparadies einer Industrieansiedlung weichen – die Rieselfelder Münster waren vor allem in Zeiten des Vogelzugs voll mit den prächtigsten Wasser- und Watvögeln. Für viele bedrohte Vogelarten waren die flachen Gewässer, die ihnen Nahrung und Schutz boten, eine lebenswichtige Station auf ihren gefährlichen Reisen. Eine Bürgerinitiative wurde gegründet, um die Zerstörung dieses Paradieses abzuwenden. Ich machte mit. Weil ich dort, im Gras liegend, oft Vögel beobachtet hatte. Und weil ich das Verschwinden eines weiteren besonderen Ortes verhindern wollte. So begann im Alter von 15 oder 16 mein politisches Engagement – ich verteilte Flugblätter unter den Anwohnern, um sie für den Widerstand gegen die Industriepläne zu gewinnen. Heute sind die Rieselfelder Münster ein ausgewiesenes Vogelschutzgebiet. Mitglied im Unterstützerverein bin ich noch immer.

Dieser Impuls des Bewahrens ist vermutlich auch der Kern meines Engagements für den Klimaschutz. Denn was könnte die Welt – also unseren Planeten, der unsere erfahrbare Welt bildet – grundlegender verändern als eine veränderte Zusammensetzung unserer Atmosphäre? Unsere gesamte Biosphäre ist abhängig von den klimatischen Bedingungen, und eine neue eisfreie Warmzeit würde die Gestalt der Kontinente beeinflussen, die Lebensbedingungen aller Geschöpfe umwälzen und nicht zuletzt die Grundlagen unserer Zivilisation zerstören. Die systematische Erzeugung von Nahrungsmitteln und als Folge Kultur und Zivilisation waren möglich dank stabiler klimatischer Bedingungen nach der letzten Eiszeit.

Gab es denn den einen »Aha-Moment«, in dem mir klar wurde, dass ich mein Berufsleben dem Klimaschutz widmen müsse?

Schwer zu sagen. Zunächst stand der Kampf gegen eine andere Gefahr im Vordergrund – die militärische und zivile Nutzung der Atomenergie. Demonstrationen in Hannover gegen das Atomendlager Gorleben, in Wackersdorf gegen die Wiederaufbereitungsanlage, in Bonn gegen die NATO-Nachrüstung. Ich werde oft von Menschen aus dem Ausland gefragt, warum gerade in Deutschland der Widerstand gegen die Atomkraft so groß war und sogar zur Gründung einer grünen Partei geführt hat. Meine Antwort lautet verkürzt: die Erfahrung des Nationalsozialismus. Die Kinder und Enkel der Kriegsgeneration waren mit der Erfahrung aufgewachsen, dass niemand ein überzeugter Nazi gewesen sein wollte, zugleich aber behauptet wurde, dass jeglicher Widerstand aussichtslos gewesen sei. Die Deutschen waren anscheinend eine Gesellschaft von Mitläufern gewesen. Und wir fragten unsere Eltern und Großeltern, warum sie denn »nichts getan« hätten gegen die Verbrechen des NS-Regimes. Schuldig zu sein war in diesem Fall keine Frage des Tuns, sondern des Nichttuns. Daraus erwuchs eine Haltung des »nie wieder« – nie wieder dürfe es in Deutschland geschehen, dass eine existenzielle Bedrohung nicht rechtzeitig ernst genommen und dann nicht mehr verhinderbar war. Es war also wichtig, frühzeitig den Mund aufzumachen, zu protestieren und Widerstand zu leisten. Und die Atomenergie war sowohl in der militärischen als auch in der zivilen Nutzung eine nicht beherrschbare, tödliche Technologie, die es zu verhindern galt. So wie die Veränderung der klimatischen Bedingungen eine vielleicht noch tödlichere Gefahr für die Menschheit darstellt.

Ich studierte Rechtswissenschaft und Politik, weil ich verstehen wollte, wie Gesellschaft und Staat funktionieren, und Einfluss darauf nehmen wollte. Ich wollte die Sprache sprechen, die Codes beherrschen, mit deren Hilfe Wirklichkeit gestaltet wurde. Neben dem Studium jobbte ich an einem Lehrstuhl für Völkerrecht an der FU Berlin und lernte, dass sich meine Liebe zur Natur und meine Leidenschaft für das Völkerrecht vereinbaren ließen: im internationalen Umweltrecht. Im Referendariat machte ich eine Station bei der Europäischen Kommission in Brüssel. Als Teil der europäischen Delegation begleitete ich meinen Ausbilder – den späteren Professor an der Humboldt-Universität Berlin Ingolf Pernice – auf die internationalen Verhandlungen zum Schutz der Ozonschicht und kam aus dem Staunen nicht heraus: So also funktionierte internationale Rechtsetzung! Das stand nicht in den Lehrbüchern. Angesichts der wenig sachorientierten Verhandlungen kam mir ein Sprichwort wieder den Sinn: dass man beim Verfertigen von Wurst und beim Verfassen von Gesetzen nicht wirklich wissen will, wie sie gemacht worden sind.

Ich wollte es jedoch wissen, meine Leidenschaft war entflammt, und eine weitere Station des Referendariats absolvierte ich im Ozon-Sekretariat beim Umweltprogramm der Vereinten Nationen (UNEP) in Nairobi, Kenia. Beim Blick hinter die Kulissen der internationalen Diplomatie wurde mir klar, dass hier etwas Neues entstanden war – eine Form der internationalen Rechtsetzung, die aus vielen Jahrzehnten völkerrechtlicher Vertragspraxis gelernt hatte, um einen einzigartigen Vertrag zu schaffen: das Montrealer Protokoll zum Schutz der Ozonschicht. Die Rechtsetzung über Mehrheitsentscheidungen war revolutionär, ebenso der Fonds zur Unterstützung finanzschwächerer Staaten und die Verfahren zur Durchsetzung der vertraglichen Pflichten. Ich formulierte die Hypothese, dass hier im Gewande eines völkerrechtlichen Vertrages eine neue internationale Organisation entstanden war – ein »Umweltregime« als De-facto-Organisation. Meine Hypothese ließ sich in der Doktorarbeit zu diesem Thema leider nicht generalisieren, weil kein anderer Umweltvertrag jemals wieder diese Stufe internationaler Kooperation erreicht hat. Doch mit dem Montrealer Protokoll, mit dem Ozonregime, war ein Standard gesetzt worden, ein Leuchtfeuer in der Dunkelheit. Es war möglich, dass sich alle Staaten dieser Erde zusammentun, um eine fundamentale Gefahr für die Menschheit abzuwehren!

Die Absätze hier könnten den Eindruck entstehen lassen, dass meine Entwicklung zum Klimawissenschaftler und -aktivisten folgerichtig war, wie einem geheimen Plan folgend. Doch muss ich in der Rückschau ebenso feststellen, dass bei vielen Entscheidungen Zufall und glückliche Umstände im Spiel waren. Ich hatte das Glück, dass in der Kanzlei, in der ich arbeitete, neben dem Umweltjuristen Rainer Geulen auch Nicolas Becker tätig war – einer der drei Verteidiger von Erich Honecker. Wegen meiner völkerrechtlichen Kenntnisse wechselte ich für diesen Fall zu ihm und geriet schnell in den Bann des Strafrechts. Mir gefiel das Existenzielle an diesen Fällen und die psychologische Dimension – nämlich die Aufgabe, für unsere Mandanten das Beste herauszuholen im Zusammenwirken mit (und teilweise gegen) Gericht, Staatsanwaltschaft, Polizei, Sachverständigen und Zeug*innen. Ich hätte da durchaus als Strafverteidiger hängenbleiben können.

Doch es kam anders. Das folgende Erlebnis verträgt sich schlecht mit unserem Bild eines rationalen Juristen, doch wenn ich über meinen Lebensweg nachdenke, ist es von beträchtlicher Bedeutung. Anfang der neunziger Jahre schrieb ich an meiner Dissertation über »Umweltregime im Völkerrecht« und gelangte irgendwann an den Punkt, den alle Doktoranden kennen – ich sah keinen Sinn mehr darin. Das Thema erschien mir langweilig und die Bearbeitung langwierig. Ich legte eine dreimonatige Auszeit ein, besuchte Freunde in den USA und Kanada. Auf Vancouver Island an der Westküste Kanadas wanderte ich auf dem »Westcoast Trail«, fünf Tage immer an der Küste entlang oder durch Regenwald. Unvergesslich. Eine der absoluten Sehenswürdigkeiten auf der Strecke ist der »Carmanah Giant«, eine Sitka-Fichte von fast 100 Metern Höhe – der größte Baum Kanadas. Ich war allein dort, es war absolut still und neben mir ragte dieses Wesen in den Himmel. Ich bin nicht gerade ein professioneller Treehugger, im Gegenteil, ich hatte das noch nie gemacht. Aber irgendetwas zog mich an, und ich legte meine Arme an den Baum – es war, als wolle man eine Wand umarmen. Als ich langsam die Augen schloss, hatte ich das Gefühl, eine Verbindung baue sich auf zu diesem uralten Geschöpf. Ich formulierte meine Probleme mit der Doktorarbeit, erläuterte, dass sie ja indirekt auch seinem Schutz diene … und versprach, meine berufliche Arbeit seinem Wohlergehen und dem seiner Verwandten zu widmen, wenn ich meine Arbeit erfolgreich beendet hätte. Ich fühlte mich ruhiger und hatte den Eindruck, dass mein Angebot wohlwollend aufgenommen worden war.

Heute kann ich sagen, dass ich glaube, mein Versprechen dem Carmanah Giant gegenüber gehalten zu haben. Ich hatte das Glück, mich hauptberuflich für den Klima- und Umweltschutz einsetzen zu können, auf unterschiedlichen Wegen: Es gibt nicht den einzig richtigen Weg für alle und zu jeder Zeit. Die Transformation, also die grundlegende Umgestaltung von Wirtschaft und Gesellschaft, erfordert ein rasches und entschiedenes Handeln auf allen Ebenen. Politik, Zivilgesellschaft, Wirtschaft und Unternehmen, Wissenschaft und Politikberatung, religiöse und weltanschauliche Verbände, auch Kunst und Kultur – sie alle leisten einen unverzichtbaren Beitrag. Außerdem hängt die Bedeutung eines gesellschaftlichen Bereichs von der politischen Lage ab. In Zeiten bleierner Politik mag es mehr Sinn ergeben, im Rahmen von Umweltverbänden, Bürgerinitiativen oder neuen Lebens- und Produktionsgemeinschaften die Politik anzuschieben. Wenn sich ein Fenster für politische Quantensprünge und Paradigmenwechsel öffnet, kann auch der Platz in der Politik der richtige sein. Und solange das Wissen noch ungenügend ist, erzielt die Forschung womöglich entscheidende Fortschritte, die politische Möglichkeiten erst eröffnen.

Und schließlich hängt die Wahl des richtigen Betätigungsfeldes auch von der eigenen Persönlichkeit ab, von Fähigkeiten und Vorlieben. Manche stehen gerne in der ersten Reihe, andere arbeiten lieber zu, recherchieren im Hintergrund. Es gibt analytische Begabungen, und es gibt ausgeprägte politisch-strategische Köpfe. Jeder sollte auf der Bühne agieren, die zur eigenen Persönlichkeit passt. Aber die Persönlichkeit entwickelt sich auch, Fähigkeiten kommen hinzu, Vorlieben ändern sich – und manchen wird es langweilig, eine Sache zu lange zu machen.

Insofern muss jeder Versuch einer eindeutigen Bestimmung des »besten« Weges für den Klimaschutz scheitern. Es ist wichtig, auf die eigene Intuition zu vertrauen, auf das Gespür für den richtigen Weg. Und der Leidenschaft zu folgen. Sich nicht durch scheinbare Vorteile wie Gehalt oder Status ablenken zu lassen. Meine Entscheidung für den Klimaschutz als Lebensmission war nicht nur die Erfüllung eines Versprechens gegenüber dem Carmanah Giant, sondern es war auch eine ganz eigensüchtige Entscheidung, für das Richtige zu kämpfen. Für uns und für alle, die nach uns kommen – um eine gastfreundliche Erde zu bewahren, die den Menschen und allen anderen Geschöpfen wohlgesinnt bleibt.

Dr. Hermann E. Ott (*1961) ist Jurist und Umweltwissenschaftler. Er leitet das deutsche Büro der internationalen Umweltrechtsorganisation ClientEarth – Anwälte der Erde. Zuvor war er von 2009 bis 2013 für Bündnis 90 / Die Grünen Mitglied im Deutschen Bundestag und arbeitete für das Wuppertal Institut für Klima, Umwelt, Energie u. a. als Direktor der Abteilung Klimapolitik. Ehrenamtlich engagierte er sich im Aufsichtsrat von Greenpeace Deutschland, war stellv. Vorsitzender der Deutschen Umweltstiftung und ist seit 2016 im Präsidium des Deutschen Naturschutzrings. Ott lehrt als Honorarprofessor an der Hochschule für nachhaltige Entwicklung Eberswalde. www.hermann-e-ott.de

Kathrin Henneberger

Liebe nächste Generation,

als 2018 Tausende in den Hambacher Wald strömten, um die Bäume vor den Kettensägen des Kohlekonzerns RWE zu beschützen, da habe ich euch kennengelernt: Jugendliche, Teenager, die ihr euch das erste Mal einmischtet. »Weil die Klimakrise unsere Zukunft raubt«, hörte ich euch sagen und traf euch wenige Wochen später wieder, auf der Straße bei den Demos von Fridays for Future oder mit Ende Gelände in der Kohlegrube. »Ich wollte eigentlich so viele andere Dinge tun, lernen, von den kommenden Jahren träumen«, hörte ich euch sagen. Der Gedanke, dass kein normales Leben möglich ist, wenn wir sehenden Auges in die Klimakatastrophe rasen, war mir nur allzu bekannt. Er traf mich, als ich mich in eurem Alter befand, und lässt mich seitdem nicht mehr los.

Als Kind wollte ich eigentlich den Beruf meines Vaters weiterführen, träumte davon, Edelmetallrestauratorin zu werden und so wie er jahrtausendealte Kunst zu neuem Leben zu erwecken. Seine Werkstatt im Museum war einer meiner liebsten Orte, hier konnte ich mit seinem Werkzeug spielen, und wenn ich Glück hatte, führte er mich durch die unheimlichen Depots mit all den in Köln gefundenen Objekten, die nicht in der Ausstellung zu sehen waren. Meine Mama brachte mir das Gärtnern bei, ließ mich mit dem Anbau von Gemüse experimentieren und auf Obstbäume klettern, um Kirschen, Pflaumen und Äpfel runterzureichen. Meine ältere Schwester liebte es, in Tümpeln nach Fröschen und Molchen zu suchen, mich im Schlepptau. Wir verbrachten viel Zeit in der Natur, besonders in den Auenwäldern nah unserem Wohnort im Kölner Süden – und damit im Schatten von Shells Ölraffinerien. Zu erleben, dass es den Konzern nicht kümmerte, wenn er aus Unachtsamkeit unsere Umwelt verschmutzte und mit undichten Pipelines das Grundwasser in Gefahr brachte, das hat mich schon früh politisiert. Der Gestank des Industriegebietes, die Flammen am Horizont, wenn mal wieder etwas abgefackelt wurde – die Raffinerien waren für mich ein Ort der Bedrohung.

Im Alter von 13 Jahren etwa informierte ich mich auch über die globalen Auswirkungen, über die katastrophalen Umweltzerstörungen der Ölindustrie in Nigeria sowie über die Folgen der Klimakrise. Je älter ich wurde, desto mehr realisierte ich, dass die Zukunft, die ich mir ausmalte, nicht eintreffen würde, dass es mir schwerfallen würde, selbst eines Tages Kinder in diese Welt zu setzen, wenn wir es nicht schaffen, die Erderwärmung zu bremsen. Ratsuchend blickte ich Richtung Politik und wurde schnell enttäuscht, den Erwachsenen schien das Wohlergehen der kommenden Generationen egal zu sein. Seither verstauben meine geliebten Zangen, Lötkolben und kleinen Metallsägen, die mein Vater mir einst für die Zukunft schenkte, ungenutzt im Regal. Stattdessen rief ich in Megafone, koordinierte Öffentlichkeitsarbeit gegen große Energiekonzerne und lernte, was zu tun ist, wenn auf Demos Pfefferspray und Tränengas eingesetzt werden. Und deshalb ist dieser Brief an euch gerichtet, liebe nächste Generation furchtloser Klimaaktivisti, die ihr voller Hoffnung im Herzen für eure Zukunft kämpft.

Der Schmerz setzt nicht sofort ein. In den ersten Millisekunden, in denen das Pfefferspray die Augen benetzt, spüre ich nur etwas Feuchtkaltes. Gesprüht aus kurzer Distanz, direkt in mein Gesicht, als ich an einem Polizisten vorbeilaufe. Wenige Augenblicke bleiben mir, in denen meine Gedanken darum kreisen, dass ich mich jetzt zusammenreißen muss, dass ich mein Sehvermögen und meinen Orientierungssinn für kurze Dauer verlieren und nicht wissen werde, ob Schläge folgen. Dann kommt der Schmerz, ein Brennen, als würden meine Augen in Flammen stehen, als hätte ich mir extrascharfe Chilis hineingerieben. Auch meine Haut brennt, meine Nase, mein Mund, es fällt mir schwer zu atmen. Ich will nicht schreien, kann mich aber nicht beherrschen. Ich höre auch die Schreie anderer, die ebenfalls von Pfeffersprayschwaden oder Polizeiknüppeln getroffen wurden. Die Aktivisti hinter mir versuchen, weiter durch die Polizeikette Richtung UN-Klimakonferenz zu strömen.

Im Gedränge werde ich unabsichtlich geschubst, versuche, das Gleichgewicht zu halten. Jemand fasst mich am Arm, zieht mich zur Seite. Wasser wird in mein Gesicht gespritzt. »Sanis!« – der Ruf nach Sanitäter*innen, die Aktionen und Demos stets begleiten, erschallt. Meine Augen werden ausgespült, nur langsam nimmt der Schmerz ab, erst nach einer halben Stunde kann ich allmählich wieder sehen. Meine Jacke ist nass. Bei Temperaturen unter null nicht ungefährlich, aber die Kälte ist mir im Moment sogar willkommen.

Wir befinden uns mitten in Kopenhagen, im Winter des Jahres 2009. In der Nähe ringen die Regierenden um die Zukunft der Erde – und sind dabei, alles gegen die Wand zu verhandeln. Aus Protest verlassen Hunderte Menschen der Zivilgesellschaft die Verhandlungsräume. Die Sicherheitskräfte versuchen, auch sie aufzuhalten. Wir stehen außerhalb des Gebäudes, wollen ihnen entgegenkommen und gemeinsam protestieren. Drinnen entsteht ein Gerangel – draußen wird geknüppelt. Nicht wenige junge Menschen werden an diesem Tag verletzt oder landen in der Gefangenensammelstelle, einer großen Halle, in der die Stadt extra für die Klimaaktivisti Käfige aufgestellt hatte.

Die wenig später bekanntgegebenen Ergebnisse der Konferenz sind eine Katastrophe. Dabei war 2009 als Weltrettungsjahr gehypt worden. Statt einer Nachfolge des Kyoto-Protokolls wird als Abschlussdokument nur die »Copenhagen Accord« zur Kenntnis genommen, die rechtlich nicht bindend ist. Der Klimaforscher Hans Joachim Schellnhuber, damals Direktor des Potsdam Instituts für Klimafolgenforschung, berechnet, dass mit dieser Vereinbarung die globale mittlere Temperatur um 3,5 Grad ansteigen werde. Eine verschenkte Chance, denke auch ich, während mir langsam eine weitere traurige Erkenntnis dämmert: Ich darf nicht länger darauf hoffen, dass die Politik, dass die Regierungen im Sinne meiner Generation handeln. Ich darf nicht länger davon ausgehen, dass wissenschaftliche Erkenntnisse ernst genommen werden. Diese Konferenz lässt die letzten rosa Seifenblasen meiner Zuversicht platzen, das Vertrauen darauf, dass die Politik aufgrund der Dringlichkeit der Lage Einsicht zeigt.

50 000 Menschen demonstrierten in Kopenhagen; es wird Jahre brauchen, um eine ähnlich große Zahl auf die Straßen zu bringen. In Deutschland kommt dieser Moment, in dem die Bewegung ihre Stärke wiederfindet, mit den Protesten gegen die Rodung des Hambacher Walds. Wir schreiben das Jahr 2018. Fast ein Jahrzehnt ist vergangen. Die Klimakrise, bisher scheinbar in weiter Ferne, spüren wir in diesem Sommer nur allzu deutlich. Dürre und Hitze machen unseren Ökosystemen zu schaffen. Im Hambacher Wald verfärben sich schon im August die Blätter gelb. Die letzten Reste des Waldes sollen nun auch noch gerodet werden – nur um mit der Braunkohle darunter die Klimakrise anzufeuern. Doch zwischen die Kettensägen und die alten Bäume stellen sich schützend Menschen. Hoch oben in den Wipfeln sind ganze Baumhausdörfer entstanden, am Boden wird mit Barrikaden und Sitzblockaden versucht, die Zerstörung aufzuhalten. Die nordrhein-westfälische Landesregierung nutzt ausgerechnet den Brandschutz als Vorwand, um mit dem größten Polizeieinsatz der Landesgeschichte den Wald räumen zu lassen. Doch jede Woche strömen mehr Menschen herbei, kommen zu den sonntäglichen

Spaziergängen. Aus Hunderten werden Tausende, dann Zehntausende, die sich vor den Wald stellen.

Schließlich dann, am 6. Oktober, ordnet ein Gericht den Stopp der bevorstehenden Rodung an – aufgrund der unter Naturschutz stehenden Bechsteinfledermaus, die die kleinen Höhlen in den Stämmen der alten Eichen zum Überleben braucht. Wenige Stunden später liege ich in einer Hängematte und beobachte, wie andere Aktivisti fleißig neue Baumhäuser bauen, denn RWE oder der Landesregierung vertraut hier niemand mehr. Ich möchte glücklich sein und feiern, fühle mich aber so erschöpft wie nie zuvor. Die Erlebnisse während der wochenlangen Räumung lassen mich nicht los.

Auch jetzt – zwei Jahre sind vergangen – fällt es mir schwer, mich über das Erreichte zu freuen. Viele Orte im Wald sind mit schmerzhaften Erinnerungen verknüpft, die mich ein Leben lang begleiten werden. Erinnerungen an verzweifelte Schreie meiner Freund*innen, während sie niedergeknüppelt oder mit Schmerzgriffen aus ihren Baumhäusern gezwungen wurden. Erinnerungen daran, dass ein junger Journalist und Freund des Waldes, Steffen Meyn, in die Baumkronen klettern musste, um von dort aus über die Räumung zu berichten, weil die Polizei am Boden seine Arbeit behinderte – wie die vieler Journalist*innen –, stürzte und sein Leben verlor. Die Trauer und Wut über seinen Tod sind geblieben, der Landesregierung werde ich nie vergeben, Steffen nie vergessen können.

Immer wieder kehre ich in den Hambacher Wald zurück, oft alleine, oft, wenn ich konzentriert darüber nachdenken will, wie es weitergehen soll, welche Wege und welche Strategien wir brauchen, um die Klimakrise doch noch aufzuhalten. Meine liebste Zeit hier ist das Frühjahr, wenn auf dem Waldboden ein weißes Blütenmeer sprießt und die Bäume innerhalb weniger Tage in das Smaragdgrün junger Blätter getaucht werden. Wenn die Welt noch in Ordnung scheint.

Doch die nahen Kohlebagger und ihr stetig herüberschallendes Geräusch lassen mich schnell in die Realität zurückkehren: Dieser Wald stirbt. Der Tagebau erhitzt sich im Sommer auf über 50 Grad, und das Ökosystem des Waldes, der sein eigenes kühles Mikroklima schafft, gerät massiv unter Druck. Und so fallen die Blätter schon wieder, kaum dass der Sommer kommt, Jahr für Jahr. Wie viel Zeit bleibt diesem Wald noch? Wie viel Zeit bleibt uns noch, bis all die anderen (Wald-)Ökosysteme zu kippen beginnen, sich der Amazonas in eine Savanne verwandelt oder die Permafrostböden der Arktis tauen? Wir erleben global bereits das Überschreiten der Kipppunkte. Dieses Wissen lässt mich nachts nicht schlafen. Eine Welt 6 Grad heißer – ich wage sie mir nicht vorzustellen.

Die Alternative zur Klimakatastrophe ist die Utopie einer solidarischen Weltgemeinschaft. Einer Wirtschaft, die weder Natur noch Mensch ausbeutet. In der der kurzfristige Profit von wenigen nicht wichtiger ist als das Überleben von Millionen. Wahrlich eine Mammutaufgabe, den Kapitalismus zu überwinden, einen Systemwandel zu erstreiten, aber eine alternativlose. Dabei geht es nicht »nur« um unsere Wirtschaft. Es geht auch um unsere Demokratie und unser gesellschaftliches Zusammenleben. Darum, dass wir koloniale, rassistische und patriarchale Unterdrückungssysteme sprengen und unsere Kämpfe verbinden müssen mit denen für soziale Gerechtigkeit, Gleichberechtigung aller Geschlechter und offene Grenzen, damit Menschen in Würde ein neues Zuhause finden können, wenn ihre Region kollabiert. Ihre Zahl wird groß sein, selbst wenn wir die 1,5-Grad-Grenze einhalten sollten.

Aber werden wir konkret: In Deutschland müssen wir die größten Verursacher von Treibhausgasen sofort abschalten. Zentral sind dabei die Braunkohletagebaue im Rheinland, die größte CO_2-Quelle Europas. Alleine am Tagebau Garzweiler möchte der Kohlekonzern RWE noch weitere 600 Millionen Tonnen Braunkohle fördern – und auch hier Wälder, fruchtbare Böden und Dörfer zerstören. Das darf nicht passieren, und deshalb haben sich vor Ort Widerstandsstrukturen gebildet. Auf den alten Buchen im Wald des Dorfes Keyenberg befinden sich nun auch Baumhäuser, und das Dorf Lützerath, das mittlerweile direkt am Tagebau liegt, hat neue Bewohner*innen, die sich dem Kohlekonzern entgegenstellen und das Dorf wieder mit Leben füllen. Auch ich lebe mittlerweile am Tagebau Garzweiler, bin fast täglich dort, sehe, wie die Bagger immer mehr Land nehmen, tote Mondlandschaft bis zum Horizont. Der Abgrund lässt mich jedes Mal erschauern. Mein Zuhause, das Rheinland mit seinen Raffinerien von Shell und den Kohlekraftwerken von RWE – es ist und bleibt einer der zentralen Orte, die über unser aller Zukunft entscheiden. Und so stelle ich mich weiterhin der Zerstörung in den Weg und sage mir immer und immer wieder, dass ich nicht aufhören darf zu kämpfen, ehe der letzte Bagger stillsteht und das letzte Kraftwerk geschlossen worden ist.

Parallel müssen wir an die anderen Sektoren ran, wie beispielsweise Mobilität oder industrielle Landwirtschaft. Alles muss auf den Prüfstand. Wir müssen unsere Art zu leben und zu wirtschaften radikal verändern und soziale Gerechtigkeit unteilbar mit Maßnahmen zur Minderung der Emissionen verknüpfen. Nur so ließe sich die Klimakrise aufhalten.

Dass diese Schritte, logisch hergeleitet auf Basis der Szenarien der Klimawissenschaft, noch nicht gegangen werden, hat unterschiedliche Gründe. Zum einen legt sich die Klimagerechtigkeitsbewegung mit jenen an, die vom bestehenden Wirtschaftssystem bestens profitieren. Damit meine ich die Vorstände von großen und globalen fossilen Unternehmen – nicht deren Angestellte. Zum zweiten werden die Entscheidungen im Bereich Klima und Energie global von einem sehr kleinen, reichen, weißen und primär männlichen Teil der Weltbevölkerung getroffen. Das Wissen und die Perspektive derer, die von der Klimakrise bereits betroffen sind, werden ignoriert. Global verstärkt die Klimakrise bestehende Ungerechtigkeit:

Menschen, die schon heute in Armut leben, die abhängig sind von ihrer Subsistenzwirtschaft, der Verfügbarkeit ihrer Wasserquellen und dem, was die Natur ihnen geben kann, wird die Lebensgrundlage geraubt. Frauen trifft es am stärksten. Nicht weil sie »schwächer« sind als Männer, sondern weil sie innerhalb der Gesellschaft und Familie eine andere Stellung einnehmen. Sie haben weniger Zugang zu Bildung, medizinischer Versorgung, der Möglichkeit, arbeiten zu gehen oder Land zu besitzen.

Frauen müssen auf allen politischen Entscheidungsebenen gleichberechtigt beteiligt werden, nicht nur weil sie zuerst sowie stärker von der Klimakrise betroffen sind als Männer, sondern weil sie Wissen und Kompetenzen mitbringen, die wir brauchen, um die Klimakrise aufzuhalten – und weil es ihr Recht ist, selbst mit zu entscheiden, wie ihr Leben und ihre Zukunft aussehen sollen.

In Deutschland müssen wir uns die unangenehme Frage stellen, für wen wir Klimamaßnahmen umsetzen. Ist es unser Ziel, dass wir im Norden noch gerade so über die Runden kommen, oder wollen wir, dass es allen Menschen auf der Erde gut geht, auch der Bevölkerung in den Ländern des globalen Südens. Erst wenn wir unsere Bemühungen in Deutschland danach ausrichten, dass die Welt insgesamt bewohnbar bleibt – heute und in der Zukunft –, werden diese ausreichend sein. Um das zu erreichen, müssen wir die Machtfrage stellen. Uns anlegen mit der fossil getriebenen Industrie, ihren politischen Verbündeten und patriarchal sowie kolonial geprägten Entscheidungsstrukturen.

Es ist also viel zu tun. Lasst euch den Mut zum Widerstand nicht nehmen. Denn wenn ihr euch darauf einlasst, dann werdet ihr mit Gegenwehr rechnen müssen. Das erlebten wir unter anderem auf der UN-Klimakonferenz in Madrid im Dezember 2019. Wieder einmal hatten sich zivilgesellschaftliche Aktionen zusammengefunden, um gegen den stockenden Verhandlungsverlauf zu protestieren. In der großen Messehalle versammelten sich die Protestierenden vor dem dort eingerichteten Tagungssaal. Angeführt wurden sie von eben jenen, die die Klimakrise am stärksten spüren, aber am wenigsten zu ihr beigetragen haben. Menschen von den Inselstaaten im Pazifik, indigene Gemeinden aus dem Amazonas oder der Sahelzone Afrikas. Doch statt ihnen zuzuhören, drängte die Polizei sie weg. Die Demonstrierenden wurden durch ein großes Tor der Messehalle geschoben und mussten zusehen, wie sich dieses hinter ihnen schloss.

Wenn ich eines auf den UN-Klimakonferenzen gelernt habe, dann, wie grausam die Realität der Klimakrise bereits ist. Dass sie Menschen die Lebensgrundlage raubt und ganze Landstriche zusammenbrechen lässt. Und das zeigt mir, welch große Verantwortung auf den Menschen im Rheinland lastet, die Tagebaue und Kohlekraftwerke endlich stillzulegen. Ich habe auch gelernt, wie viel Mut andere aufbringen müssen, um sich in ihren Regionen gegen die zerstörerische fossile Industrie zu wehren. Umwelt- und Menschenrechtsaktivisti bei den Steinkohletagebauen in Nordkolumbien müssen beispielsweise fürchten, am Dorfeingang erschossen zu werden. Diese Sorge muss ich in Deutschland nicht haben. Und deshalb macht es mir keine Angst, wenn ein Kohlekonzern versucht, mich mit seinen Anwälten einzuschüchtern, oder wenn der rechte Mob im Netz seine Hetze über mich ergießt. Aber ich will auch ehrlich sein, es macht keinen Spaß, dies erleben zu müssen, und es kann gefährlich werden, wenn die Anfeindungen nicht nur online stattfinden, sondern plötzlich auf der Straße geschehen.

Liebe nächste Generation, es ist nicht okay, was ihr erdulden und unternehmen müsst – nur um noch eine kleine Chance zu erhaschen auf eine Zukunft ohne Klimakatastrophe. Jede Generation steht in der Verantwortung, die Kämpfe der vorangegangenen fortzusetzen und neue zu beginnen. Euch und uns wurde wahrlich die schwierigste Aufgabe hinterlassen, der

sich die Menschheit jemals stellen musste. Ich möchte, dass
ihr wisst: Das ist nicht okay. Es ist nicht okay, dass euch kein
Gehör geschenkt wird oder dass ihr mit leeren Worten von Politiker*innen abgespeist werdet. Es ist nicht okay, dass ihr eure
Körper einsetzen müsst, um Zerstörung zu blockieren, und
dass euch dabei wehgetan wird. Verliert niemals euren Mut
und eure Lebensfreude. Und verliert niemals eure Träume für
eine Welt ohne Klimakatastrophe. Verlasst euch nicht auf andere, diese für euch zu erkämpfen. Erhebt weiter eure Stimme,
mischt euch ein, seid der Wandel, den ihr auf der Welt sehen
wollt.

Kathrin Henneberger (*1987) war Sprecherin der Grünen
Jugend. Von 2018 bis 2020 war sie Pressesprecherin des
Klimabündnisses Ende Gelände, derzeit arbeitet sie als
Projektkoordinatorin Internationale Klimagerechtigkeit für
das Institute of Environmental Justice e. V. Sie setzt sich für
Klimagerechtigkeit ein. www.kathrinhenneberger.de

Sandra Gugić

Scheitern eines Briefentwurfs oder Versuch einer Spurensuche zwischen Autosoziobiografie, Literatur und Natur

2016 findet ein Mann namens Rob Gordon am Strand von Tardinghen in Nordfrankreich einen Joghurtbecher. Der Becher trägt die Beschriftung: »Offizieller Sponsor der Olympischen Spiele 1976«. Ein Becher, der vor über 40 Jahren weggeworfen wurde und immer noch so neu aussieht, als wäre er letzte Woche gekauft worden. Gordon macht ein Foto, teilt es auf Twitter, es geht viral.

1976 ist mein Geburtsjahr, ich besitze eine Silbermünze mit dem Logo der Olympischen Spiele. Meine Kindheit ist aus Kunststoff: Tetra Paks, gefüllt mit klebrig-süßen Säften, Tupperware und Plastiktüten in allen Farben und Größen, Überraschungseikapseln in Orange, Masters-of-the-Universe-Actionfiguren, Gesellschaftsspiele wie »Vier gewinnt«, transparente Strandsandalen, »Ritsch-Ratsch-Klick«-Einwegkameras von Agfa. Die Designer dieser Zeit lieben Plastik, Plexiglas, Schaumstoff und aufblasbares PVC. Und die Welt liebt ihre Produkte.

Ich bin elf Jahre alt, als mir jemand einen Greenpeace-Folder in die Hand drückt. Darin lese ich von einer Antarktis-Station, auf der Umweltschäden dokumentiert werden. Ich bitte meine Mutter, regelmäßig einen Teil meines Taschengeldes für die Organisation spenden zu dürfen. Im gleichen Jahr geschieht die Nuklearkatastrophe von Tschernobyl, der Wind trägt die radioaktive Wolke bis in den Osten Österreichs, wo wir leben. Über das Lesen und das Tagebuchschreiben versuche ich mir die Welt zu erschließen und träume davon, Geschichten zu schreiben und in die Welt zu bringen. Meine ältere Schwester liest als Schullektüre: *Der Mensch erscheint im Holozän* von Max Frisch. Darin wird ein tagelanges Unwetter zum Gleichnis des Verfalls des Erzählers. Verzweifelt versucht er durch das Sammeln seiner Gedanken auf unzähligen Zetteln seinen Gedächtnisverlust aufzuhalten, bis er für sich festmacht, dass die Welt sein Gedächtnis nicht braucht. Und aufgibt. Ich verschlinge das Buch und werde es von da an immer wieder lesen.

Apropos Gedächtnis, wo war ich?

Der Mensch erscheint im Holozän. Oder befinden wir uns bereits im Anthropozän? Ich füttere die Suchmaschine und finde: Der Begriff ist aus dem Altgriechischen abgeleitet und bedeutet in der Sprache der Geologen »das Menschenneue«. Ich lese weiter: Wo der Beginn des Anthropozäns festzumachen ist, wird immer noch diskutiert und wurde von der Internationalen Kommission für Stratigrafie nicht abschließend entschieden. Die akademische Definition des Anthropozäns setzt dessen Beginn in der Regel in der Mitte des 20. Jahrhunderts an, als die Menschheit exponentiell zu wachsen beginnt. Was als zarte Spur beginnt, wird über Jahrhunderte mit der stetig wachsenden Weltbevölkerung immer deutlicher, entwickelt sich zu einem massiven Fußabdruck des Menschen, unter dem der Planet zu kollabieren droht. Eine Umwelt also, die unser eigenes Produkt geworden ist, das auf uns zurückwirkt. Kann der gleiche Erfindergeist des Menschen, der sich die Erde »untertan gemacht hat«, auch den Ausweg finden?

2015, im Jahr als mein erster Roman erscheint und ein Jahr bevor Rob Gordon am Strand den Plastikbecher mit dem Emblem der Olympischen Spiele 76 findet, stehen Dystopien in der deutschsprachigen Literatur hoch im Kurs. Paradiese werden geflutet, Meere verschwinden, Gated Communities erhöhen die Sicherheitsvorkehrungen, Prepper verschanzen sich in ihren Bunkern, unsterblich Verliebte durchleben gemeinsam die Apokalypse, die Gesellschaft ist in Alarmbereitschaft und/oder zurückgezogen in digitale Räume, Lebensentwürfe scheitern.

Der Philosoph Bertrand Russell stellte fest: »[...] the difficulty is to persuade the human race to acquiesce in its own survival. I cannot believe that this task is impossible.«*

Die Literatur scheint bis dato zu pessimistischen Deutungen unserer Zukunft zu tendieren. Heute wie damals frage ich mich, was kann Literatur ausrichten? Braucht unsere Gesellschaft das Gedächtnis, die Erfahrungshorizonte und Gedanken der Schreibenden als rote Fäden, die dahin führen, neue Möglichkeitsräume zu öffnen? Sind wir Schreibende nichts als Sonntagsausflügler, die sich ein paar Stunden in gedanklichen Versuchsanordnungen verlieren, ohne die eigene Lebensweise zu überdenken oder gar aufzugeben? Sind wir nur zu Gast in einer Gegend, in die wir nicht gehören?

Ich kann zu diesem Zeitpunkt keine dieser Fragen abschließend beantworten, aber ich werde mich ihnen weiterhin stellen.

Wovon ich dabei ausgehe, ist der Anfang: Schreiben ist Arbeit. Ein an den Strand gespülter Plastikbecher, der etwas weit über das Bild hinaus bedeutet und erzählt. Schreiben ist eine Übung im Close Reading des Istzustands der Welt und der Entschlüsselung ihrer Bilder, als sähen wir sie zum ersten Mal.

---

* Bertrand Russell: »The Atomic Bomb and the Prevention of War«, *Bulletin of the Atomic Scientists*, October 1, 1946.

Sandra Gugić (*1976) ist eine österreichische Autorin
serbischer Herkunft. Sie studierte an der Universität für
Angewandte Kunst in Wien und am Deutschen Literaturinsti-
tut Leipzig. Für ihre Arbeit wurde sie mehrfach ausgezeichnet.
Ihr erster Roman *Astronauten* (C. H. Beck) erschien 2015 und
erhielt den Reinhard-Priessnitz-Preis. 2019 erschien ihr
Lyrikdebüt *Protokolle der Gegenwart* im Verlagshaus Berlin,
2020 ihr Roman *Zorn und Stille* (Hoffmann und Campe).
Zuletzt wurden ihr das Stipendium des Berliner Senats und
das Heinrich-Heine-Stipendium zugesprochen. Sandra Gugić
lebt als freie Autorin mit ihrer Familie in Berlin.

Özden Terli

23. November 2040

Wieder ging ein Jahr zu Ende, und die Klimakrise hatte sich verheerend manifestiert. Die katastrophalen Buschfeuer Anfang des Jahres 2020 in Australien, später die Brände am Polarkreis und in Kalifornien hatten gezeigt, dass wir »die Klimakrise nun live im Fernsehen miterleben« konnten, wie der US-Klimaforscher Michael Mann es ausdrückte. Und das traf es auf den Punkt. Die Feuerfluten waren ein Sinnbild dafür, dass die Erde brannte. Die zahlreichen Wetterextreme waren nicht neu, sie wurden bereits in den fünfziger Jahren vorhergesagt. Die Wissenschaft hatte in den entscheidenden Aussagen recht behalten, das war nicht weiter verwunderlich. Die physikalischen und chemischen Parameter der Atmosphäre wurden zunehmend verändert, ein gewaltiges wissenschaftliches Experiment fand statt mit dem Titel: »Wie viel Zeit ist nötig, um die Lebensbedingungen auf dem Planeten so zu beeinflussen, dass die Existenzgrundlage jeglichen Lebens zerstört wird?« Das war der Versuch, an dem die Menschen seit der Industrialisierung arbeiteten. Bereits im 19. Jahrhundert entdeckten Forscher*innen den Zusammenhang zwischen Treibhausgasen und der Temperatur. Eunice Foote, eine weitgehend unbekannte Wissenschaftlerin, wies 1856 experimentell nach, dass CO_2 und Wasserdampf die Strahlung der Sonne absorbieren und die Variation der Gase in der Luft zu Veränderungen im Klimasystem führen kann. John Tyndall zeigte drei Jahre später, dass Kohlen-

stoffdioxid und Wasserdampf Strahlung im Infrarotbereich absorbieren. Tyndall schlussfolgerte, dass dies zu einer Erhöhung
der Temperatur in Bodennähe führen würde. 1938 wiederum
setzte der Ingenieur Guy Callendar aufgezeichnete CO_2-Da-
ten mit Temperaturmessungen in Verbindung und kam zum
Ergebnis, dass die Temperatur innerhalb der letzten 50 Jahre
gestiegen war und dies mit der Zunahme von CO_2 zu tun habe.
1957 nahm Roger Keeling die erste Messreihe auf, die systema-
tisch die Kohlenstoffdioxidkonzentration in der Atmosphäre
registrierte. Ab den sechziger Jahren wurde jeder Präsident der
USA über die Verschmutzung der Atmosphäre unterrichtet.
Die Erkenntnisse wurden immer zahlreicher, und 1979 gab es
die erste Klimakonferenz in Genf. Die Vorhersagen von damals
sind heute Realität.

Auch die Ölindustrie erkannte die Schädlichkeit ihrer Produkte, so erforschte Exxon die Wirkung von CO_2 auf die Atmosphäre. Bereits 1982 konnten die Wissenschaftler*innen in
den Diensten des Konzerns relativ gut zeigen, wie hoch die
CO_2-Konzentration in der Atmosphäre und die Temperaturabweichung im Jahr 2020 sein würden. Allerdings – und das ist
mittlerweile nachgewiesen – bezahlte Exxon Thinktanks, die
mit Medienkampagnen Zweifel an den Ergebnissen der Klimawissenschaft säten. Diese Skepsis infiltrierte über Jahrzehnte
hinweg die Gesellschaft, und im Jahr 2020 gab es noch immer
Menschen, die den Befunden der Klimawissenschaft keinen
Glauben schenkten.

Ich ahnte damals schon länger, dass die Klimakrise nicht so
einfach aufzuhalten war. Mit individuellen Verhaltensänderungen war ihr nicht beizukommen, die Auswirkungen waren im
Jahr 2020 zu massiv. Es war eine gesamtgesellschaftliche Aufgabe, über Parteigrenzen und Ländergrenzen hinweg. Gesetze
und Abkommen waren nötig, um eine regelrechte Transformation in eine nicht fossile Gesellschaft anzustoßen. Die Zerstörung zeigte sich von Jahr zu Jahr klarer – besonders eindrück-

lich an der Kryosphäre. Das Eis in der Arktis, Antarktis oder der Gletscher schmolz und war nicht ersetzbar. Der Meeresspiegel stieg, und der Anstieg beschleunigte sich sogar noch. Die Ozeane heizten sich weiter auf, und eine höhere Oberflächentemperatur des Wassers verstärkte die Tropenstürme. Die Strömungen in den Ozeanen und in der Atmosphäre veränderten sich. Die Konsequenzen waren weitere Extremwetterereignisse.

Seit Jahrzehnten hatten wir gewusst, was kommen würde. Wissenschaftler*innen wurden aber nicht ernst genommen, zum Teil sogar bedroht und unter Druck gesetzt. Bemühungen, auf ihr Wissen zu reagieren, wurden vielfach torpediert. Obwohl die einfachen Klimamodelle aus den achtziger Jahren bereits einen treffenden Blick in die Zukunft boten. Eine Allianz aus Lobbygruppen und Politikern, bezahlt von der Ölindustrie, verhinderte über Jahrzehnte den Fortschritt beim Klimaschutz.

Die Einschläge der Klimakrise kamen immer näher. 2018 verhielt sich der Jetstream sehr auffällig, wie mir bald bewusst wurde. Er hing immer wieder fest. Eine Dürre erfasste das Land, von Februar bis Ende Oktober gab es zu wenig Regen in Deutschland. Die Klimakrise hatte uns mit voller Wucht eingeholt. Extreme Hitze in Mitteleuropa, aber auch die anhaltenden Trockenphasen und Dürren im europäischen Maßstab zeigten, dass die Klimakrise immer stärker ins normale Wetter hineinspielte. Im Jahr 2020 war die Temperaturabweichung über Teilen Sibiriens derart hoch, dass man davon ausgehen musste, dass die vom Menschen verursachte Erhitzung des Planeten die Ursache war. Das hatte Folgen. Das Arktiseis wollte im Jahr 2020 nicht mehr richtig gefrieren. Eigentlich hätte das in der Polarnacht im Winter geschehen sollen, aber weil das ganze Jahr so warm gewesen war und besonders der Sommer, fror der arktische Ozean zunächst nicht zu. Im Oktober 2020 war die Meereisfläche so klein wie nie zuvor in diesem Monat. An der sibirischen Küste waren die Temperaturen extrem hoch.

Noch nie hatte es so viele Tropenstürme auf dem Atlantik gegeben, und noch nie waren sie so stark gewesen. Der Begriff der »rasanten Intensivierung« machte sich unter Meteorolog*innen breit. Dahinter stand nichts anderes als die Verstärkung eines Sturms in kurzer Zeit zu einem massiven Hurrikan. Die Weltmeere und Ozeane heizten sich weiter auf, und so stand den Stürmen schlichtweg mehr Treibstoff zur Verfügung. Ein weiterer Forschungsgegenstand war, dass solche Hurrikane immer länger am gleichen Ort verweilten, und das war nicht graue Theorie, sondern es geschah in der Realität.

Die Klimakrise wurde also nicht übersehen. Die Menschen wussten davon. Die Entscheidungsträger wussten es auch, aber sie haben es ignoriert.

Die Aufgabe des Meteorologen ist es, diese Zusammenhänge zu erklären. Die Folgen der Klimakrise waren mittlerweile gut erforscht und ließen sich vom normalen Wetter nicht mehr trennen. Eine Studie, die im Frühling 2020 veröffentlicht wurde, erregte damals meine Aufmerksamkeit. Die Studie besagte, unabhängig davon, welchen Klimapfad wir beschreiten, also ob wir nun weniger CO_2 oder mehr ausstoßen, wird die Arktis in den Sommermonaten eisfrei werden. Unabhängig davon also, wie stark wir die Atmosphäre mit CO_2 verschmutzen. Der einzige Unterschied ist, dass die eisfreien Sommer in der Arktis im Fall hoher Emissionen häufiger wären. Oder anders ausgedrückt: Je länger wir mit effektiven Klimaschutzmaßnahmen warten, desto häufiger sind eisfreie Sommer in der Arktis. So kam es dann ja auch. Aber das war nur eines der Ereignisse.

Die Fridays-for-Future-Bewegung entstand und ging auf die Straße. Durch die Coronapandemie wurde sie stark eingeschränkt, aber sie hat dennoch weitergemacht. Junge Menschen forderten das, was Wissenschaftler*innen schon seit Jahren vergeblich forderten. Deswegen stellten sie sich hinter die Bewegung und nannten sich Scientists for Future. Es waren viele Kinder und Jugendliche, die auf die Straßen gingen, um für ihre Zukunft zu protestieren. Das war beeindruckend. Ich hatte so eine Bewegung in ferner Zukunft vermutet – vielleicht in zehn Jahren. Aber ja, nach dem Jahr 2018 war das Bewusstsein vieler Menschen für die Klimakrise gewachsen. Die jungen Leute, die für ihre Zukunft und für Gerechtigkeit auf dem ganzen Planeten eintraten, haben ein neues Denken ausgelöst. Es wurde offenbar, dass die Regierungen über Jahrzehnte keine effektiven Maßnahmen ergriffen hatten. Sie hatten schlichtweg keine Antworten auf die Klimakrise. Die Klimastreikenden protestierten, damit das Pariser Abkommen eingehalten wird, das ja bereits ein Kompromiss war. Doch selbst das ausgehandelte 1,5-Grad-Ziel, das bei weitem nicht genügte, um den Klimawandel zu stoppen, wurde von der üblichen Klimaschmutzlobby infrage gestellt. Auch Politiker zweifelten die Notwendigkeit der Maßnahmen an, obwohl alle Fakten eine deutliche Sprache sprachen. Aber von einem Tag auf den anderen auf alle fossilen Energieträger zu verzichten, war ja nicht realistisch. Allerdings wollte das auch kaum einer, nur deutlich schneller sollte es gehen.

Letztendlich gab es im Jahr 2020 keine effektiven Maßnahmen, es wurde kaum etwas unternommen, um die Emissionen geregelt zu senken. Die Coronapandemie sorgte vorübergehend für einen Emissionsrückgang, aber danach drehte die Wirtschaft wieder auf. Die Konzentration der Treibhausgase in der Atmosphäre ging im natürlichen Rauschen unter. Die Veränderungen in der Atmosphäre, in den Ozeanen und in den Regenwäldern sowie das rasante Aussterben der Tiere und Pflanzen hatten eine Dynamik erreicht, die atemberaubend war. Das ganze Wirtschaftssystem war auf Zerstörung aufgebaut anstatt auf den Erhalt unserer Lebensgrundlage. Das Verbrauchen stand im Mittelpunkt, das permanente Dezimieren von Rohstoffen, und das immer schneller. Es war ein Irrsinn, der aus heutiger Sicht nicht mehr nachzuvollziehen ist.

Wissenschaftler*innen versuchten, die Diskussion über ein

neues Wirtschaften in den Mittelpunkt zu rücken, eines, das innerhalb der planetaren Grenzen, mit der Natur im Einklang, funktionieren sollte, aber sie wurden nicht ernst genommen oder abwertend als Aktivisten bezeichnet. (Wobei Aktivismus genau das war, was uns später rettete. Auch die, die nicht gerettet werden wollten.) Anfang der 2020er litten weltweit viele Menschen unter der Coronapandemie, und es war bitter nötig, die Wirtschaft wiederaufzubauen. Dennoch waren die Bemühungen, diese Zäsur als eine Chance zu begreifen, nur schwach ausgeprägt.

Nachdem im Jahr 2025 in Deutschland eine weitere Legislaturperiode des unzureichenden Klimaschutzes verstrichen war und die globale Mitteltemperatur schon das zweite Mal in Folge die 1,5-Grad-Marke überschritten hatte, kam es zu Unruhen. Angestoßen wieder von jungen Menschen, die wegen der verantwortungslosen Politik immer verzweifelter waren. Psychische Probleme und Zukunftsängste nahmen rapide zu. Die 68er-Revolution war ein Sandkastenspiel im Vergleich zu dem, was folgte. Auch die Eltern der protestierenden Jugendlichen unterstützten die Bewegung und erhöhten den Druck, wo immer es ging. Am Arbeitsplatz, auf der Straße, in Vereinen, zuletzt an den Wahlurnen – die Klimakrise dominierte die Zivilgesellschaft derart, dass der gesellschaftliche Kipppunkt überschritten wurde. Jahrelang aufgestauter Frust brachte die Menschen dazu, eine wirklich fortschrittliche Regierung zu wählen. Das Wichtigste war, dass der Einfluss der Lobbygruppen unterbunden und stattdessen Wissenschaftler*innen als Berater eingesetzt wurden. Eine Einflussnahme der Konzerne war kaum mehr möglich, zumindest nicht, ohne dass es auffiel. Die Sanktionen im Falle von Manipulationsversuchen waren entsprechend hoch angesetzt.

Diese Regierung, die ab 2025 verschiedene wirkungsvolle Maßnahmen zum Klimaschutz durchsetzte, wurde von den Bremsern Kamikaze-Regierung genannt. Die Klientel, die jahrzehntelang gegen den Klimaschutz agiert hatte, glaubte, die Regierung würde nicht wiedergewählt werden, also nur eine Legislaturperiode durchhalten und sich damit selbst abschießen, deswegen der Begriff. Doch der Wandel war keineswegs radikal, sondern eher ein konsequentes, mit der Wirtschaft und der Zivilgesellschaft abgestimmtes Handeln, um möglichst alle Menschen mitzunehmen und den Kompromiss des Pariser Abkommens besser spät als nie umzusetzen. Diese Regierung war die erste, die tatsächlich einte und nicht im Parteigezänk das Wesentliche aus den Augen verlor. Beteiligt waren neue Parteien und sehr junge Politiker*innen, die in Kommunen sowie auf Bundesebene für die entsprechenden Veränderungen sorgten. Das Wort »Kamikaze-Regierung« wurde 2026 zum Unwort des Jahres gekürt. Die Begründung fiel ähnlich aus wie bereits 2019, als »Klimahysterie« das Unwort des Jahres war. Bestellte Kolumnisten versuchten in einem letzten Aufbäumen, die Gesellschaft zu spalten, griffen Einzelpersonen an, um sie zum Schweigen zu bringen, aber das funktionierte nicht mehr. Ablenkung und Wissenschaftsleugnung wurden von Jahr zu Jahr schwächer.

Die Entscheidungen der Regierung gingen in die Geschichte ein. Man nannte sie später einfach »die Vernünftigen«. So etwas hatte es bis dahin nicht gegeben. Die Parteien agierten zusammen – Klimaschutz und Erhalt der Lebensgrundlage wurden als Menschenrecht anerkannt und im Grundgesetz verankert. Eine Art Superministerium hatte nur eines zur Aufgabe, nämlich die Gelder so zu verteilen, dass der Effekt auf die Emissionsminderung möglichst groß war.

Eine Art Dominoeffekt setzte ein. Bald hatte mehr als die Hälfte der reichsten Länder der Welt eine Regierung der »Vernünftigen«. Die Wirtschaft, die nun immer stärker auf einen Kreislauf der Rohstoffe achten musste und so gut wie keine fossilen Energieträger nutzen durfte, hatte plötzlich klare Rahmenbedingungen, die dazu führten, dass Investitionen deutlich anstiegen und gleichzeitig Regionen, die als abgehängt galten, eine bessere Chance bekamen. Neue Jobs entstanden, und der jahrzehntelange Aufschrei: »Aber die Arbeitsplätze!« verstummte. Milliardäre mussten sich am Solidarsystem beteiligen, das Steuersystem wurde umgebaut und sorgte insgesamt für mehr Gerechtigkeit. Die Subventionen der fossilen Industrie wurden schrittweise abgeschafft.

Wenn du möchtest, mein Kind, kannst du die Bücher »Die Machiavellis der Wissenschaft«, »Die Klimaschmutzlobby« oder »Der Tollhauseffekt« – lesen, sie sind nun Jahrzehnte alt, aber wenn man heute, im Jahr 2040, verstehen möchte, warum es so lange dauerte, bis die Menschheit endlich handelte, sind sie immer noch lesenswert. Nach zwei Jahrzehnten der Transformation haben wir etwas zustande gebracht, was damals niemand für möglich gehalten hat. Dennoch wurde die Natur schwer aus der Bahn geworfen. Ob es gelingt, das Schlimmste zu vermeiden? Jede Generation wird weiter daran arbeiten müssen, das ist es, was über die Zukunft entscheidet.

Özden Terli (* 1971) ist Diplom-Meteorologe und ZDF-Wettermoderator beim heute-journal. Er schreibt für die ZDF-Homepage über Klima und Wetter und informiert auf seinem Twitter-Kanal über die Folgen der Klimakrise.

Tonny Nowshin

Lieber kleiner blauer Planet,
man könnte viel über die evolutionären Wurzeln der Liebe streiten, die ich empfinde, wenn ich ein Satellitenbild von dir betrachte. Oder darüber, warum dein Grün und Blau Geborgenheit vermitteln. Aber bevor ich mich mit diesen Wurzeln befasse – ich muss sagen, dass ich ein tiefes Gefühl der Zugehörigkeit empfinde, wenn ich dich sehe.

Es heißt, wir schützen, was wir lieben. Ich bin mir nicht ganz sicher, warum wir als Menschheit so schrecklich daran scheitern. Vielleicht lieben wir dich nicht genug. Vielleicht wissen wir nicht einmal, was Liebe ist. Ich weiß, wir reden heute viel über Liebe. Wir reden viel darüber, dass wir uns selbst lieben müssen, um andere lieben zu können, dass wir uns selbst wertschätzen müssen. Ich halte inne und frage mich, ob dies auch für unsere Beziehung zu dir gilt. Wir haben vergessen, wer wir sind, wir wissen nicht, wie wir uns lieben sollen. Wir leugnen unsere eigene Schönheit – und können daher nicht innehalten, um dich zu sehen. Um die Liebe anzuerkennen, die du uns bedingungslos entgegenbringst, und um sie dir zurückzugeben.

Ich habe Bilder von riesigen Kohletagebauen gesehen. Ich habe Bilder von riesigen Stadtlandschaften gesehen. Ich habe Bilder von Ölverschmutzung, Smogwolken und Tieren gesehen, die getötet werden, um ihre Körperteile zu verkaufen. Ich habe Bilder von Menschen gesehen, die Hunger leiden. Unter Krieg leiden. An Krankheiten leiden. Ich habe Bilder von kleinen dünnen Kindern gesehen, die neben ihren Müttern in Ziegelfeldern arbeiten. Ich habe Geschichten von sechsjährigen Mädchen gelesen, die 70 Cent am Tag verdienen und den ganzen Tag Ziegel brechen. Niemand von ihnen beschwert sich. Nicht die Landschaft, die umgewälzt wird, nicht die Tiere, die ohne Respekt getötet werden, nicht die Menschen, die in riesigen Maschinen Profit machen sollen. Einen Profit, der nur wenigen zugutekommt. Niemand beschwert sich.

Aber die Ungerechtigkeiten häufen sich. Sie häufen sich immer mehr, und ich merke jetzt, wenn ich all die Berichte über die Klimakrise lese, wenn ich lese, wie das gesamte Ökosystem auseinanderfällt, dass dies das Ergebnis all der Ungerechtigkeiten ist, die sich über Tausende von Jahren angesammelt haben und jetzt über uns hereinbrechen. Es zerstört die Grundlagen unserer Existenz. Ich fühle, dass du, trotz deiner bedingungslosen Liebe, nicht mehr geben kannst und immer lauter sagst: »Ich kann nicht mehr. Ihr müsst euch um mich kümmern. Ihr müsst auch auf euch selbst aufpassen.«

Ich fühle deine Liebe, wenn ich zum Himmel hochschaue, der jeden Tag anders aussieht. Ich fühle deine Liebe, wenn ich mich zu Beginn des Winters bücke, um den Frost im Gras zu spüren. Ich fühle deine Liebe, wenn in den ersten Frühlingswochen frische Blätter an den Bäumen sprießen. Ich kann nicht anders, als von dieser Sprache der Schönheit und Anmut überwältigt zu sein. Ich kann nicht anders, als von der bedingungslosen Allgegenwart deiner Liebe überwältigt zu sein. Ich bin beeindruckt davon, wie Menschen selbst unter härtesten Bedingungen Wege finden, auf dieselbe Art zu antworten wie du. Ich sehe, wie Tiere die Sprache der Liebe verstehen, etwa das Video des winzigen Oktopus, der sich bei der Person bedankt, die ihn in den Ozean entlassen hat. Es geht mir zu Herzen, wenn ich sehe, wie »Mama«, die alte sterbende Schimpansin, ihren langjährigen Freund Jan van Hoff erkennt und Abschied nimmt. Ich kann nicht anders, als zu akzeptieren, dass die

Sprache der Liebe universell ist. Die Sprache, mit der du uns umgibst, lehrt uns, im Einklang miteinander zu leben.

Ich schaue auf diese Welt und denke, wie schrecklich wir versagt haben. Wir ließen Roja Moni, das sechsjährige Mädchen, mit ihrer Mutter auf dem Ziegelfeld arbeiten. Auf Nachfrage erzählt sie allen, dass sie zur Schule geht und in der ersten Klasse ist. Ich schaue auf den Garzweiler-Kohletagebau am Rande des Hambacher Waldes – und ich frage mich, warum wir das mit diesem wunderschönen Wald geschehen lassen. Wofür? Zu welchem Preis? Die universelle Sprache, die sich in allem zeigt, läuft der Art und Weise, wie wir unser Leben im Moment leben, vollkommen zuwider. Das, was wir dir, unseren Mitmenschen und uns selbst antun, steht im Widerspruch zu den Grundwerten des Lebens. Warum machen wir das immer noch? Wann wurde Gier stärker als Liebe?

Ich weiß die Antwort nicht. Aber angesichts der Klimakrise weiß ich, dass so etwas passiert, wenn Gier stärker wird als Liebe. Dies ist, was passiert, wenn wir leben, um allem Schönen und Wahren zu trotzen und Profit die ultimative Wahrheit sein zu lassen. Es schmerzt. Der einzige Trost, den ich finde, ist zu wissen, dass es Menschen gibt, die sich zusammengetan haben und kämpfen, um dich zu beschützen. Um alle Lesewesen zu schützen. Um uns zu schützen. Ich weiß, sie hören wie ich deine Sprache und sind bereit, ihr Bestes zu geben.

Dieser Kampf, in dem wir uns befinden, ist nicht einfach. Die Dinge ändern sich nicht schnell genug. Bitte halte durch.

Deine Tonny

Tonny Nowshin (*1987) ist Ökonomin, arbeitet für die Naturschutz-NGO urgewald e.V. und setzt sich als Aktivistin auf vielfache Weise für Klimagerechtigkeit und Degrowth ein. Sie organisiert (Klima-)Veranstaltungen, hält Vorträge, Workshops und Webinare.

Renate Künast

Liebe Erde,

sorry, die Umwelt- und Klimakrise habe ich erst so nach und nach voll begriffen. Aufgewachsen bin ich im Ruhrgebiet. Als Kind von Eltern, die sehr mit ihrem Garten verbunden waren. Mein Vater kam von einem Bauernhof. Wie bei meinen Großeltern war es bei uns üblich, dass wir Gemüse anbauten. Mein Vater hat Pflanzen und Blumen immer zutiefst bewundert und war ganz begeistert davon, was ich dann spießig fand. Wie man das als jugendlicher Mensch macht, wenn Eltern was toll finden.

Die Welt schien aber idyllischer, als sie in Wahrheit war. Als Kind habe ich schon in Recklinghausen geahnt, dass einiges nicht stimmte. Zum Beispiel wurde im Ruhrgebiet die weiße Wäsche nie draußen aufgehängt, sondern auf dem Trockenboden unterm Dach: eine Folge des Kohlebergbaus. Viele haben hier in der Steinkohle gearbeitet, auch ein Onkel von mir. Meine Großeltern waren ins Ruhrgebiet gekommen, weil es im Kohle- und Stahlsektor, aber auch in der Landwirtschaft im Umland, viele Jobs gab.

Dabei war mir nicht ganz klar, ob die Kohle nun gut war, weil sie Jobs schaffte und zuverlässig war – oder ob sie schlecht war, denn schließlich musste der Dreck ja irgendwo herkommen, der in der Wäsche hängen blieb. Das hätte niemand, auch nicht in größeren Gruppen, zu fragen gewagt. Von Folgenabschätzung wurde gar nicht erst geredet, ebenso wenig wie über Windkraftwerke. Das schien rückwärtsgewandt und albern.

Obwohl Bauern früher mit Windrädern das Wasser aus dem Brunnen holten und selbst Strom erzeugten.

Mit dem Beginn der Umwelt- und Anti-AKW-Bewegung wurde erstmals so etwas wie eine Risikoeinschätzung eingefordert. Wir wollten wissen, was im Normalfall beim Betrieb eines AKW geschieht, was im Krisenfall geplant ist und was mit dem hochradioaktiven Müll geschehen soll. Kein Mensch hatte darauf eine Antwort. Es entwickelte sich ein gesellschaftlicher Konflikt: Die einen haben mit der Atomenergie und hohen Subventionen ein neues Geschäftsmodell aufgebaut, das sie vehement verteidigten. Die anderen waren die Störenfriede, weil sie auf die Gefahren hinwiesen. Ich gehörte zur zweiten Gruppe, die fragte: In welche Zukunft fahren wir da? Welche neuen Probleme schaffen wir uns damit? Für mich war der Ansatz der Folgenabschätzung der eigentliche Motor für die Entstehung der Umweltbewegung. Diese kurzfristigen Denkweisen wollten wir nicht akzeptieren, und die Breite und Kreativität der Bewegung haben es möglich gemacht, diesen Standpunkt in die Öffentlichkeit zu bringen. Es gab in Deutschland lange Zeit eine 70- bis 80-prozentige Unterstützung für den Ausstieg aus der Atomenergie, aber die Macht- und Mehrheitsverhältnisse im Parlament waren andere. Ironie der Geschichte ist, dass die Grünen die Atomkraft immer ablehnten, am Ende aber diejenigen waren, die den Prozess für eine wissenschaftlich orientierte Suche nach einem Endlager für den hochradioaktiven Müll durchsetzen mussten.

Und dann, liebe Erde, wurde mein Blick auf unsere Lebensgrundlagen nach und nach geschärft. Die Gefahren für Gesundheit und Natur, die unsere landwirtschaftliche Produktionsweise im Zusammenwirken von Agro-Gentechnik, dem Einsatz von Pestiziden und synthetischen Düngestoffen mit sich bringt, waren kaum zu übersehen. Bis heute werden auf diese Weise Böden zerstört, weil das Mikrobiom des Bodens, die Humusschicht, abhandenkommt. Zudem vermindern chemische Düngung und Schädlingsbekämpfung die Speicherung von CO_2 im Boden.

So waren die Auswirkungen unserer Landwirtschaft schon in den neunziger Jahren immer mal Thema, doch ich muss zugeben, in seinen Ausmaßen begriffen habe ich das Problem erst, als ich 2001 Ministerin für Verbraucherschutz, Ernährung und Landwirtschaft wurde. Da blickte ich plötzlich in meinem Arbeitsalltag auf ein geschlossenes System, das wir heute Agrarindustrie nennen. Die Agrar-Chemieindustrie, die zugleich Saatgutindustrie ist, ihre Patente verwertet und sich zunehmend zum digitalen Player entwickelt, sowie die Verbandsstrukturen sind der Kern dieser Branche. Sie alle kämpften damals dafür (und tun es zum Großteil heute noch), dass Politik keine Folgenabschätzung macht, dass externalisierte Kosten nicht einbezogen werden und europäische Agrargelder möglichst nicht an Bedingungen geknüpft werden.

Wer auf unsere Lebensgrundlagen schaut, dem fällt die systematische Zerstörung von Artenvielfalt auf, die doch eigentlich Grundlage für ein gesundes Natursystem ist, für gesunde Lebensmittel, für verlässliches Wirtschaften. Eine gesunde Umwelt ist also Prävention, wie die Coronapandemie zeigt.

Anfang der Nullerjahre wurde die Klimafrage immer präsenter; zum Teil erst einmal als Wetterextreme. Bauern erzählten, dass sie abwechselnd zu viel oder zu wenig Wasser auf den Feldern hatten. Verheerend waren die sogenannten Jahrhunderthochwasser, die in meiner Ministerinnenzeit im Abstand von zwei bis drei Jahren kamen. Jürgen Trittin, damals Umweltminister, und ich waren ständig mit den Folgen der Überflutungen beschäftigt. Da tauchte etwa die Frage auf, warum Genehmigungen zum Hausbau direkt am Ufer begradigter Flüsse erteilt wurden. Wie oft würden wir in Zukunft Entschädigungen zahlen? Oder sollten wir besser Maßnahmen zur Prävention ergreifen?

Wovon ich bis dahin noch kein eigenes Bild hatte, sah ich nun selber: die Schäden und die traurigen Menschen, die sie erlitten. Ich erlebte die Folgen von 1 Grad Erderwärmung. Die Wassertragfähigkeit der Wolken steigt mit jedem Grad um sieben Prozent an, die Folge ist örtlicher Extremregen. Wir hatten lange davon gesprochen, dass es Wetterextreme geben würde. Als Ministerin erlebte ich hautnah, wie aus einer bisher abstrakten Gefahr – wie früher bei Atomenergie – ein konkreter Schaden wurde. Als die Flüsse über die Ufer traten und die Deiche nicht mehr hielten, wusste ich, dass der Klimawandel auch bei uns sichtbar war. Mittlerweile spreche ich von der Klimakrise, das ist dem Ausmaß angemessener. Leider.

In manchen Jahren klagten die Bauern auch über zu wenig Regen im Frühjahr, zu der Zeit also, in der die Saat aufgehen sollte und die Pflanzen Wasser brauchten. Die Frage nach der staatlichen Anschubfinanzierung für eine Gefahrenversicherung kam auf. Und das, als die großen Rückversicherer die Klimakrise längst verstanden hatten und selbst beispielsweise in erneuerbare Energie investierten. Sie machten sich Sorgen, ob sie die großen Klimaschäden überhaupt noch werden stemmen können. So geht es seit mehr als 20 Jahren.

Mir wurde klar, einem so massiven Problem kommt man mit einer Versicherung nicht bei, wir müssen tatsächlich die Transformation der Lebensmittelproduktion beginnen. Unsere Art des Wirtschaftens im Bereich der Landwirtschaft und der Ernährungssicherung braucht einen grundlegenden Wandel. Der Ökolandbau muss das neue Leitbild werden, hier bei uns und überall auf der Welt.

Das Umsetzen dieser Veränderungen war für mich jedoch mit starker Gegenwehr verbunden. Manchmal überschätzt und manchmal unterschätzt man das Ministerinnenamt ja. Auch eine Ministerin braucht für den Großteil ihrer Gesetzesvorhaben die Zustimmung des Bundestages oder des Bundesrates. Wenn die EU zuständig ist, braucht es die Mehrheit der Mitgliedstaaten und mittlerweile im Sachen Landwirtschaft auch des Europäischen Parlamentes.

Doch obwohl die Gegenwehr massiv war, hat mich das wenig erschüttert, schließlich kannte ich Ähnliches aus der Antiatomkraftzeit. Damals hieß es oft: »Ach, ihr spinnt. Bei euch kommt der Strom wohl aus der Steckdose.« Oder: »Geh doch rüber in den Osten, wenn es dir hier nicht passt«. Insofern war ich nicht persönlich getroffen. Trotzdem, die Gegenwehr und die Beharrungskräfte waren enorm. Diese Debatte dauert zum Teil bis heute an. Der Kampf derer, die den Fokus auf den kurzfristigen Gewinn ausgerichtet haben, ist noch nicht beendet. Jede einzelne Maßnahme zur Reduzierung der Treibhausgase wird massiv kritisiert, und dabei wird nicht in der Sache argumentiert, sondern das Gegenüber diskreditiert. Aktuell sieht man das bei Teilen der FDP oder CDU, die Greta Thunberg, Luisa Neubauer und Fridays for Future vorwerfen, sie wären zu absolut, sollten endlich mal Kompromisse eingehen.

Durch diese und andere persönlichen Angriffe versuchen sie, die Tatsache zu verschleiern, dass das Pariser Klimaabkommen bereits ein Kompromiss ist. Dennoch muss man jede einzelne Maßnahme erneut diskutieren – was ja hinsichtlich ihrer Wirksamkeit richtig ist, aber das ist es nicht, worum es den Bremsern geht. Ihnen geht es darum, die Maßnahmen kleinzureden, notfalls mit dem Totschlagargument, dass dies zu viel Bürokratie bedeute oder wenig Sinn mache, wenn nicht auch China … Unter dem Vorwand, man müsse doch erst einmal gesellschaftliche Kompromisse finden – der in Gestalt des Pariser Abkommens längst vom Bundestag verabschiedet wurde –, wird kommunikativ eine Diskursverschiebung organisiert. Im Mittelpunkt steht nicht die Klimakrise, sondern die Kritik an denen, die Klimaschutz betreiben wollen.

Zum Argumentationsmuster gehört, nur kurzfristig auf ein Problem zu schauen. Wie die Landwirtschaft in Europa und der restlichen Welt und damit unser aller Lebensmittelsicherheit in fünf oder zehn Jahren dastehen, soll aus dem Fokus ge-

schoben werden. Doch der Schein trügt. Vermeintliche Maßnahmen zugunsten der Bauernfamilien geben keine wirkliche
Perspektive. Nur Trostpflaster.

In meiner Zeit als Ministerin warf man mir vor, ich sei ideo-
logisch (was ist eigentlich gegen Werte und Ziele einzuwen-
den?) und würde nur über Ökolandbau reden. Dann habe ich
das deutsche Biosiegel entwickelt, ein umfassendes Bundesprogramm Ökologischer Landbau und eine Informationskampa-
gne. Außerdem fiel mein Blick auf das Essen in der Schule. Dabei ging es nicht nur um das Klima, sondern auch um gesunde
und vollwertige Ernährung sowie einen Bioanteil. Eine solche
Umstellung der Mensen und Kantinen hat stets eine Reduk-
tion von Fleisch zur Folge und ist damit ein Klimabeitrag. Das
erwähnte Bundesprogramm mit vielfältigen Maßnahmen bis
hin zur Förderung bei Forschungslücken für den Ökolandbau
wurde eingeführt. Das war nötig, weil die chemische Industrie an dem kleinen Segment Ökolandbau kein Interesse hat.
Ökologischer Pflanzenschutz war und ist für die großen Konzerne finanziell uninteressant. Heute forschen sie allenfalls zur
Imageaufbesserung.

Der Druck war groß. Und ist es auch heute noch – sicherlich
etwas subtiler, aber er ist da. Von den alten Verbänden bis hin
zur Industrie hat man sich zusammengetan, um das Ende alter
Geschäftsmodelle zu verhindern. Dabei liegt die Gefahr schon
längst nicht mehr in der Veränderung unserer Art zu leben, zu
produzieren und zu transportieren. Gefährlich ist es, wenn wir
diese neuen Wege nicht beschreiten.

Zuerst hat der politische Gegner die Umwelt- und Klimabewegung diskreditiert, heute schreiben sie die Erfolge von
erneuerbarer Energie bis Ökolandbau stolz in ihre Nachhal-
tigkeitsberichte, als seien sie ihr Verdienst. Doch heute wissen
wir: Die Zeit kleiner oder freiwilliger Maßnahmen ist vorbei.
Wir brauchen dringend einen umfassenden ökologisch-sozialen
Umbau.

Um Menschen bei der Transformation einzubinden, gibt es kein ultimatives Werkzeug, sondern nur verschiedene. Das heißt als Allererstes: Transparenz, Transparenz und nochmals Transparenz. Wir müssen aufzeigen, wo öffentliche Gelder zu welchen Konditionen hinfließen. Wir müssen aufzeigen, welche Kosten regelmäßig externalisiert werden. Das ist Voraussetzung, damit öffentliche Gelder endlich für das Gemeinwohl investiert werden.

Ein Beispiel: Wenn ich will, dass sich im Agrar- und Ernährungsbereich etwas ändert, dann muss transparent gemacht werden, was die Folgen unserer Art der Lebensmittelherstellung sind, nämlich der Raubbau an der Natur. Lebensmittel sind so hoch verarbeitet, dass sie am Ende gar kein Food, sondern ein neu zusammengesetztes Produkt aus billigen Massenrohstoffen sind. Der viele Zucker im Essen legt sich um unsere Hüften, was gerade für die finanziell Schwächeren ein massives Gesundheitsproblem darstellt. In der Coronazeit heißen diese Menschen Risikopatienten. All das müssen wir aufdecken und deshalb mit dem Gesundheitswesen, von der Krankenkasse bis hin zur Kinderärztin, Bündnisse schließen, weil es Schnittmengen gibt. Wer etwas erreichen will, muss also Allianzen schmieden, bis in die Gewerkschaften und die Wirtschaft hinein. Viele machen schon mit.

Bemerkenswert finde ich die Kreativität vieler kleiner Graswurzelprojekte. In den Städten tut sich was: essbare Städte, Biostädte oder Urban-Gardening-Projekte bis hin zur Vereinbarung von Ernährungsstrategien für die Gemeinschaftsverpflegung. Das schafft Nachfrage nach ökologischen Lebensmitteln und eröffnet Perspektiven für Landwirt*innen und für den Klimaschutz auf dem Acker. Das hat Potenzial.

Es müsste mit dem Teufel zugehen, wenn diese Vielzahl von Städten in Deutschland, Europa und der Welt nicht Bewegung in die Sache bringen würde. In Kopenhagen fing es an. Kindergärten, Altersheime, Schulen, Krankenhäuser dort sind in kommunaler Hand und inzwischen zu 90 Prozent auf Bioernährung umgestellt. Das schafft Nachfrage und ist ein Signal an die Landwirtschaft. In Deutschland haben wir mit Berlin angefangen. Auch München arbeitet gerade an seiner Ernährungsstrategie. Nürnberg, Bremen und viel andere Städte – ob groß oder klein – sind auf dem Weg. Weil sie wissen, dass die Stadt beeinflusst, ob Klimaschutz auf dem Land stattfindet.

Viel wird mittlerweile vorgelebt, von dem ich mich inspiriert fühle. Aus diesen neuen Bewegungen kann eine gewisse Macht entstehen. So wie sich die Antiatombewegung international zusammengeschlossen hat, ohne es selbst bemerkt zu haben. Da hat mal eine Dänin die Antiatomsonne gezeichnet, und die wurde zum internationalen Erkennungszeichen. Dank dieser Sonne wussten wir, wir sind viele. Andere Bewegungen haben noch kein weltweit bekanntes Zeichen. Für die Ernährungswende wäre eine Hand schön, die Chopsticks oder einen Löffel hält.

In manchen Abwehrkämpfen wird die These bemüht, dass die Ernährung doch eine private Entscheidung sei. Nun, ich würde sagen: Das Private ist durchaus immer noch politisch.

Jedoch ist diese Debatte ein Ablenkungsmanöver, man will mich wegziehen von der Debatte über die Klimaauswirkungen der gesamten Produktionskette von Lebensmitteln. Ich soll nicht reden über den Verlust an Speicherfähigkeit der Böden durch Monokultur, Verdichtung und den Einsatz synthetischer Düngung und Schädlingsbekämpfungsmittel. Ich soll nicht reden über die energieintensive Herstellung dieser Stoffe. Soll nicht reden über die Rodung von Wäldern für den Futtermittelanbau, soll nicht wissen, warum insbesondere die Rinderhaltung so eine Belastung für das Klima ist. Nein, die Emotion soll darauf gelenkt werden, dass wir angeblich anderen vorschreiben, was sie essen sollen.

Und das in einer Umgebung, in der uns Süßigkeiten, Softdrinks, tierische Erzeugnisse räumlich und per Werbung stets begleiten, ja fast entgegenkommen. Eine Umgebung, in der 40 Prozent des EU-Budgets fast ohne Umweltbedingungen für landwirtschaftliche Produktion ausgegeben werden.

Liebe Erde, ich denke, ich habe verstanden. Ich möchte deshalb an die Strukturen ran. Ich möchte nicht, dass das System der Überproduktion, der Einsatz von Chemie und der Raubbau an der Natur am Ende nur uns Individuen angelastet wird. Trotzdem gibt es viele Orte, um sich individuell zu engagieren. Jeder und jede kann sich einen passenden suchen, sei es das Urban-Gardening-Projekt in der Nähe, die Initiative für anderes Essen in Kantine und Mensa oder das Beziehen von Ökostrom. Aber all das ändert nichts daran, dass wir Transparenz schaffen und den Umbau heute (!) beginnen müssen: anderes Essen, Wohnen, Transportieren und Produzieren, nicht zu vergessen eine ökologisch-soziale Steuerreform.

In der Natur mache ich selber mittlerweile das am liebsten, was mein Vater machte: Ich schaue Blumen beim Blühen und Verblühen zu. Und ich baue Kräuter und Gemüse an. So schließt sich der Kreis, wenn man älter wird. Heute macht mir das Spaß, was ich in der Kindheit lernte. Jetzt geht es darum, dass die, die heute Kinder sind auf dieser Welt, auch ein gutes Leben haben.

Renate Künast (*1955) ist Rechtsanwältin und seit 2002 in unterschiedlichen Funktionen Mitglied von Bündnis 90 / Die Grünen im Bundestag. Von 2001 bis 2005 war sie Bundesministerin für Verbraucherschutz, Ernährung und Landwirtschaft. Künast setzt sich für die Ernährungswende, Transparenz und Verbraucherschutz ein. www.renate-kuenast.de

Isabell Eberlein

Liebe Mutter Erde, liebe Pachamama,
wir kennen uns lange und gut. Ich bin ein Teil von dir, und du bist ein Teil von mir. Ich komme vom Land und fühle mich der Natur, den Bergen und Flüssen sehr verbunden. Als ich noch ein kleines Mädchen war, ging ich mit meinem Papa aufs Feld, um nach dem Rechten zu sehen. Der Mais stand in voller Höhe und überragte mich um das Doppelte. Im Boden waren tiefe Furchen, sie sahen aus wie Narben. Die geschundene Erde war vertrocknet und mit Rissen durchzogen, die ungefähr so breit waren wie meine kleinen Füße lang. Das war wahrscheinlich um das Jahr 1997. Das Jahr, in dem das Kyoto-Protokoll verabschiedet wurde, von dem ich damals noch nichts wusste. Der Anblick des Maisfeldes machte mich traurig, ich fühlte den Durst, den du hattest. Mein Papa, ein Biolandwirt der ersten Stunde, lehrte mich, dass man nur im Einklang mit dir leben kann. Die Bedingungen veränderten sich jedoch ständig. Auf ein Jahr Dürre und wenig Regen folgte ein Jahr mit zu viel Regen und leichten Überschwemmungen. Nur in Zusammenarbeit mit dir können wir langfristig unsere Ernährungsgrundlage sichern, dafür müssen wir dich schützen, mit allem, was in unserer Kraft und Macht steht.

Wir befinden uns im Anthropozän, im Zeitalter, in dem der Mensch den Planeten, also dich, stark verändert. Wissenschaftler*innen warnen uns seit Jahren, in welcher Form sich die Verhältnisse verschieben werden. Der Club of Rome legte schon 1972 alle notwendigen Informationen in seinem Bericht »Die

Grenzen des Wachstums« dar. Seit Ende der siebziger Jahre wird der Klimawandel erforscht, werden die Erkenntnisse in Bücher, Artikel und Broschüren gegossen. Die Bäuer*innen und Gärtner*innen, die tagtäglich in Zusammenarbeit mit der Natur unsere Lebensgrundlage sichern, spürten die Veränderungen als Erste. Das Wissen ist vorhanden. Wieso kommen wir nur so langsam ins Handeln?

2008 stand ich zum ersten Mal auf einem Gletscher, dem Franz Josef Glacier in Neuseeland. Die Fahrt dorthin stimmte mich nachdenklich, wir kamen dem Gletscher immer näher und sahen, wie groß er einst gewesen war und dass wir nur einen veränderten Gletscher zu Gesicht bekommen würden. Linie 1990, Linie 1995, Linie 2000, und wo ist er heute? Tagtäglich verliert er weitere Zentimeter. In der Überlieferung der Maori ist der Gletscher aus den Tränen einer Liebenden entstanden, die ihren Partner verloren hatte. Die Tränen gefroren und können heute eigentlich kein besseres Sinnbild für deinen Zustand sein, Pachamama. Doch was passiert, wenn sich diese konservierten Tränen nach Tausenden von Jahren wieder verflüssigen? Welche Kraft und welche Wirkung tragen diese unglaublich schönen Gebilde aus blauem und weißem Eis in sich, und welche Konsequenzen hat ihr Verschwinden für das Klima?

Im Jahr 2013 stand ich mal wieder im Wald, meinem allerliebsten Naturort. Und zwar in einem Wald, der Jahre später deutschlandweite Prominenz erhalten sollte – dem Hambacher Forst, auch Hambi genannt. Auf Einladung von Freunden war ich zum Klimacamp ins Rheinland gekommen und gleichzeitig in die Welt des Klimaaktivismus eingetaucht. Eine Welt von Gleichgesinnten, die in sich gar nicht diverser sein konnte. Ich war die Grenzgängerin zwischen den Gruppen, da ich weder organisierten Strukturen wie der BUND-Jugend, der Grünen Jugend oder Greenpeace noch einer radikalen Kleingruppe angehörte, ich hatte keine Dreadlocks und sah auch ansonsten fast zu durchschnittlich aus. Ich kam aus dem beschaulichen

Regensburg, wo ich zu diesem Zeitpunkt studierte. Weil es im ländlichen Raum, in dem ich aufgewachsen war, so gut wie kein politisches Angebot gab, hatte ich mich bislang auf die Veränderung meiner individuellen Lebensweise beschränkt. Seit meinem 12. Lebensjahr war ich Vegetarierin, und als Studentin investierte ich den Großteil meines Bafögs in Biolebensmittel. Dabei versuchte ich, so wenig Ressourcen wie möglich zu verschwenden, und achtete streng darauf, dass nirgendwo unnötig das Licht brannte, weshalb ich in meiner WG als »Strompolizei« bezeichnet wurde. Unbewusst und ungefragt entwickelte ich mich langsam zum ökologisch-moralischen Gewissen meines Freundeskreises. Irgendwann bekam ich einen Jutebeutel mit der Aufschrift »Recycle or die« geschenkt, und bis heute erwarten manche Freunde eine Art ökologischen Ablasshandel von mir. Dabei hatte ich nie eine einwandfreie Ökobilanz. Im Gegenteil, ich habe mir gleich nach dem Abitur ein »Around-the-World-Ticket« gekauft und damit mein CO_2-Budget eines ganzen Jahres gleich mehrfach in die Luft gepustet (wie wäre ich sonst nach Neuseeland gekommen?), und da ich Auto fuhr (unausweichlich mit 18 auf dem Land ohne ÖPNV und Radwege), überschritt mein Lebensstil einen verträglichen CO_2-Ausstoß bei weitem.

So wurde mein Versuch, ökologisch bewusst zu leben, von inneren Widersprüchen begleitet. Meinem ständigen schlechten Gewissen entkam ich nicht, und mein Bewusstsein für den Schutz des Planeten, also deinen Schutz, Pachamama, wuchs. Dieser Verantwortung konnte ich mich nicht länger entziehen. Gleichzeitig fühlte ich mich doch auf dem richtigen Weg. Diese Annahme bestätigte mir die Dokumentation *Eine unbequeme Wahrheit* von Al Gore und Davis Guggenheim, in der individuelle Verhaltensänderungen als einfache Lösung des Klimaproblems inszeniert wurden. Sollte das Ersetzen unserer Glühbirnen durch Energiesparlampen ausreichen, um die Welt zu retten? War die individuelle Verantwortung tatsächlich die beste Antwort auf die Frage, wie wir innerhalb unserer planetarischen Grenzen leben können? Ich begann, daran zu zweifeln.

Im Hambi wurde mir zum ersten Mal bewusst, dass solche individuellen Verhaltensänderungen nicht an sich falsch sind, sondern dass sie in Anbetracht der kritischen Lage unseres Planeten allein nicht ausreichen. Darüber hinaus begriff ich die soziale Komponente des Kampfs um deinen Schutz, Pachamama. Wir müssen unser System tiefgreifend verändern: weg von fossilen Brennstoffen, der Konsumgesellschaft und unserem ressourcenverschwenderischen Lebensstil. Es war der Blick in den Tagebau Garzweiler, der mich verstehen ließ, dass ich als einzelner Mensch gegen diese Zerstörung chancenlos bin. Stattdessen wurde mir klar, dass der systematischen Vernichtung der Umwelt nur durch die Bündelung der Einzelnen, den gemeinsamen Kampf und das Entstehen einer globalen Bewegung entgegengetreten werden kann, und so wurde ich Klimaaktivistin. Die tote Landschaft und die durch die Kohlebagger verursachte Gewalt an der Natur erfüllten mich mit Sorgen und machten mir bewusst, dass ich gemeinsam mit anderen diesen Wahnsinn stoppen muss. Für dich, liebe Pachamama.

Heute geht es wieder um einen Wald, den Dannenröder Wald. Wie der Hambi im Jahr 2018 zum Symbolbild des Kohleausstiegs wurde, läutet der Danni das Ende einer Verkehrspolitik ein, die seit Jahren die Klimaschutzziele missachtet und massiv in autozentrierte Infrastruktur investiert. Mit massiven Folgen für dich, Pachamama. Das Zerschneiden von Wäldern, CO_2-Emissionen, Abgase, Lärm. Aus Wald statt Kohle wurde Wald statt Autobahn.

Seit 2016 engagiere ich mich für Verkehrspolitik und habe dort meinen persönlichen Wirkungsrahmen gefunden, weil ich erkannt habe, dass wir in diesem Bereich eine kollektive und individuelle Veränderung anstreben müssen, die jede*r von uns vor der eigenen Haustür in der eigenen Stadt voranbringen kann. Meine Erfahrungen aus der Antikohlebewegung helfen mir enorm in meinem Kampf für lebenswerte Städte, für gerechte, sichere und geschützte Räume für Fuß- und Radverkehr und eine echte Kehrtwende der Mobilität.

Ausschlaggebend waren mein Auslandssemester in Amsterdam und das Erleben einer anderen Mobilitätskultur, die mir Hoffnung gab. Denn in Amsterdam fährt man Fahrrad – die Fahrradwege sind durchgängig ausgebaut, geschützt, beleuchtet und sicher. Die Niederländer*innen stellen sich nicht die Frage, ob sie aus ökologischen, gesundheitlichen oder wirtschaftlich-finanziellen Gründen Rad fahren, sie tun es, weil es einfacher und schneller als jedes andere Verkehrsmittel ist. Hier »fietsen« alle, egal welchen Alters, Geschlechts oder sozialen Status, egal welcher Herkunft, Religion oder Parteizugehörigkeit. Interessanterweise gibt es auf dem Rad einen leichten Frauenüberschuss, was als Indikator für sichere Infrastruktur gilt. Beflügelt von dieser neuen leichten Mobilitätskultur und der darauf ausgerichteten Praxis kam ich nach Berlin zurück und landete in einer durch und durch motorisierten und autozentrierten Stadt. Mit der Gewissheit vor Augen, dass Veränderungen möglich sind, war mir klar, dass ich handeln musste. In den Niederlanden war die Bewegung für mehr Radverkehr in den siebziger Jahren aus der Bevölkerung heraus gestartet worden, da so viele Kinder im Straßenverkehr ums Leben gekommen waren. Mit der Kampagne »Stoppt den Kindermord« wehrten sich Anwohner*innen gegen die Autos und machten Städte wieder lebenswert und kindgerecht. Inspiriert von dieser Bewegung von unten, die in eine nachhaltige Verkehrspolitik mündete, wollte ich den Wandel in Berlin mitgestalten.

Zur gleichen Zeit startete der Berliner Fahrrad-Volksentscheid, der eine fahrradgerechte und lebenswerte Stadt zum Ziel hatte und die Stimme der Zivilgesellschaft stärkte. Die Forderungen waren zwar lange bekannt, der methodische Ansatz aber war neu: einfache und klare Kommunikation, ein Volksentscheid zur Mobilisierung, die Partizipation von Bürger*innen, und das in Raketengeschwindigkeit vor den Wahlen des Abgeordnetenhauses. So sammelten wir 105 000 Unterschriften in drei Wochen.

Das Fahrrad vereint für mich die individuelle und kollektive Verhaltensänderung. Es gibt Fahrenden ein Gefühl des Empowerments: Dank eigener Muskelkraft multipliziert man seine Geschwindigkeit und vergrößert den Radius. Das Fahrrad gibt mir individuelle Freiheit, und mit der Verkehrsmittelwahl kann ich jeden Tag demonstrieren, wie viel mir das bedeutet. Ich bezeichne mich daher gerne als politische Radfahrerin.

Darüber hinaus ist das Fahrrad das Vehikel zur gesellschaftlichen Veränderung und Revolution. Verkehrspolitik für das Fahrrad ist eine neue Gerechtigkeitspolitik, die den Raum in unseren Städten umverteilt, Gesundheit, Sicherheit und Aufenthaltsqualität in den Mittelpunkt rückt und außerdem die Mobilität für alle vorne anstellt. Es ist eine Form der Individualmobilität, die wenig Platz einnimmt, und das auf eine emissionsarme, klimaschonende und nachhaltige Weise. Meine Zeit in Amsterdam hat mir gezeigt, dass sich durch eine Veränderung der Infrastruktur auch Gesellschaft und Kultur verändern lassen.

Warum ist das Fahrrad so mächtig als Transformationsmittel? Es ist ein Angriff auf das Business as usual in autozentrierten Städten. Eine Disruption des bisherigen Denkens und Handelns in unseren Köpfen und auf den Straßen. Während ein elektrischer Antrieb das bisherige System nicht grundsätzlich infrage stellt, erfordert das Fahrrad ein Umplanen unserer Städte und einen neuen Ansatz des Zusammenlebens. So gesehen ist es mehr als ein reines Verkehrsmittel, es ist ein Mittel zur Mobilisierung und zur Veränderung. Das Fahrrad ist der einfachste Weg, vor der eigenen Haustür die Machtverhältnisse umzudrehen.

Für deinen Schutz müssen wir neue Lösungswege finden, Pachamama. Das Fahrrad ist das Symbol dafür, sich als Einzelne*r nicht zu ernst zu nehmen, sondern als Teil eines Schwarms zu verstehen. Less ego, more eco. Die Aufgabe, dich zu schützen, ist eine Gemeinschaftsaufgabe, die unsere ganze Aufmerksamkeit und globale Zusammenarbeit braucht. Wir müssen Allianzen schmieden, um das System von außen und von innen grundlegend zu ändern. Jede*r tut, was in der individuellen Macht liegt, und gleichzeitig müssen wir Hand in Hand themenübergreifend handeln. Und zwar jetzt.

Liebe Pachamama, du begleitest mich auf diesem Weg und schenkst mir die Kraft, nicht aufzugeben. Denn Veränderungen sind ein Marathon und kein Kurzstreckenlauf. Ich schöpfe aus deiner Verbundenheit, und wenn ich im Kampf für eine bessere und gerechtere Welt meine Batterien aufladen muss, dann kehre ich zurück zu dir, zu meinen Wurzeln. Du bist für uns alle da. Die Coronapandemie zeigt uns nur im kleinen Maß die Einschränkungen und Veränderungen, die wir infolge der Klimakrise zu tragen haben werden. Noch können wir uns die großen klimatischen Veränderungen gar nicht ausmalen. Wir befinden uns in der Dekade des Handelns. Also lasst es uns gemeinsam anpacken für dich, Pachamama. Für alle, die noch zögern – jetzt ist die Zeit zum Handeln!

In ewiger Verbundenheit und Dankbarkeit
Isabell

Isabell Eberlein (* 1988) ist politische Radfahrerin, Unternehmerin und Aktivistin. Mit der Verkehrswende vor Augen setzt sie sich als Geschäftsführerin bei Velokonzept und im Vorstand von Changing Cities für das Fahrrad und mehr Diversität im Mobilitätsbereich ein.
https://www.velokonzept.de/team.html
https://changing-cities.org/ueber-uns/team/isabell-eberlein/

Molina Gosch

Liebe Erde,

in meiner Kindheit in einem kleinen Dorf in Niedersachsen spielte ich mit meinen Freunden und Geschwistern draußen, sobald es das Wetter zuließ. Dabei habe ich deine Wunder erlebt: Bäume zum Hochklettern, gurgelnde Flüsse an grünen Wiesen und in den Ferien bei den Großeltern der weiche weiße Sand am Strand der Ostsee.

Liebe Natur, du hast mir auch deine Grenzen gezeigt. Egal wie hoch wir in unserem Abenteuergarten schaukelten, mit dem Fliegen nach dem Absprung hat es nie geklappt, auch wenn wir es uns noch so sehr wünschten. Die Schwerkraft erwies sich als stärker. Eine Lektion, die ich als Kind lernen musste.

Im Sommer 1999 verschlug es meine Familie aufgrund der Arbeit meines Vaters nach Südamerika. Aus der Lüneburger Heide zog ich mit meinen Eltern und drei Geschwistern nach Bogotá, Kolumbien, um. Für mich begann ein unglaubliches Abenteuer. Manche Entdeckungen waren unerwartet und kaum sichtbar für das menschliche Auge. Andere so unübersehbar, dass ich nicht den Blick davon nehmen konnte.

Es fing damit an, dass die Luft in Bogotá viel dünner ist als in Niedersachsen. Die kolumbianische Hauptstadt liegt auf 2600 Metern Höhe, und in den ersten Tagen musste ich nach jeder kleinen Anstrengung nach Luft schnappen. Mein Physiklehrer an der deutschen Schule, an der auch mein Vater unterrichtete, zeigte uns, dass Wasser in dieser Höhe schon bei unter 100 Grad zu kochen beginnt. Ich fand es faszinierend, wie sich physikalische Bedingungen rund um den Globus auch auf natürliche Weise ändern können. Besonders beeindruckend und prägend waren jedoch die volle Pracht und Schönheit der Natur mit ihrer unglaublichen Biodiversität. Wir erkundeten sie am Wochenende und in den Ferien – soweit es der Bürgerkrieg im Land zuließ. Die Anden bei Nacht wimmeln nur so von Leben. Mit tausendundeinem Geräusch von großen und kleinen Tieren, die in deiner unendlichen Vielfalt dort zu Hause sind, wiegtest du mich in den Schlaf.

Am Tag schimmerte mir die Natur in so vielen Farbtönen entgegen, wie ich es mir im Traum nicht hätte vorstellen können. Ich entdeckte unvorstellbare Blätterformen und Farbenwunder. Das Herzstück dieser Erfahrung war die mehrtägige Reise in deine grüne Lunge, den Amazonas-Regenwald von Ecuador. Angeführt wurden wir von einem Native, einem Shuar-Indianer aus Ecuador, dessen Lachen eine Fröhlichkeit ausstrahlte, die ich bis dahin noch nicht kannte. Es war nicht zu überhören, dass er hier in seinem Element war. In Kolumbien hatte ich zwar schon indigene Menschen gesehen, aber noch keine Zeit mit ihnen verbringen können. »Der Regenwald ist alles für mich und mein Volk, die Shuar«, sagte unser Guide. »Die Natur spricht zu uns, während viele nicht zuhören. Durch das Wissen meiner Vorfahren lernten wir, wie wir mit der Natur leben und verbunden sein können.« Tief beeindruckt lauschte ich seinen Erzählungen, die mir wie aus einer anderen Welt vorkamen. Die Worte über seine Heimat, den Wald, zeigten mir eine inspirierend andere Sichtweise auf die Natur.

Nach den Tagen im Regenwald, der jahreszeitbedingt tatsächlich zum Teil unter Wasser stand, war ich fast ebenso entspannt, glücklich und lebendig wie unser Guide. Deine Magie zeigte sich dort in so vielen zauberhaften Momenten: dem unerwarteten Auftauchen der Flussdelfine in der Abenddämmerung, der Affenfamilie hoch oben in den Gipfeln der tropischen Bäume, im beispiellos funkelnden Sternenhimmel, im Gesang unseres

Guides nachts im Boot auf dem See, in der Anaconda im Geäst oder in den roten Augen des Alligators am Flussufer. Bewusst wurde mir auch, wie schnell hier ein Menschenleben gefährdet sein konnte, zumindest wenn man sich – wie ich – mit dir nicht auskannte. Dann konnten die Naturwunder, die wir bewunderten, auch schnell die letzten sein, die wir sahen.

Die Lebendigkeit und Vielfalt des Regenwaldes waren so unbeschreiblich schön und beeindruckend, dass es mir im Herzen wehtat, als ich die kilometerlangen gerodeten Flächen sah. Doch zugleich lehrte mich dieser Anblick: Sich an der Natur erfreuen kann man nur, wenn man sie erhält. Eigentlich eine Binsenweisheit, aber wenn ich mir das Verhalten der Menschheit dir gegenüber ansehe, liebe Erde, dann scheint es so, als hätten sie noch nicht alle begriffen.

Damals ahnte ich nicht, wie sehr mich die Tage im Dschungel prägen würden. Die Kraft dieser Naturerfahrung entwickelte sich über die Jahre zu meinem persönlichen Aha-Moment. Mir wurde bewusst, dass wir mit dir nicht so umgehen sollten, wie es in Ecuador geschah, wo wir Menschen deine Bäume fällten, um sie in Stücke zu sägen und zu verkaufen. Obwohl die Reise in den Regenwald von Ecuador inzwischen über 15 Jahre zurückliegt, ist sie mir immer noch präsent. Sie machte mir klar, wie wertvoll und wunderbar du bist, liebe Erde.

Den nächsten magischen Moment erlebte ich in einem Teil von dir, der eher das Gegenteil von Südamerika war. Einige Jahre nachdem mein Vater seine Arbeit an der deutschen Schule in Bogotá beendet und wieder in Deutschland unterrichtet hatte, zog es ihn erneut ins Ausland. Dieses Mal war es das wilde Kurdistan, so wie Karl May es einst beschrieben hatte. Während ich an meiner Masterarbeit verzweifelte, kam ich zu dem Schluss, einen Tapetenwechsel vertragen zu können. Vielleicht würde mir das neue Energie verschaffen. Im Frühjahr 2013 zog ich für ein paar Monate zu meinem Vater nach Erbil, in die Hauptstadt des kurdischen Teils des Iraks im Norden des Landes.

Statt eines Dschungels mit einem morgendlichen Regenguss sah ich in Erbil und Umgebung, wie die Natur auf Wassermangel reagiert. Im April gab es noch Niederschläge, die die Felder grün werden ließen. Aber spätestens ab Mai blieb es trocken, und die schnell ansteigenden Temperaturen entzogen den Pflanzen die letzte Feuchtigkeit. Ich schwitzte an Körperstellen, von denen ich noch nicht mal wusste, dass ich dort schwitzen konnte. Irgendwann war die Hitze so brütend, dass ich mich in meinem Zimmer nicht mehr konzentrieren konnte. Meine gerade neu entdeckte Energie drohte verheizt zu werden, und so zog ich ins klimatisierte Wohnzimmer um, das sich auf 28 Grad runterkühlen ließ. Ich konnte mich wieder konzentrieren und nachts besser schlafen. Außerdem haben mein Vater und ich nach langer Suche endlich ein Moskitonetz auftreiben können. Der nächtliche Kampf mit den Mücken, die zuvor über mich wie Kinder über Schokolade hergefallen waren, hatte endlich ein Ende. Mit einem Schlag haben sich meine gefühlten Lebensbedingungen um ein Vielfaches verbessert. In diesem Teil der Welt erkannte ich erneut meine und deine Grenzen, liebe Natur: So bezaubernd du im Regenwald sein konntest, so unnachgiebig warst du in der irakischen Hitze.

Diese Erfahrung zeigte mir, dass es Luxus sein konnte, wenn man nicht nur die Möglichkeit hatte zu heizen, sondern auch zu kühlen. Als ich mit dem Bus von Istanbul (dorthin hatte ich aus Sicherheitsgründen fliegen müssen) zurück nach Deutschland kam, konnte ich noch viel besser nachvollziehen, warum unser hiesiges Klima als gemäßigt bezeichnet wird. Noch, muss man sagen, denn dieser Zustand entgleitet uns jedes Jahr mehr.

Mein letzter Aha-Moment, liebe Erde, traf mich dann wie ein Schlag. Während eines Besuches bei meiner Mutter in meiner Heimat Kappeln fuhr ich eine Runde mit dem Rad an der Schlei entlang. Auf einem kleinen Hügel blickte ich auf den Fjord, der in die Ostsee mündet. Wildgänse waren an diesem Herbsttag auf ihrem Weg in den Süden zu einem Zwischenstopp auf dem gepflügten Feld gelandet. Eine leichte Brise wirbelte ein paar Blätter umher. Da fiel mir ein, was Al Gore in seinem Film *Die unbequeme Wahrheit* gesagt hatte. Er erinnerte an die riesigen Eismassen an den Polen, die durch das menschliche Handeln zum Schmelzen gebracht werden. Ich fragte mich, was passieren würde, wenn die Weltmeere und mit ihnen die Ostsee um 50 oder 100 Zentimeter oder sogar mehr ansteigen. Was würde das für den Hafen in Kappeln bedeuten? Der Eispanzer auf Grönland speichert Wassermassen, die für einen Meeresspiegelanstieg von sieben Metern ausreichen würden. Die Antarktis hat Eis für weitere 50 Meter eingelagert. Beide Gebiete machen durch immer schnelleres und stärkeres Abschmelzen auf sich aufmerksam. Langfristig könnten wir Menschen dich, liebe Erde, sogar ganz eisfrei bekommen, wenn wir die Vorräte an Kohle, Öl und Gas, die noch in deinem Boden liegen, vollständig verbrennen würden. Dramatische und bisher unterschätzte Aussichten für die weltweiten Küstengebiete, wie Wissenschaftler*innen herausfanden.

Diese Erkenntnis ließ mich nicht mehr los. Auch wenn ich erst als Jugendliche nach Kappeln zog, kannte ich den Ort schon zuvor von den vielen Besuchen bei meinen Großeltern und aus den Erzählungen meiner Mutter. Er war zu meiner Heimat geworden. Unvorstellbar der Gedanke, dass Kappeln in 50 oder 100 Jahren bereits durch das steigende Meer gefährdet sein könnte! Dass dieser Vorgang sehr langfristig ist, ist mir kaum ein Trost. Denn auch die Zeit nach 2100, die wir häufig als weit entfernte Referenz verwenden, ist für die heutigen Kinder gar nicht mehr so weit weg. Meine Cousinen und Cousins in Kappeln, die um 2010 auf die Welt kamen, werden das Jahr 2100 vielleicht noch erleben. Ihre Kinder werden dann in der Mitte ihres Lebens stehen. All die Prognosen, die uns die Wissenschaft seit Jahren präsentiert, könnten in der Blütezeit dieser Menschen wahr werden. Mit unserem jetzigen Handeln beeinflussen wir das Leben der nächsten Generationen, der Kinder unserer Kinder. Wir sind also Zukunft! Die Zukunft ist in uns.

Dass Kappeln *an* der Schlei in Zukunft Kappeln *in* der Schlei heißen könnte, wollte ich mir damals gar nicht näher ausmalen. Es würde zuerst den Hafen treffen, der schon jetzt ab und zu überschwemmt wird. Aber was wäre, wenn das Wasser danach nicht mehr abfließt? Oder der Schlei-Pegel über die Jahre Zentimeter um Zentimeter ansteigt? Eine schreckliche Vorstellung. Am Hafen habe ich viel Zeit verbracht. Er ist ein Teil meiner Kindheit und Jugend, und wenn ich heute zu Besuch in Kappeln bin, zieht es mich dorthin, egal zu welcher Jahreszeit. Tiefe Traurigkeit überkommt mich, wenn ich mir vorstelle, dass dieser Ort in Zukunft womöglich immer weniger vor dem Wasser geschützt werden kann.

Warum schlagen Küstenbewohner*innen nicht schon längst viel lauter Alarm, um ihre Heimat vor der Überflutung zu schützen? Weltweit liegen so viele Megacitys an der Küste, Kappeln hat sehr große »Schwestern«: New York, Kalkutta, Schanghai, Hongkong, Hamburg, Miami. Sie alle könnte ein ähnliches Schicksal ereilen. Dieser Gedanke lässt mich nicht mehr los. Er ist zur stetigen Erinnerung, Mahnung und Motivation geworden.

Was tat ich also nach diesen Aha-Momenten? So banal es klingen mag, aber zuerst wurde mir bewusst, dass wir dich, liebe Erde, und unsere Lebensgrundlagen nicht als gegeben sehen sollten. Auch du hast Grenzen des Gebens. Seit langem schickst du uns Warnhinweise, dass es um unsere Lebensbedingungen nicht gut bestellt ist, weil wir diese Grenzen überschreiten. Leider haben wir Menschen deine Hinweise weitgehend ignoriert.

Die Natur ist die Quelle unseres Lebens auf der Erde. Du ermöglichst es uns, Nahrung anzubauen, Luft zu atmen, Wasser zu trinken, Fische zu fangen, Früchte und Gemüse zu ernten, Holz und Bodenschätze für unseren Bedarf zu nutzen und auf dir zu leben. Was für ein unvorstellbares Glück das ist!

Um all das zu erhalten, wurde ich aktiv und brachte mich als Studentin bei Greenpeace in Münster ein. Nach einem Jahr wechselte ich zur Grünen Jugend Münster, nach Fukushima trat ich der Partei bei. Durch mein Engagement lernte ich weiter dazu. In London hörte ich 2012 bei einer kleinen Klimakonferenz von NGOs in einem überfüllten Workshop der Rechtsanwältin Polly Higgins von der Idee der Earth Rights, des Rechts der Erde auf Leben, und der Forderung, den Ökozid als internationales Verbrechen anzuerkennen. So könnten Menschen, die großflächige Ökosysteme zerstören, gerichtlich gestoppt werden. Faszinierende Ideen, die mich nachhaltig prägten und begeistern.

Später kämpfte ich erfolgreich mit Fossil Free Berlin dafür, dass öffentliche Gelder des Berliner Pensionsfonds aus klimaschädlichen Investitionen abgezogen werden. Nach Münster wurde 2016 Berlin die zweite Stadt in Deutschland, die sich für Divestment entschied.

Privat sortierte ich meine Prioritäten weiter und hörte nach meiner Vielflieger-Jugend für ein paar Jahre ganz mit dem Fliegen auf. Abenteuerliche Bus- und Bahnreisen durch Europa erweiterten auch so meinen Horizont. Mein ehrenamtlicher Einsatz für die Grünen wurde nach dem Studium zu einem hauptamtlichen in Berlin. Über die Jahre lernte ich mehr und mehr Menschen kennen, die sich für den Klimaschutz einsetzen, viele von ihnen kommen in diesem Buch zu Wort. Eins gibt mir dabei Kraft: Jeden Tag haben wir aufs Neue die Möglichkeit, uns für eine andere Zukunft einzusetzen. Nur das von dir zu nehmen, was wir wirklich brauchen. Auch dem nichtmenschlichen Leben Raum zu lassen und deine Grenzen zu achten.

In ewiger Dankbarkeit
Molina

Molina Gosch (* 1984) ist Klimaschützerin und Mitarbeiterin von Renate Künast. Seit 2012 schreibt sie auf ihrem Blog über Umwelt- und Klimathemen. Sie war bei Fossil Free Berlin aktiv und Sprecherin der Bundesarbeitsgemeinschaft Energie von Bündnis 90 / Die Grünen. 2019 war sie National Coordinator Germany in der Klima-NGO The Climate Reality Project. Von 2017 bis 2019 war sie Mitglied im Bezirksparlament (BVV) von Berlin-Mitte. Im September 2018 rief sie die Klimawache Berlin ins Leben. www.changeyourworldnow.blog

Idee und Konzept sowie die Beiträge von Louisa Dellert,
Roda Verheyen, Carola Rackete und Kathrin Henneberger
sind unter Mitwirkung von Anne Weiss entstanden.

Dieses Buch wurde klimaneutral produziert.

Atlantik ist ein Imprint des Hoffmann und Campe Verlags, Hamburg.

1. Auflage 2021
Copyright © 2021 Hoffmann und Campe Verlag, Hamburg
www.hoffmann-und-campe.de   www.atlantik-verlag.de
Umschlaggestaltung: Vivian Bencs © Hoffmann und Campe
Umschlagabbildung: © Jan Martin Will / Shutterstock
Satz: Dörlemann Satz, Lemförde
Gesetzt aus der Adobe Garamond Pro
Druck und Bindung: GGP Media GmbH, Pößneck
Printed in Germany
ISBN 978-3-455-01149-4

HOFFMANN
UND CAMPE

Ein Unternehmen der
GANSKE VERLAGSGRUPPE